O ensino de ofícios nos primórdios da industrialização

FUNDAÇÃO EDITORA DA UNESP

Presidente do Conselho Curador
Marcos Macari

Diretor-Presidente
José Castilho Marques Neto

Editor Executivo
Jézio Hernani Bomfim Gutierre

Assessor Editorial
João Luís C. T. Ceccantini

Conselho Editorial Acadêmico
Antonio Celso Ferreira
Cláudio Antonio Rabello Coelho
Elizabeth Berwerth Stucchi
Kester Carrara
Maria do Rosário Longo Mortatti
Maria Encarnação Beltrão Sposito
Maria Heloísa Martins Dias
Mario Fernando Bolognesi
Paulo José Brando Santilli
Roberto André Kraenkel

Editora Assistente
Denise Katchuian Dognini

Luiz Antônio Cunha

O ensino de ofícios nos primórdios da industrialização

© 2000 Editora UNESP

Direitos de publicação reservados à:

Fundação Editora da UNESP (FEU)
Praça da Sé, 108
01001-900 – São Paulo – SP
Tel.: (0xx11) 3242-7171   Fax: (0xx11) 3242-7172
www.editoraunesp.com.br
feu@editora.unesp.br

Faculdade Latino-Americana de Ciências Sociais (FLACSO) - Sede Acadêmica Brasil
SCN Quadra 06 Bloco A sala 602, Ed. Venâncio 3.000
70716-900 - Brasília/DF, Brasil
Telefax: 55 (61) 3328-1369/ 3328-6341/ 3425-2205
e-mail: administra@flacso.org.br / flacsobr@flacso.org.br

CIP – Brasil. Catalogação na fonte
Sindicato Nacional dos Editores de Livros, RJ.

C978e
2.ed.

Cunha, Luiz Antônio, 1943-
    O ensino de ofícios nos primórdios da industrialização / Luiz Antônio Cunha. – 2.ed. – São Paulo: Editora UNESP; Brasília, DF: FLACSO, 2005.

    Inclui bibliografia
    ISBN 85-7139-632-9

    1. Ensino profissional – Brasil – História. 2. Artes e ofícios – Estudo e ensino – Brasil – História. I. Faculdade Latino-Americana de Ciências Sociais. II. Título.

05-3331   CDD 370.1130981
                                                                                                         CDU 37.014.55(81)

    As designações empregadas nas publicações da Flacso, as quais estão em conformidade com a prática seguida pelas Nações Unidas, bem como a forma em que aparecem nas obras, não implicam juízo de valor por parte da Flacso no que se refere à condição jurídica de nenhum país, área ou território citados ou de suas autoridades, ou, ainda, concernente à delimitação de suas fronteiras.
    A responsabilidade pelas opiniões contidas nos estudos, artigos e outras contribuições cabe exclusivamente ao(s) autor(es), e a publicação dos trabalhos pela Flacso não constitui endosso das opiniões neles expressas.
    Da mesma forma, referências a nomes de instituições, empresas, produtos comerciais e processos não representam aprovação pela Flacso, bem como a omissão do nome de determinada instituição, empresa, produto comercial ou processo não deve ser interpretada como sinal de sua desaprovação por parte da Flacso.

Editora afiliada:

Asociación de Editoriales Universitarias
de América Latina y el Caribe

Associação Brasileira de
Editoras Universitárias

Para Margarida, com todo meu afeto

Sumário

Apresentação   1

Introdução   3

1 Estado, igreja e oficina   21
  O Instituto João Alfredo   25
  Preservação e correção   36
  As escolas salesianas   47

2 As escolas de aprendizes artífices   63
  Localização no espaço econômico e político   66
  Estrutura e funcionamento do sistema   73
  Análise quantitativa   91

3 São Paulo: oficina e escola   115
  O Liceu de Artes e Ofícios   120
  As escolas ferroviárias   131
  A rede estadual   140

4 Rio de Janeiro: laboratório de reformas   153
  A escola do trabalho (1928)   160
  A escola técnica secundária (1932)   170
  A fragmentação vertical e horizontal (1937)   181

5 Ensino profissional em nova pauta   193
  Projetos parlamentares (1915-1927)   197

O "inquérito" de Fernando de Azevedo (1926)   **216**
O Manifesto dos Pioneiros (1932)   **228**

Referências bibliográficas   **239**

Apresentação

Este texto foi produzido em 1998-1999 para o Projeto Replanfor, da Secretaria de Formação e Desenvolvimento Profissional, do Ministério do Trabalho, que teve a Faculdade Latino-Americana de Ciências Sociais, Sede Brasil, como executora.

Sua produção incorporou parte dos resultados de pesquisa realizada no Instituto de Estudos Avançados em Educação da Fundação Getúlio Vargas sobre as escolas de aprendizes artífices, coordenada pelo autor, de que resultaram os seguintes artigos, dele e de seu colaborador:

CUNHA, L. A. As escolas de aprendizes artífices e a produção manufatureira. *Revista da Faculdade de Educação da UFF (Niterói)*, ano 10, n.1-2, jan.-dez. 1983.

_____. Antecedentes das escolas de aprendizes artífices: o legado imperial-escravocrata. *Revista da Faculdade de Educação da UFF (Niterói)*, ano 11, n.2, jul.-dez. 1984.

SOARES, M. de J. A. As escolas de aprendizes artífices e suas fontes inspiradoras. *Fórum Educacional (Rio de Janeiro)*, v.5, n.4, out.-dez. 1981.

_____. As escolas de aprendizes artífices – estrutura e evolução. *Fórum educacional (Rio de Janeiro)*, v.6, n.2, jul.-set. 1982.

Atuaram na pesquisa da FGV/IESAE Manoel de Jesus Araújo Soares e Valéria Gonçalves da Vinha. Na retomada de 1998-1999, a pesquisa beneficiou-se da participação da professora Elisete Tavares, que me assistiu em todas as fases de seu desenvolvimento. A estudante Cláudia Araújo dos Santos fez na pesquisa sua iniciação científica, colaborando com ela durante toda a sua duração.

LAC

Introdução

A vigência de relações escravistas de produção no Brasil, desde os tempos da Colônia, funcionou sempre como desincentivo para que a força de trabalho livre se orientasse para o artesanato e a manufatura. O emprego de escravos como carpinteiros, pedreiros, ferreiros, tecelões, confeiteiros e em vários outros ofícios afugentava os homens livres, empenhados em marcar sua distinção da condição de escravo, o que era da maior importância diante da tendência dos senhores/empregadores de ver todo trabalhador como *coisa sua.*

Quando um empreendimento manufatureiro de grande porte, como os arsenais de marinha, por exemplo, exigiam um contingente de artífices não disponíveis, o Estado coagia homens livres a se transformarem em operários. Não fazia isso, decerto, com quaisquer homens livres, mas com aqueles que social e politicamente não estavam em condições de opor resistência. O procedimento era o mesmo empregado na formação das guarnições militares e navais: a prisão dos miseráveis. Procedimento semelhante era adotado para com os órfãos, os abandonados e os desvalidos em geral. Eles eram encaminhados pelos juízes e pelas Santas Casas de Misericórdia aos arsenais militares e de marinha onde eram internados e submetidos à aprendizagem de ofícios manufatureiros até que, formados e depois de certo número de anos de trabalho como operários, escolhessem livremente onde, como e para quem trabalhar.

Para cumprir e ampliar a formação compulsória da força de trabalho foram criadas casas de educandos artífices por dez governos provinciais, de 1840 a 1865, que adotaram como modelo a aprendizagem de ofícios em uso no âmbito militar, até mesmo a hierarquia e a disciplina. O mais importante dos estabelecimentos desse tipo, o Asilo de Meninos Desvalidos, foi criado na cidade do Rio de Janeiro em 1875. Os "meninos desvalidos" eram os que, de idade entre 6 e 12 anos, fossem encontrados em tal estado de pobreza que, além da falta de roupa adequada para freqüentar escolas comuns, viviam na mendicância. Esses meninos eram encaminhados pela autoridade policial ao asilo onde recebiam instrução primária e aprendiam os ofícios de tipografia, encadernação, alfaiataria, carpintaria, marcenaria, tornearia, entalhe, funilaria, ferraria, serralheria, courearia ou sapataria. Concluída a aprendizagem, o artífice permanecia mais três anos no asilo, trabalhando nas oficinas, com o duplo fim de pagar sua aprendizagem e formar um pecúlio que lhe era entregue ao fim desse período.

Enquanto as instituições criadas, mantidas e administradas pelo Estado voltavam-se para a formação compulsória da força de trabalho manufatureira utilizando-se dos miseráveis, as iniciativas de particulares eram destinadas ao aperfeiçoamento dos trabalhadores livres, os que tinham uma disposição positiva para receber o ensino oferecido. Os particulares formavam sociedades por cotas que mantinham escolas para artesãos e operários, com subsídio governamental. Após a fundação do Liceu de Artes e Ofícios do Rio de Janeiro, em 1858, pela Sociedade Propagadora das Belas-Artes, foram criados mais oito desses estabelecimentos, em diversas províncias. Embora eles almejassem ensinar ofícios manufatureiros, poucos tiveram sucesso nesse intento, por falta de recursos, limitando-se a oferecer educação geral e o ensino de desenho em cursos noturnos para artífices que tinham aprendido sua arte por processos não sistemáticos e não escolares.

As iniciativas voltadas para o ensino de ofícios, tanto as do Estado quanto as de entidades privadas, eram legitimadas por ideologias que proclamavam ser a generalização desse tipo de ensino para os trabalhadores livres condição de: a) imprimir neles a motivação para o trabalho; b) evitar o desenvolvimento de idéias contrárias à ordem política, que estava sendo contestada na Europa; c) propiciar a instalação de fábricas que se beneficiariam da existência de uma oferta de força de trabalho qualificada, motivada e ordeira; e d) favorecer os próprios trabalhadores, que passariam a receber salários mais elevados.

Esse foi o legado do Império à República no que se refere ao ensino de ofícios manufatureiros. Vejamos como ele foi incorporado durante o novo regime.

O movimento republicano que a princípio atraiu apenas as camadas médias e os jovens das classes dominantes (estudantes, principalmente), passou a interessar cada vez mais à burguesia paulista, já que o centralismo do Estado monárquico, composto com as oligarquias regionais, desde a Regência, não cedia aos seus anseios federalistas. Embora federação e monarquia não fossem formalmente incompatíveis, o centralismo permitia às frações das classes dominantes, situadas nas regiões de economia decadente, não só terem representação política preponderante no Parlamento, como, também, se apropriarem de parcela principal dos recursos governamentais. Dessa maneira, a solidariedade entre o centralismo monárquico e aquelas frações das classes dominantes fazia que o federalismo se identificasse cada vez mais com o regime republicano, conforme o paradigma norte-americano, embora houvesse repúblicas centralizadas, como era o caso da França.

Com efeito, o paradigma político norte-americano era referência constante para os liberais, que viam na livre competição pelo poder político, entre os diversos grupos sociais e regionais, a fonte de legitimidade do Estado. Também republicanos e federalistas, mas violentamente antiliberais, eram os positivistas, principalmente os militares, cuja influência política vinha crescendo desde a Guerra do Paraguai. Os positivistas combatiam as teses liberais que definiam o poder como delegação, a função de governo como representação, e pretendiam a instauração de uma "ditadura republicana".[1] Mas essa ditadura somente seria viável se o Estado se fragmentasse em pequenas repúblicas, unidas apenas por "laços espirituais".

Os militares, particularmente os oficiais do Exército, tornaram-se republicanos diretamente, pela difusão entre eles do positivismo ou, então, indiretamente, pela difusão mais ampla do abolicionismo. À medida que os oficiais se envolviam com o movimento republicano, eram punidos com prisões e remoções para quartéis distantes. Reagiram com o protesto público contra o emprego do Exército na perseguição de escravos fugidos e com a organização do Clube Militar, uma instituição nitidamente política, versão corporativa dos clubes republicanos que se multiplicavam pelo país.

A República foi proclamada por um golpe de Estado, no desfecho de uma conspiração que reuniu liberais, como Rui Barbosa; positivistas, como o coronel Benjamin Constant; e monarquistas ressentidos, como o marechal Deodoro da Fonseca. A Constituição promulgada em 1891 resultou de conflitos e de composições de liberais e positivistas. O texto final permitiu a uns e outros reivindicarem para suas posições a defesa do "espírito republicano", conforme as circunstâncias. Apesar dos conflitos, o federalismo prevaleceu como orientação principal do novo regime, o que correspondia aos interesses da burguesia cafeeira: as províncias foram transformadas em estados, regidos por constituições próprias, tendo seus governantes eleitos, suas forças policiais autônomas, e podiam contrair empréstimos externos diretamente, assim como legislar sobre importantes matérias, como a da imigração. Mas o regime federativo reservou parcela do poder aos setores economicamente decadentes das classes dominantes por meio de um Congresso bicameral, no qual o Senado assegurava

---

1 Costa (1967) reconhece que, apesar de fazerem valer muitos dos seus projetos, os positivistas brasileiros não conseguiram implantar a tão sonhada "ditadura republicana". Esse projeto, entretanto, teria persistido até os tempos atuais num "positivismo difuso", que impregnaria a doutrina e a prática de certos grupos políticos.

igualdade de representação entre os estados, e a Câmara dos Deputados propiciava representação proporcional à população eleitora, recrutável somente entre os alfabetizados, mais numerosos nos estados mais urbanizados e economicamente mais fortes.

A importância do positivismo e dos positivistas no desenvolvimento da educação escolar no Brasil, no que diz respeito às políticas educacionais e às concepções pedagógicas, é difícil de exagerar. Apesar de ser este um tema ainda não suficientemente desbravado pela nossa historiografia, vou tentar estabelecer algumas conexões entre a atuação dos positivistas e as medidas de política educacional no início do regime republicano.

A Assembléia Constituinte reuniu-se em 1891 e redigiu a primeira constituição da República, com base em duas cartas provisórias decretadas em 1890. Vou comentar apenas a Constituição de 1891.

No capítulo da *declaração de direitos*, a constituição determinava ser leigo o ensino ministrado nas escolas estatais e dizia ser competência exclusiva do Congresso Nacional legislar sobre o ensino superior na capital federal. O Congresso Nacional poderia criar, mas não privativamente, instituições de ensino superior nos estados. Assim, fora da capital do país, tanto o Congresso Nacional quanto as assembléias legislativas estaduais poderiam criar instituições de ensino superior. O primário e o secundário ficavam por conta dos estados e dos municípios.

A influência positivista manifestou-se, também, no dispositivo que combatia a aristocracia: "A República não admite privilégio de nascimento, desconhece foros de nobreza, e extingue as ordens honoríficas existentes e todas as suas prerrogativas, bem como os títulos nobiliárquicos e de conselho". Em conseqüência: "É garantido o livre exercício de qualquer profissão moral, intelectual e industrial".

Com essa formulação, procurou-se conciliar antigos projetos liberais de secularização e descentralização do ensino com as propostas positivistas de desligar o exercício das profissões dos privilégios concedidos pelos diplomas escolares.[2]

Para os positivistas, os diplomas escolares não atestavam o mérito dos profissionais, nem seria possível garantir o ensino das melhores doutrinas e técnicas pelas escolas. Por isso, eles propunham a abolição dos privilégios dos diplomados no exercício de qualquer ocupação, principalmente dos cargos públicos.

---

2 No entanto, a proposta dos positivistas era bem mais radical do que a fórmula conciliadora. Eles tinham proposto na Constituinte a seguinte emenda à carta provisória: "A República não admite também privilégios filosóficos, científicos, artísticos, clínicos ou técnicos, sendo livre no Brasil o exercício de *todas* as profissões, independentemente de qualquer título escolástico, acadêmico ou outro, seja de que natureza for".

Seu provimento público deveria ser feito pela verificação da competência dos candidatos por meio de concurso e da avaliação de seus trabalhos anteriores.

Os discípulos de Comte, reunidos na Igreja e Apostolado Positivista do Brasil, eram contrários à atribuição ao Congresso Nacional de competência para legislar sobre o ensino. Diziam eles que os congressistas não eram filósofos e, por isso, não poderiam decidir em matéria de ciência. Propunham completa liberdade escolar e docente, de modo que da anarquia resultante brotassem doutrinas novas, as quais seriam, então, amparadas pelo governo com subsídios para o seu ensino, mas nunca de modo exclusivo.

Na redação vencedora na Assembléia Constituinte, citada anteriormente, os títulos escolares não foram mencionados. Se, por um lado, a proposta positivista ia ao encontro de antigos anseios liberais – os de livrar o sistema educacional de sua função discriminadora –, por outro, contrapunha-se aos interesses corporativistas de médicos, engenheiros e advogados que detinham o monopólio profissional garantido pelos diplomas escolares.

Por força das ideologias liberal e positivista, a Constituição de 1891 determinou a separação entre Igreja e Estado, de modo que a religião passou da esfera pública para a esfera privada. O Estado foi proibido de financiar qualquer tipo de atividade religiosa, até mesmo as escolas confessionais, assim como nenhum ensino religioso poderia ser ministrado nas escolas públicas. Os professores, por sua vez, já não precisavam mais fazer juramento de fidelidade religiosa. Podiam adotar para si qualquer crença e até mesmo não possuir crença religiosa alguma. Para os alunos das escolas públicas, nenhum ensino religioso nem a crítica da religião que professassem. Enquanto isso, as escolas privadas ficavam livres para ministrarem ensino religioso ou laico, de acordo com sua opção pedagógica.

Nas primeiras décadas do período republicano três processos sociais e econômicos combinaram-se para mudar a estrutura social, notadamente no Estado de São Paulo, com fortes repercussões para a questão da educação, até mesmo para a educação profissional: a imigração estrangeira, a urbanização e a industrialização. Decorrentes desses processos e reagindo sobre ele, os movimentos sociais e sindicais urbanos abriram uma nova fase na história do país.[3]

No período que vai de 1887 a 1930 entraram no país 3,8 milhões de estrangeiros, o que fez do Brasil um dos principais receptores de imigrantes, ao lado dos Estados Unidos, da Argentina e do Canadá. A maioria dos imigrantes veio para o Estado de São Paulo, em razão não só das facilidades concedidas pelo governo como, também, atraída pela maior oferta de trabalho propiciada pela

---

3 Para a redação deste tópico, baseei-me, especialmente, em Boris Fausto (1998).

expansão da cafeicultura, especialmente quando já não se podia contar com os escravos. Dentre os imigrantes, os italianos foram o grupo mais numeroso (36% do total), seguidos pelos portugueses (29%).

Além de residência da burguesia latifundiária e comercial, a cidade de São Paulo era o elo entre a produção agrícola e o porto de Santos, onde se dava o embarque do café para o exterior, além de centro de distribuição dos produtos importados. Todavia, a razão da magnitude de seu crescimento foi além.

> Todas as cidades cresceram, mas o salto mais espetacular se deu na capital do Estado de São Paulo. A razão principal desse salto se encontra no afluxo de imigrantes espontâneos e de outros que trataram de sair das atividades agrícolas. A cidade oferecia um campo aberto ao artesanato, ao comércio de rua, às fabriquetas de fundo de quintal, aos construtores autodenominados "mestres italianos", aos profissionais liberais. Como opção mais precária, era possível empregar-se nas fábricas nascentes ou no serviço doméstico. (Fausto, 1998, p.284)

De uma população de cerca de 65 mil habitantes, em 1890, a capital paulista passou a ter 240 mil em 1900. Naquele ano, ela era a quinta cidade do país, em número de habitantes, abaixo do Rio de Janeiro, de Salvador, de Recife e de Belém. Em 1900, passou ao segundo lugar, somente menor do que a capital do país, que tinha cerca de 700 mil habitantes.

O crescimento industrial no Estado de São Paulo resultou de dois fatores principais: a acumulação de capital na cafeicultura e a imigração estrangeira.

> Os negócios do café lançaram as bases para o primeiro surto da indústria por várias razões: em primeiro lugar, ao promover a imigração e os empregos urbanos vinculados ao complexo cafeeiro, criaram um mercado para produtos manufaturados; em segundo, ao promover o investimento em estradas de ferro, ampliaram e integraram esse mercado; em terceiro, ao desenvolver o comércio de exportação e importação, contribuíram para a criação de um sistema de distribuição de produtos manufaturados. Por último, lembremos que as máquinas industriais eram importadas e a exportação de café fornecia os recursos em moeda estrangeira para pagá-las. (Fausto, 1998, p.287)

Além disso, houve cafeicultores que se tornaram investidores em atividades industriais e nos serviços públicos.

Já os imigrantes contribuíram para a industrialização enquanto empresários e, principalmente, operários, além dos técnicos especializados. Em 1893, 70% dos trabalhadores nas fábricas paulistanas eram estrangeiros.[4]

---

4 Na cidade do Rio de Janeiro, essa proporção era bem menor: 39% em 1890.

Em 1920, o Estado de São Paulo passou à condição de maior produtor industrial do país, com 31% do valor da produção nacional.[5]

A fabricação de tecidos continuava a ser a atividade industrial-manufatureira mais importante, seguida dos produtos alimentícios, das bebidas e do vestuário. Foi somente nos anos 20 que houve investimentos, fortemente incentivados pelo governo, na produção de aço e de cimento. Durante a Primeira Guerra Mundial (1914-1918), a interrupção do suprimento de produtos importados favoreceu a transformação de oficinas de reparação em fábricas de máquinas e equipamentos até então importados, processo que não foi revertido depois de findo o conflito.

A instituição do regime republicano veio favorecer as regiões economicamente mais fortes, como era o caso do Estado de São Paulo, cuja receita provinha em grande parte dos impostos sobre a exportação. Ora, o crescimento das exportações aumentava os recursos do governo estadual, o que possibilitava a tomada de medidas que, embora visassem favorecer a cafeicultura, acabavam por beneficiar, também, o desenvolvimento industrial. Foi esse o caso da subvenção da imigração e da construção de estradas de ferro. A importância destas para a indústria não deve ser subestimada. As primeiras fábricas paulistas foram beneficiadas pela disponibilidade de força de trabalho formada segundo os padrões fabris nas estradas de ferro, constituída de brasileiros, de ex-trabalhadores agrícolas estrangeiros e de técnicos e contramestres contratados na Europa. Outro importante fator que favoreceu o crescimento da indústria paulista foi a instalação de usinas geradoras de energia elétrica.[6] Em resumo, como diz Warren Dean, "o comércio do café não gerou apenas a procura da produção industrial: custeou também grande parte das despesas gerais, econômicas e sociais, necessárias para tornar proveitosa a manufatura nacional" (Dean, 1971, p.14).

O crescimento das cidades, a diversificação das atividades urbanas e a reunião de um número cada vez maior de operários nas fábricas e nas empresas de serviços públicos, cujas unidades de produção tornavam-se maiores e com mais intensa divisão do trabalho, propiciaram o surgimento de movimentos sindicais nas maiores cidades do país.[7]

---

5 Comparando-se cidade com cidade, a produção industrial de São Paulo deve ter superado a do Rio de Janeiro em algum momento entre 1920 e 1938 (Fausto, 1998, p.288).

6 Stein (1979) e Dean (1971) atribuem grande importância às usinas hidrelétricas como pré-condição do desenvolvimento da indústria paulista. Já Singer (1974) defende a tese de que o desenvolvimento dessas usinas foi produto da demanda industrial mais do que causa de seu crescimento.

7 Minhas referências foram Fausto (1977 e 1998), Dulles (1977), Maran (1979), Carone (1979) e Pinheiro & Hall (1979).

Mas, nem por isso, esses movimentos foram homogêneos. As distintas situações sociais e econômicas do Rio de Janeiro e de São Paulo fizeram que a prática política e sindical dos operários fosse também distinta nessas cidades.

Na capital do país, o movimento operário lutava por reivindicações imediatas, como aumento de salário, limitação da jornada de trabalho e melhoria da salubridade. A essas, acrescentava medidas de médio alcance, como o reconhecimento dos sindicatos pelo patronato e pelo Estado. Não estava em sua pauta de reivindicações a transformação radical da sociedade.

Na capital paulista predominou o anarco-sindicalismo, que pretendia a transformação radical mediante a implantação de uma sociedade igualitária, organizada em uma federação de trabalhadores livres. Para isso, as reivindicações imediatas eram nada mais do que instrumentos parciais da "greve geral revolucionária".[8]

Tais diferenças deviam-se às características das duas cidades, assim como à composição das respectivas classes trabalhadoras. No Rio de Janeiro, a estrutura social era mais diversificada, menos dependente dos latifundiários: setores médios profissionais e burocráticos; militares de carreira; estudantes das escolas superiores. A presença dos militares e a menor dependência das classes médias diante das classes dominantes agrárias favoreceu o socialismo e uma política de colaboração de classes. Em conseqüência, os movimentos de protesto tiveram um conteúdo mais popular do que propriamente classista. Ademais, uma parcela importante da classe operária carioca trabalhava em empresas de serviços públicos (ferroviários, marítimos, doqueiros), que recebiam do governo maior consideração do que os operários dos estabelecimentos fabris privados. Não se deve deixar de considerar, também, que no Rio de Janeiro prevaleciam os trabalhadores nacionais, "imbuídos de uma tradição paternalista nas relações com os patrões e o governo" (Fausto, 1998, p.299).

Em São Paulo, ao contrário, não havia militares dispostos a se aliar aos trabalhadores, os quais, por sua vez, eram na maioria estrangeiros, sem raízes na região. Tudo isso favorecia a percepção dos patrões e do governo como *o inimigo*, situação que propiciava o anarquismo.

No ano de 1906, quando Nilo Peçanha criou escolas profissionais no Estado do Rio de Janeiro, as greves foram não só numerosas como bastante articuladas, umas categorias paralisando o trabalho em solidariedade a outras. Foi também nesse ano que se realizou o I Congresso Operário Brasileiro, reunindo no Rio de Janeiro delegados das federações de sindicatos de vários estados. A corrente anarco-sindicalista saiu vitoriosa sobre a socialista, conse-

---

8   Boris Fausto adverte que se trata de tendências, pois havia sindicalistas contrários ao anarquismo em São Paulo, assim como anarquistas no Rio de Janeiro.

O ensino de ofícios nos primórdios da industrialização

guindo a aprovação da tese de que, estando o operariado dividido, o único ponto em comum entre as diversas facções políticas e religiosas eram os interesses econômicos. Daí o julgamento da precocidade da criação de um partido político operário, devendo, então, a classe organizar-se em sindicatos, os quais deveriam se organizar em uma Confederação Operária Brasileira, que veio a ser criada em 1908. Além da propaganda dos ideais libertários, as resoluções do I Congresso recomendavam a adoção de formas de luta que enfatizavam a ação direta: greve parcial e geral, boicote, sabotagem, manifestações públicas.

Em maio de 1907, uma greve de pedreiros paulistanos, reivindicando a redução da jornada de trabalho para 8 horas, foi engrossada com a paralisação de outras categorias – tecelãos, ferroviários, metalúrgicos, carpinteiros, marmoristas, vidraceiros, pedreiros, e outros. Algumas categorias reivindicavam elevação de salários, outras, pagamento semanal, outras, mensal, outras, ainda, por hora de serviço. Essa foi, talvez, a primeira greve geral realizada em uma cidade brasileira, embora a violenta repressão e as concessões a categorias isoladas (logo retiradas) acabassem por levar o movimento à derrota.

As diferenças entre socialistas e anarquistas transpareciam nas plataformas de entidades operárias no tocante à questão educacional. O Partido Operário criado no Ceará, em 1890, reivindicava a alfabetização dos trabalhadores; o Centro Operário Radical criado no Rio de Janeiro, em 1892, defendia a reforma do ensino com instrução primária obrigatória; o Partido Socialista, criado no Rio Grande do Sul em 1897, reivindicava instrução gratuita em todos os graus; o Partido Socialista Brasileiro (o segundo), criado em 1902, incluiu em seu programa a instrução laica, gratuita e obrigatória para todos os menores, até 14 anos de idade, com sua manutenção pelo Estado, havendo necessidade, bem como exigia a criação, pelo governo, de escolas rurais e profissionais para todos os operários e de escolas noturnas para os adultos. Essas eram reivindicações de socialistas ao Estado, visando aos interesses imediatos dos trabalhadores.

Já os anarquistas, por causa de sua rejeição radical ao Estado, cuja essência seria única e exclusivamente a dominação, não reivindicavam ação governamental no ensino. Assim, no I Congresso Operário Brasileiro, a hegemonia anarquista fez que viesse expressa nas resoluções a reivindicação da manutenção, pelos sindicatos, de uma escola laica.

A partir de 1908, os anarquistas no Brasil começaram a incorporar a proposta de Francisco Ferrer, educador espanhol que concebeu as "escolas racionais". Partindo do pressuposto de que cada pessoa é produto da educação que recebeu quando criança, as "escolas racionais" deveriam ser escolas de emancipação, preocupadas em eliminar os conceitos de propriedade, pátria e família. Para isso, elas desenvolveriam conjuntamente "o cérebro, o coração e a saúde" de cada criança, pelo emprego de um método não dogmático, mas racional e científico.

O fuzilamento de Ferrer em outubro de 1909, acusado de envolvimento com um movimento revolucionário em Barcelona, desencadeou manifestações anarquistas em todo o mundo. No Brasil, houve mobilizações de protesto contra a monarquia espanhola e o "jesuitismo". No Rio de Janeiro, quatro dias depois do fuzilamento de Ferrer, houve vários comícios de protesto, que culminaram com uma passeata de 4 mil pessoas portando bandeiras negras pelas principais ruas do centro da cidade (Góes, 1988, p.75-6).

Nem todos os movimentos populares na primeira década do século foram ligados a reivindicações específicas. Pelo menos em um caso, o da chamada Revolta da Vacina, em 1904, no Rio de Janeiro, convergiram diversas orientações políticas num levante popular de grandes proporções.

O aumento do custo de vida provocado pela política econômico-financeira levou as massas urbanas a um estado pré-insurrecional. Além disso, os militares de orientação positivista já não dispunham da influência que desfrutaram nos primeiros anos do regime republicano, pois as oligarquias agrárias, os verdadeiros donos do poder, tinham estabelecido seu controle sobre o aparelho de Estado, até mesmo no plano federal. Quando o Congresso Nacional aprovou uma lei tornando obrigatória a vacina contra a varíola, por iniciativa do médico sanitarista Osvaldo Cruz, políticos e publicistas aproveitaram-se das desconfianças populares para desmoralizar o Governo Federal. Rui Barbosa, então senador, evocava o princípio liberal da inviolabilidade da consciência em defesa da inviolabilidade da epiderme, temendo a inoculação do vírus da varíola. O tenente-coronel Lauro Sodré, também senador, mas positivista e não liberal, denunciou a lei arbitrária, conclamando o povo a reagir contra ela "à bala".

No dia 10 de novembro de 1904 houve um levante popular generalizado no Rio de Janeiro: barricadas foram levantadas, lojas e fábricas foram depredadas e saqueadas, bondes foram incendiados ou virados, postes de iluminação quebrados, contingentes policiais atacados. Os lemas gritados eram contra a vacina obrigatória, embora as causas da insatisfação fossem, basicamente, as condições de vida. O Centro das Classes Operárias, criado em 1902, participou das agitações procurando estender a oposição à vacina obrigatória para o plano social e econômico. Os alunos da Escola Militar também se revoltaram e os positivistas se apressaram em assumir seu comando e tirar proveito da situação, dando um golpe de Estado. No entanto, o prédio da escola foi bombardeado e a repressão acionada pelas forças militares e policiais, fiéis ao governo, fez mais de duzentas mortes. Os cortiços da cidade foram invadidos pelos soldados que prenderam insurrectos e desocupados, que foram mandados de navio para o Acre, recentemente incorporado ao território brasileiro. O Centro das

Classes Operárias foi fechado e a Escola Militar, desativada. A população acabou por ser toda vacinada e a varíola erradicada do Rio de Janeiro.

Os levantes contra as condições de vida e a influência difusa das ideologias anticapitalistas acabaram por chegar às guarnições navais, onde a modernização material da Marinha de Guerra chocou-se com o arcaísmo das relações entre oficiais e praças.

O plano de reequipamento da Marinha consistiu na encomenda de vários navios na Inglaterra, até mesmo dois grandes encouraçados, o *Minas Gerais* e o *São Paulo*. Para se familiarizarem com os equipamentos, oficiais e marinheiros foram enviados para a Europa. Estes tomaram contato com as condições disciplinares lá vigentes, diante das quais o tratamento dispensado pelos oficiais brasileiros às tripulações assumia ares de barbarismo: em pleno século XX, os faltosos recebiam castigos físicos, até pelo uso da chibata. Regressando ao Brasil, as tripulações foram sobrecarregadas de serviço, em razão da insuficiência de pessoal; em conseqüência, as faltas se multiplicavam e, daí, o aumento das punições. A tensão se intensificou e se generalizou até que um castigo aplicado a um marinheiro, diante da tripulação do encouraçado *Minas Gerais*, deu o pretexto para a revolta. Em novembro de 1910, os marinheiros assumiram o controle da esquadra surta no porto do Rio de Janeiro, ameaçando bombardear a cidade, caso não fossem abolidos os castigos físicos. Depois de muitas negociações, o castigo da chibata foi suprimido, e os revoltados se entregaram e foram presos, e os líderes, mortos no cárcere (Morel, 1979).

Entre 1917 e 1920 foram desencadeadas greves de grandes proporções nas maiores cidades do país, especialmente no Rio de Janeiro e em São Paulo (mais de cem greves nesta e mais de sessenta naquela). Para isso concorreram o agravamento do custo de vida, em conseqüência da Primeira Guerra Mundial e da especulação com os gêneros alimentícios, e a onda revolucionária na Europa, que teve na Revolução Russa o seu clímax.

A greve geral de 1917, em São Paulo, foi a que teve maior impacto e dramaticidade, quando atingiu praticamente toda a classe operária da cidade, cerca de 50 mil pessoas. Os principais bairros operários foram tomados pelos grevistas, contra quem o governo mobilizou tropas e deslocou navios de guerra. Depois da mediação de um comitê de jornalistas, o movimento conseguiu aumento de salários, logo anulado pela inflação, e vagas promessas de atendimento das demais reivindicações.

A partir de 1920, a onda grevista se arrefeceu, como resultado da repressão e da dificuldade de alcançar resultados. Em 1921, o Congresso aprovou leis que dotaram o governo de instrumentos repressivos contra os estrangeiros e contra o proselitismo anarquista. Muitos dirigentes sindicais estrangeiros, anarquistas e não, foram expulsos do país, debilitando as organizações operárias.

Simultaneamente, o Estado tratava de intervir nas relações de trabalho, pela aprovação de leis que "concediam" alguns direitos aos trabalhadores, como a limitação do trabalho dos menores e as férias anuais, que somente foram postas em prática na década seguinte.

A crescente organização das classes trabalhadoras e sua intervenção cada vez mais notável no cenário político eram vistas pelas classes dominantes de um ponto de vista bem peculiar. Os trabalhadores imigrantes eram apontados como responsáveis pela "inoculação de idéias exóticas" nos trabalhadores brasileiros, cujo passado como escravos não permitia prever seu envolvimento espontâneo em sindicatos e partidos operários, nem sua adesão ao socialismo e ao anarquismo. Diante disso, o diagnóstico e a terapêutica recomendada, além da repressão imediata e a expulsão dos estrangeiros que se destacassem na liderança desses movimentos, eram conter a corrente imigratória e formar a força de trabalho assalariada, principalmente para a indústria, utilizando-se dos nacionais. Estes, no entanto, eram vistos como não dispostos ao trabalho, mas "naturalmente" tendentes ao vício e ao crime, o que exigia especiais esforços educativos. Essa ideologia veio a ser expressa com clareza em 1916, quando foi fundada a Liga de Defesa Nacional. Olavo Bilac, um dos propagandistas mais conhecidos da Liga, dizia: "As cidades estão cheias de ociosos descalços, maltrapilhos, inimigos da carta de ABC e do banho, – animais brutos, que de homem têm apenas a aparência e a maldade". E acrescentava: "as mais humildes camadas populares, mantidas na mais bruta ignorância, mostram só inércia, apatia, superstição, absoluta privação de consciência".[9]

Certas versões da ideologia burguesa, entretanto, procuravam articular soluções mais amplas para o que concebiam ser o problema do seu tempo. Vou apresentar, em seguida, duas versões dessa ideologia – a da maçonaria e a do industrialismo – para, depois, mostrar como elas orientaram o pensamento e a ação de Nilo Peçanha na criação das escolas de aprendizes artífices, a mais importante iniciativa republicana em matéria de ensino profissional.

O industrialismo consistia na atribuição à indústria de sinônimo de progresso, emancipação econômica, independência política, democracia e civilização. Seus adeptos esperavam que a indústria conduzisse o Brasil ao nível das nações civilizadas, pois ela levaria o país a possuir aqueles atributos, próprios dos países da Europa e dos Estados Unidos. Só a indústria poderia resolver os problemas econômicos que afligiam o Brasil, pois só ela seria capaz de propiciar

---

9 Olavo Bilac, em *A defesa nacional*, citado por Carone (1969, p.232-6).

o desenvolvimento das forças produtivas, estabilizar a economia e levar ao progresso.

A plataforma comum dos industrialistas consistia na defesa da estabilização das tarifas alfandegárias, de modo a favorecer a produção interna, pela criação de uma reserva de mercado, encarecendo os produtos importados. Os industrialistas criticavam o desequilíbrio do balanço de pagamentos, que estaria mascarado por saldos fictícios na balança comercial. País dotado de abundantes recursos naturais, o Brasil não poderia estar em tal situação. A solução para resolver os constantes déficits orçamentários e equilibrar as finanças nacionais não se encontraria nos empréstimos contraídos nos bancos estrangeiros para saldar as diferenças das importações sobre as exportações, nem nas emissões de papel-moeda e apólices, mas, sim, no fomento à produção interna, em especial à produção industrial por meio de medidas protecionistas. Suprindo o mercado interno com grande parte dos produtos até então importados, a indústria evitaria os desequilíbrios na balança comercial.

Em 1904, a quase centenária Sociedade Auxiliadora da Indústria Nacional transformou-se no Centro Industrial do Brasil, que veio a ser veículo das idéias de muitos líderes industrialistas – Serzedelo Corrêa o mais importante deles. Segundo Nícia Vilela Luz, Serzedelo Corrêa distinguia-se dos nacionalistas que o precederam por sua visão de conjunto do problema econômico brasileiro. Ele defendia o desenvolvimento harmônico das forças produtivas por meio de uma política protecionista voltada não só para a indústria mas, também, para a agricultura, a fim de "garantir a independência nacional" e "aumentar o trabalho no seio de nosso vasto país" (Luz, 1975, p.81). Ele pleiteava uma política moderada de proteção alfandegária e um conjunto de reformas que abrangeriam os setores monetário, fiscal, bancário, assim como o incremento dos transportes e do comércio internacional. Mostrava-se mais favorável às indústrias que processavam matéria-prima nacional, como a têxtil, mas não compartilhava da idéia (argumento dos antiindustrialistas) de discriminar aquelas que utilizavam produtos semimanufaturados importados, as chamadas "indústrias artificiais".

Ao lado do "engrandecimento e progresso da nação", a ideologia do industrialismo proclamava a "defesa do trabalho nacional". O crescimento da produção industrial levaria ao emprego de milhares de homens que, de outra forma, "se veriam à míngua de pão e trabalho" (apud Bastos, 1952, p.95). O emprego da população urbana desocupada (que, de outra forma, poderia provocar inquietações e revoltas) e a criação de condições para o seu bem-estar eram vistos como a contribuição da indústria para resolver a chamada questão social.

Mesmo com a intensificação dos conflitos sociais nos primeiros anos do século XX, os industrialistas diziam que o Estado deveria cogitar do ensino obrigatório antes mesmo de instituir leis sociais. Ao lado do esperado efeito moralizador das classes pobres, o ensino profissional era visto como possuidor de outras virtualidades corretivas. Era o que defendia João Pinheiro, importante líder industrialista, em 1906, quando presidente do Estado de Minas Gerais, ao propor a criação desse ramo do ensino para combater o bacharelismo que estaria grassando entre as camadas médias. Nessa linha, numerosos projetos foram apresentados ao Congresso Nacional, culminando com o de Fidelis Reis, que, aprovado em 1927, pretendia tornar obrigatório o ensino profissional nas escolas primárias mantidas ou subvencionadas pela União, no Colégio Pedro II e nos que lhe fossem equiparados.

Passemos agora a focalizar a atuação da maçonaria nesse quadro político e ideológico.

A maçonaria é uma sociedade secreta de âmbito internacional, que existe há centenas de anos, nascida das corporações de pedreiros. No Brasil, os maçons estiveram envolvidos com os movimentos autonomistas, desde o século XVIII, até mesmo na libertação dos escravos e na implantação do regime republicano (Camino, 1972, v.2, p.31). Desde José Bonifácio, ocuparam cargos de grão-mestres da maçonaria os principais dirigentes do Estado, entre os quais o próprio imperador Pedro II.

Apesar de contar com muitos clérigos entre seus quadros, houve freqüentes e intensos conflitos entre a maçonaria e a hierarquia da Igreja Católica no Brasil, pelo menos desde que o Papa Pio IX editou uma bula proibindo a ligação de católicos com essa sociedade, bula aliás, censurada pelo imperador. As disputas entre as duas instituições pela hegemonia esteve na raiz da "questão religiosa" que, em 1873, acabou por desembocar na condenação de dois bispos à prisão com trabalhos forçados.

Diferentemente da Igreja Católica, que se empenhava em incorporar as massas como fiéis, a maçonaria procurava congregar poucas pessoas de posses, que tinham posição destacada no Estado ou na sociedade, para por meio delas exercer influência política e social. A maçonaria, ao contrário da Igreja Católica, valorizava a Revolução Francesa de 1789, adotando como sua a divisa Liberdade, Igualdade, Fraternidade. A ideologia burguesa a respeito dos conflitos sociais foi, também, incorporada. Para apresentá-la, vou me valer de um discurso de João Luís Alves (ministro da Justiça de Nilo Peçanha), em 1902, no templo da Loja Maçônica "Belo Horizonte".

Dizia ele que o antagonismo entre o capital e o trabalho – que levava a uma verdadeira "guerra intestina" – corresponde à fragmentação do corpo social, a uma cisão da cabeça (o capital) e dos braços (o trabalho). Essa cisão era atribuída por ele muito mais à incapacidade política, à incúria social e, sobretudo, ao egoísmo cego dos patrões do que à exigência dos trabalhadores. É esse antagonismo que a maçonaria deveria combater, pelas armas da razão, pela

O ensino de ofícios nos primórdios da industrialização

educação popular, pela interferência nos negócios públicos e pela propaganda do ideal de solidariedade entre os homens. A educação assumia especial importância nessa proposta, pois ela poderia defender os operários contra as seduções da utopia anarquista (Lima, 1958, p.138-40).

Por outro ponto de vista, a educação popular era um meio considerado da maior importância, pelos maçons, para subtrair as massas da influência da Igreja Católica. Em fevereiro de 1904 foi realizado no Rio de Janeiro um Congresso Maçônico, com a participação de todas as lojas do país, para fazer frente à instalação no Brasil de religiosos de congregações perseguidas na Europa. Para impedir o ascenso do clericalismo, houve unanimidade em apontar a educação popular, em escolas leigas, como a medida mais importante a ser tomada. Neste sentido, uma das resoluções aprovadas no evento dizia que os meios a empregar para se fazer frente à invasão do clericalismo eram "a propaganda pelas conferências, pelas publicações, pelo ensino da mulher, desviando-se das seitas fanáticas, pela escola".

O ensino profissional, especificamente, não mereceu especial atenção da maçonaria enquanto instituição. No entanto, certos maçons destacaram sua importância, como foi o caso de Nilo Peçanha.

Ele começou sua carreira política com a eleição para a Assembléia Nacional Constituinte de 1891. Foi deputado pelo Estado do Rio de Janeiro em duas legislaturas e senador em uma; presidente desse estado, ministro, vice-presidente da República, por eleição, e presidente em substituição a Afonso Pena, falecido no cargo.

Nilo Peçanha sempre defendeu a proteção tarifária à indústria, a abolição dos impostos interestaduais, a valorização do café (foi um dos realizadores do Convênio de Taubaté, de 1906), o desenvolvimento dos transportes ferroviário e marítimo. Todos esses eram pontos da plataforma industrialista, particularmente na versão defendida por Serzedelo Corrêa. Enquanto presidente do Estado do Rio de Janeiro e da República, tomou várias medidas coerentes com esse ideário.

Não me foi possível saber desde quando Nilo Peçanha encontrava-se filiado à maçonaria. A crônica do Liceu de Artes e Ofícios Santa Rosa, dos padres salesianos, em Niterói, assinala a visita de Nilo Peçanha ao estabelecimento, na época em que ele era presidente do Estado do Rio de Janeiro, dando conta de sua boa vontade para com o empreendimento, "apesar de ser ele maçon". No biênio em que presidiu a República, Nilo Peçanha foi ao encontro das demandas da maçonaria contra a "invasão do clericalismo", negando asilo aos frades expulsos de Portugal, o que lhe valeu cartas de elogio de várias lojas maçônicas e protesto do cardeal-arcebispo do Rio de Janeiro. Sete anos após deixar a Presidência da República, Nilo Peçanha assumiu o cargo de grão-mestre do Grande Oriente do Brasil e instituiu um Conselho Maçônico de Instrução em 1919.

Situado, então, na encruzilhada dessas duas vertentes ideológicas, Nilo Peçanha não ficou imune à orientação de ambas para enfatizar a necessidade de instrução popular.

Ao criar quatro escolas profissionais no Estado do Rio de Janeiro, em 1906, e as escolas de aprendizes artífices em dezenove estados brasileiros, Nilo Peçanha procurou responder aos problemas do seu tempo conforme os definiam essas duas vertentes ideológicas. Na justificativa da criação das escolas fluminenses, disse que "o ensino profissional é de vantagens ao progresso do Estado não só pelo que concerne ao desenvolvimento de suas indústrias, como por facilitar às classes menos favorecidas da fortuna ocupação remuneradora para sua atividade". Três anos depois, na justificativa do decreto que criou as escolas de aprendizes artífices, Nilo Peçanha disse que

> o aumento constante da população das cidades exige que se facilite às classes proletárias os meios de vencer as dificuldades sempre crescentes da luta pela existência; para isso se torna necessário, não só habilitar os filhos dos desfavorecidos da fortuna com o indispensável preparo técnico e intelectual, como fazê-los adquirir hábitos de trabalho profícuo, que os afastará da ociosidade, escola do vício e do crime. (1912)

Vemos aí a presença dos estereótipos pelos quais a burguesia percebia o movimento operário em ascensão: as greves resultavam do impulso para a ociosidade; a "desorganização" dos padrões sociais provinha de sua tendência ao vício; as ideologias políticas que nele se divulgavam eram subversivas. O ensino industrial deveria corrigir essa tríplice propensão negativa por meio do cultivo dos "hábitos de trabalho profícuo". Assim, a eliminação do antagonismo entre o capital e o trabalho ficaria viabilizada. Pelo preparo técnico e intelectual associado a esse cultivo, estaria sendo formada uma força de trabalho qualificada, condição para o desenvolvimento da indústria, caminho para o Brasil aproximar-se das nações civilizadas da Europa e dos Estados Unidos.

Após deixar a Presidência da República, visitando algumas dessas "nações civilizadas", disse Nilo Peçanha a respeito da Suíça: "todas essas grandes palavras e grandes problemas que aí estão a atroar os ares, chame-se democracia, liberdade, reforma social ou república, não têm senão uma condição de êxito, ou uma solução inteligente – a instrução profissional" (Peçanha, 1912, p.41-2). Lamentava não ter sabido disso antes: "se quando exerci a Presidência da República já conhecesse a extensão dos seus resultados, ao invés de 20 institutos profissionais que fundei nas capitais dos estados, teria certamente criado 200, e aliás com outro desenvolvimento, tão profunda será a sua influência na formação do caráter do povo e nos destinos do Brasil".[10]

A comparação do Brasil com os "países civilizados", feita mediante as teorias do determinismo geográfico e/ou racial, neles mesmos elaboradas, levava a um diagnóstico de que tínhamos aqui o resultado de muitas carências: negros e mestiços, ao invés de uma raça pura; doenças ao invés de saúde; ignorância ao invés de cultura etc. Para compensar essas desvantagens, só mesmo a educação.

Esse modo de pensar o Brasil, a partir das teorias elaboradas nos centros culturais hegemônicos, foi assumido pela Associação Brasileira de Educação, criada no Rio de Janeiro em 1924, cujos documentos foram minuciosamente estudados por Marta Carvalho, de quem extraí a seguinte passagem:

> Enquanto máquina persuasiva, o discurso cívico da ABE opera maniqueisticamente, produzindo imagens da realidade brasileira que opositivamente se interqualificam. O presente é reiteradamente condenado e lastimado, sendo caracterizado de modo a fundamentar temores de catástrofes iminentes, que atingiriam o país se a campanha [em prol da educação, LAC] não obtivesse os resultados desejados. O futuro é insistentemente aludido como dependente de uma política educacional: futuro de glórias ou de pesadelos, na dependência da ação condutora de uma "elite" que direcione, pela educação, a transformação do país. Na oposição construída por imagens de um país presente condenado e lastimado e de um país futuro desejado, país de prosperidade, é que se constitui a importância da educação como espécie de chave mágica que viabilizaria a passagem do pesadelo para o sonho. Romper com a sociedade presente, transformá-la em passado, superá-la são operações que se constroem no discurso. As referências à obra educacional determinam-na como reiterada operação de apagamento do presente e promessa de um futuro grandioso. Nela, a figura de um brasileiro doente e indolente, apático e degenerado, perdido na imensidão do território nacional – Jeca Tatu, em cuja representação exemplar confluem determinismos cientificistas de ordem vária – representa, alegoricamente, a realidade lastimada. Afirmar a importância da educação era, muitas vezes, espécie de exorcismo de angústias alimentadas por doutrinas deterministas que, postulando efeitos nocivos do meio ambiente ou da raça, tornariam infundadas as esperanças de progresso para o Brasil, país de mestiços sob o trópico. Esperava-se superar o Jeca Tatu no trabalhador hiper-produtivo, tarefa da educação, excogitada no determinismo, como alteração do meio ambiente. Tratava-se de introduzir, mediado pela ação de "elites esclarecidas" pela campanha educacional, um novo tipo de fator determinante no que é pensado como processo necessário de *constituição* do "povo" brasileiro: a educação. (Carvalho, 1986, p.94)

---

10 Peçanha (1912, p.42). Na realidade, esses institutos profissionais, as escolas de aprendizes artífices, foram dezenove e não vinte.

Assim, de uma abordagem pessimista do Brasil passou-se, freqüentemente, a uma abordagem otimista, para o que contribuiu uma abordagem "sociológica", no dizer de Luiz Pereira (1967): a aceitação do progresso como valor a ser alcançado, pois as carências nacionais são modificáveis intencionalmente, em especial pela educação escolar.

Impulsionada por essa ideologia e/ou pelas necessidades ditadas pelas mudanças na produção, o fato é que as instituições de ensino profissional expandiram-se e diferenciaram-se durante as primeiras décadas do regime republicano, resultantes de iniciativas governamentais (União e estados) e de empreendimentos privados, religiosos e laicos. Do mesmo modo, o pensamento sobre o ensino profissional, particularmente o industrial-manufatureiro, complexificou-se. Além de pronunciamentos individuais de personalidades interessadas no tema enquanto diletantes, foi possível observar a tendência à constituição de um corpo de profissionais especializados no ensino profissional, assim como à elaboração de um discurso institucional sobre essa modalidade de ensino.

Os cinco capítulos deste livro vão abordar os aspectos considerados mais relevantes dessas iniciativas e desse pensamento institucional.

1
Estado, igreja e oficina

No Brasil Império, como na Colônia e no reino português, o Estado tinha amplos poderes sobre a Igreja Católica. O imperador podia censurar as bulas do papa, endossar a nomeação dos bispos e até determinar os currículos dos seminários. Em compensação, o Estado cobria as despesas de todo o clero e garantia que não seriam difundidas outras doutrinas religiosas além da católica, a religião oficial. Essa herança dos tempos coloniais chegava a tal ponto que se disse ser a Igreja Católica, no Brasil, nada mais do que um apêndice da administração civil.

Nas três últimas décadas do século XIX, essa simbiose Igreja-Estado começou a incomodar os dois lados da parceria. De um lado, o Vaticano pretendia aumentar o controle sobre o clero brasileiro, de modo a desenvolver uma atividade religiosa sem as limitações existentes. De outro, as forças políticas emergentes (os liberais e os positivistas) pretendiam que o Estado brasileiro fosse sintonizado com os seus contemporâneos, e adotasse uma total neutralidade em matéria de crença religiosa, assim como não sustentasse as instituições confessionais. A contradição entre essas novas orientações e as antigas práticas produziu conflitos que contribuíram para a queda do regime monárquico.

Com a proclamação da República, em 1889, e a promulgação da Constituição de 1891, resultado de uma tensa aliança de liberais e positivistas, a Igreja Católica foi declarada separada do Estado. Este ficou proibido de financiar qualquer tipo de atividade religiosa, assim como nenhum tipo de ensino religioso podia ser ministrado nas escolas públicas. Os professores, por sua vez, não precisavam mais fazer juramento de fidelidade religiosa. Podiam adotar, para si próprios, qualquer crença religiosa e até mesmo não ter crença alguma desse tipo. Para os alunos das escolas públicas, nenhum ensino religioso, nem a crítica das religiões que professassem.

Para os liberais, que evocavam a tradição iluminista, a religião era assunto da vida privada, não da vida pública. Em respeito a cada indivíduo, não poderia haver uma religião oficial nem apoio do governo a instituição confessional alguma. O Estado laico seria, então, uma defesa do indivíduo contra o dogmatismo e a intolerância religiosa, manifesta ou latente.

Já para os positivistas, a laicidade era uma posição provisória, defendida para combater o "Estado Metafísico", até que surgisse o "Estado Positivo" ou "Científico", ao qual corresponderia a religião da humanidade, ainda em desenvolvimento. Para sustentar o advento da nova crença, foi criada, na França como no Brasil, a Igreja e Apostolado Positivista – uma versão caricata da Igreja Católica –, destinada a difundir as idéias de Augusto Comte. Embora os positivistas não pretendessem que a religião da humanidade fosse ensinada nas escolas públicas, eles conseguiram introduzir nos seus currículos disciplinas como sociologia e moral, que expressavam seus conceitos e preconceitos doutrinários.

Mas, se os liberais e positivistas mantiveram-se laicos, durante a Primeira República, aliando-se tacitamente nesta questão aos movimentos populares de orientação socialista, libertária e sindicalista, a Igreja Católica não aceitou o Estado laico. Ao contrário das Igrejas Evangélicas, que cresceram bastante após o fim do oficialismo religioso, surgiu nos anos 20 um forte movimento de bispos (liderados pelo cardeal Lemme) e de leigos (como o filósofo Jackson de Figueiredo) em prol da retomada da influência direta da Igreja Católica sobre o Estado, movimento esse conhecido como neocristandade.

Foi justamente nessa época, quando a sociedade brasileira era sacudida por fortes lutas sociais e políticas, que surgiram tentativas de reintrodução do ensino religioso nas escolas públicas, com o claro objetivo de criar condições ideológicas para a manutenção da ordem que se julgava ameaçada.

> Livre do controle do Padroado e tornada autônoma em relação ao Estado, a Igreja cresce, se fortalece e, no âmbito regional, ela se mobiliza não só pela via das congregações religiosas no campo educacional escolar, como também através da imprensa, formando a opinião pública em disputa com outras correntes jornalísticas. (Cury, 1993, p.25)

De fato, nos anos 20, alguns governos estaduais introduziram o ensino religioso nas escolas públicas: Ceará, Minas Gerais, Rio Grande do Sul, Sergipe, Pernambuco e Santa Catarina. Para isso, concorreram três fatores: a mobilização regional da Igreja, a interpretação do que é escola,[1] e os depoimentos de Rui Barbosa e os pareceres de juristas de renome. Mesmo quando não endossavam a tese do ensino religioso na escola pública, os políticos preferiam não exacerbar conflitos com a Igreja, cientes de sua força ideológica e de sua capacidade de transformar a mobilização religiosa em mobilização política. (Idem)

Na revisão constitucional de 1926, foram propostas emendas que, entre outras coisas, estabeleciam (reconheciam!) a religião católica como a da maioria do povo brasileiro e reintroduziam o ensino religioso nas escolas públicas (Cury, 1996). Esta última recebeu a maioria dos votos dos deputados, respaldados por numerosos telegramas e moções de entidades e personalidades, mas não obteve votação suficiente para ser incorporada à Constituição (dois terços dos votantes).

No entanto, mesmo sendo medida inconstitucional, a reintrodução do ensino religioso nas escolas públicas começou, na prática, em nível estadual.

O presidente de Minas Gerais (como então se chamavam os governadores), Antônio Carlos de Andrada, alertava as autoridades do país para os movimentos políticos, por ver neles ameaças à propriedade e à ordem social que a garantia. Foi dele a famosa frase: "façamos a revolução antes que o povo a faça", como justificativa da Revolução de 1930. Mas, antes disso, Antônio Carlos de Andrada descartou a Constituição e baixou decreto, em 1928, autorizando o ensino do catecismo católico nas escolas primárias do seu estado, evocando a reforma educacional do regime fascista na Itália, em 1923 (Reforma Gentile). No ano seguinte, a Assembléia Legislativa mineira aprovou lei determinando o ensino da religião nas escolas estaduais primárias, secundárias e normais. A freqüência às aulas seria facultativa, e não se mencionava nenhuma religião específica. Mas os procedimentos indicados eram tais que, na prática, somente a religião católica poderia ser ensinada a todos os alunos, como era, aliás, esperado.

Inaugurava-se a "colaboração recíproca" entre Estado e Igreja. O Estado buscava o apoio político e ideológico do clero católico na manutenção da ordem, ameaçada primeiro pelos movimentos anarco-sindicalistas, depois pelos movimentos insurrecionais dos militares. A Igreja Católica, por sua vez, buscava o reconhecimento oficial de seus atos (como a validade civil do casamento religioso) e a possibilidade de exercer seu ministério nos hospitais, nas prisões e nas escolas mantidas pelo Estado. Pretendia ela, também, receber subsídios governamentais para a manutenção de seus empreendimentos.

---

1 Com o argumento de que o que a constituição vedava era o ensino religioso no currículo do ensino primário público, não seu oferecimento *no prédio da escola* pública, *depois do horário* normal de aulas, os governos estaduais determinaram a volta do ensino religioso, desde que não fosse obrigatório para todos os alunos.

A justificativa do presidente/governador de Minas Gerais era a de que a religião impediria a rebeldia e levaria à obediência às leis e à hierarquia. Foi também essa a justificativa de Getúlio Vargas para o decreto que instituiu o ensino religioso em todo o país, em 1931, conforme o modelo mineiro. Por esse decreto, o ensino religioso passou a integrar o currículo das escolas primárias, secundárias e normais, federais, estaduais e municipais.

Os educadores progressistas não aceitaram esse decreto da ditadura varguista. Ele foi condenado pelo Manifesto dos Pioneiros da Educação Nova, de 1932, que será focalizado no capítulo 5. O Manifesto foi assinado tanto por liberais como Anísio Teixeira e Fernando de Azevedo, quanto por socialistas como Paschoal Lemme e Hermes Lima. Mas a mobilização eleitoral da Igreja Católica foi mais forte, de modo que a Constituição de 1934 incorporou os termos dos decretos de Antônio Carlos de Andrada e de Getúlio Vargas. Desde então, todas as constituições do país determinaram a obrigatoriedade do ensino religioso para as escolas públicas (primárias, de 1º grau ou fundamentais), mas facultativo para o aluno.

Antes mesmo que a "colaboração recíproca" fosse apoiada por leis ou decretos, estaduais ou federais, as duas principais correntes de pensamento da República nascente – o liberalismo e o positivismo – convergiam com o catolicismo no que concernia ao ensino profissional, e não recusavam subsídios governamentais a instituições religiosas que atuavam nessa área.

O ensino profissional para os desvalidos era visto por essas correntes de pensamento como uma pedagogia tanto preventiva quanto corretiva. Enquanto pedagogia preventiva, propiciaria o disciplinamento e a qualificação técnica das crianças e dos jovens cujo destino era "evidentemente" o trabalho manual, de modo a evitar que fossem seduzidos pelo pecado, pelos vícios, pelos crimes e pela subversão político-ideológica. Ademais, nas oficinas das escolas correcionais, o trabalho seria o remédio adequado para combater aqueles desvios, caso as crianças e os jovens já tivessem sido vítimas das influências nefastas das ruas.

Assim, este primeiro capítulo mostra a influência positivista, no plano federal, no Instituto Profissional, novo nome do Asilo de Meninos Desvalidos, criado pelo conselheiro João Alfredo. A ação dos positivistas, enquanto médicos e higienistas, aparece na legislação que regulava a internação dos menores, assim como nas instituições criadas no início do regime republicano, por iniciativa federal ou estadual.

As escolas profissionais dos padres salesianos, também analisadas neste capítulo, foram objeto de apoio governamental, evidenciando a existência de subsídios públicos a instituições religiosas, mesmo nos primeiros anos do regime republicano. Se havia uma disputa entre positivistas, liberais e católicos sobre a melhor maneira de formar as elites intelectuais e profissionais, eles convergiam sobre a importância do ensino dos ofícios manuais, em suas dimensões preventiva e corretiva.

O Instituto João Alfredo

Foi dos positivistas que partiu a primeira manifestação havida no regime republicano com respeito à formação da força de trabalho industrial e manufatureira.

Logo após a proclamação da República, ainda em dezembro de 1889, Raimundo Teixeira Mendes[2] entregou ao "cidadão ministro da guerra" Benjamin Constant um memorial em nome de cerca de quatrocentos operários das oficinas estatais situadas no Estado do Rio de Janeiro.[3] Continha um plano para "incorporar à sociedade o proletariado a serviço da República", como modelo a ser seguido por todos os empregadores.[4] Propunha medidas como o estabelecimento do salário mínimo, da remuneração adicional proporcional à produtividade, do descanso semanal, das férias remuneradas, da aposentadoria, da redução da jornada de trabalho para 7 horas, das licenças para tratamento de saúde, da aprendizagem de ofícios, e outras. Antes de tratar do que nos interessa de perto – a aprendizagem profissional –, vou apresentar um rápido esboço da justificativa do memorial, capaz de esclarecer pontos importantes daquela.

São dois os principais problemas que emergem do memorial. Primeiro, as necessidades da produção, a crescente demanda da indústria moderna que "vai exigindo do proletário cada vez mais instrução para bem manejar as máquinas". Segundo, as necessidades do Estado, "exigindo que cada cidadão cumpra espontaneamente o seu dever, vão impondo a cada um maior grau de moralidade e de instrução para a prática e o conhecimento do mesmo dever".

---

2 Ardoroso republicano desde os estudos secundários, Raimundo Teixeira Mendes interrompeu o curso de engenharia na Escola Politécnica do Rio de Janeiro em razão de uma suspensão imposta pela congregação. Pretendendo continuar os estudos de matemática, seguiu para a França, onde entrou em contato com a obra de Augusto Comte e seus discípulos. Aderindo à doutrina positivista, abandonou de vez os estudos escolares. De volta ao Brasil, dedicou-se ao jornalismo, pregando a doutrina comteana e suas aplicações à conjuntura social e política. Desde o início da década de 80 do século passado até a sua morte, na segunda década deste, Teixeira Mendes foi o principal dirigente da Igreja e Apostolado Positivista do Brasil.

3 Imprensa, estaleiros navais etc.

4 Mendes (1908) diz que o "herético" Benjamin Constant deixou o ministério sem adotar nenhuma das medidas preconizadas.

Pois bem, os proletários não estavam sendo adequadamente "moralizados" e "instruídos" por diversas razões: a mulher precisava trabalhar para ajudar a sustentar a prole e, assim, não tinha tempo nem disposição para "educar os filhos, amparar os anciãos e confortar os esposos"; os filhos precisavam trabalhar para viver, não sobrando ocasião para serem educados; os velhos não podiam ser amparados em meio a uma existência miserável, deixando, então, de ser, no lar, "o melhor incentivo para educar-nos e manter-nos no culto e na dedicação pela Pátria". A solução para ambos os problemas consistiria em "dignificar a pobreza, eliminando dela a miséria". Para isso seria preciso que houvesse uma nova concepção de salário, não mais entendido como a paga do trabalho, mas, sim, como "o subsídio liberalmente dado pela sociedade a cada cidadão, a fim de poder este manter a família, que é a base de toda a ação cívica". As famílias ricas é que, livremente, deveriam sustentar as famílias pobres, em nome da sociedade, de modo que estas pudessem prestar os serviços que a Pátria e a Humanidade exigiam delas.[5] O trabalho é um dever dos proletários, ao qual corresponde o dever dos ricos de darem o subsídio àqueles. Em contrapartida, "importa que o pobre limite suas pretensões ao que é exigido por esse destino". Assim se realizariam a "ordem" e o "progresso".

A operacionalização da proposta consistiria na divisão do salário a ser pago aos proletários em duas partes. Uma parte deveria ser suficiente para garantir as finalidades morais, resultantes da capacidade do chefe de família de manter, apenas com o seu trabalho, todos os demais membros. Em conseqüência, a esposa e os avós poderiam cumprir com seu papel moralizador. A outra parte do salário deveria ser variável, de acordo com a produtividade, de modo que se mantivesse a "justa emulação entre os trabalhadores" e se garantisse a "perfeição e agilidade dos operários".

Deixando as justificativas e passando ao memorial propriamente dito – e à aprendizagem profissional –, dizia Teixeira Mendes que as oficinas do Estado só deveriam ter aprendizes maiores de 14 anos. Eles só compareceriam às oficinas para seu trabalho/estudo durante 4 horas por dia, 5 dias por semana. Os aprendizes que tivessem algum membro do grupo doméstico trabalhando nessas oficinas não receberiam salário algum. Os demais receberiam pagamento tal que, somado ao salário do chefe da sua família, resultasse numa quantia pelo menos igual à parte fixa do salário pago pelo Estado aos "seus" operários. Os aprendizes seriam admitidos mediante requerimento de suas mães, mas só depois de aprovados nas matérias ensinadas nas escolas primárias públicas.

---

5 No caso dos trabalhadores das oficinas do Estado, este faria o papel dos ricos.

É possível notar, nas normas da aprendizagem, a preocupação de garantir o tempo livre para que os aprendizes absorvessem a educação materna, tendo em vista sua moralização; de assegurar a instrução primária e instituir o concurso para ingresso na aprendizagem do ofício; de pagar aos aprendizes apenas o necessário para a complementação do salário de seus pais, de modo a evitar a tentação de alguns enriquecerem à custa do emprego dos filhos; de valorizar a função das mães como educadoras, tanto no lar como no encaminhamento da instrução profissional dos filhos.

Não me parece descabido supor que as reivindicações apresentadas por Teixeira Mendes tivessem influenciado o decreto de limitação do emprego de menores nas fábricas da capital federal e o da transformação do Asilo de Meninos Desvalidos no Instituto Profissional. Vou comentar, em seguida, essas medidas, destacando os aspectos que podem ter a ver com a mencionada plataforma.

O Decreto n.1.313, de 17 de janeiro de 1891, buscava "impedir que, com prejuízo próprio e da prosperidade futura da pátria", fossem "sacrificadas milhares de crianças". Para isso, proibia o "trabalho efetivo"[6] de menores de 12 anos, de ambos os sexos nas fábricas do Rio de Janeiro. As tecelagens estavam excluídas, de modo que poderiam empregar crianças de 8 a 12 anos de idade, "a título de aprendizado". Estas tinham seu tempo de trabalho limitado a 3 horas diárias (se de 8 a 10 anos de idade) e a 4 horas (se de 10 a 12 anos). As meninas, de 12 a 15 anos, e os meninos, de 12 a 14, só poderiam trabalhar 7 horas por dia, no máximo, nunca mais de 4 horas consecutivas. Os meninos de 14 a 15 anos poderiam trabalhar até 9 horas diárias. Para todos os menores de 15 anos, ficava proibido o trabalho à noite, aos domingos e feriados nacionais, até mesmo a limpeza das oficinas. O decreto desceu a minúcias sobre as condições higiênicas que as empresas deveriam obedecer (cubagem de ar, ventilação, umidade) e de segurança, vedando a operação de certas máquinas e o manuseio de produtos explosivos ou corrosivos. Para a garantia dessas condições, previu o cargo de inspetor-geral, diretamente subordinado ao Ministério do Interior, que tinha a competência para aplicar multas às fábricas infratoras.

Na mesma suposta direção de retardar a idade de ingresso dos menores na força de trabalho, possivelmente com o intuito de propiciar mais eficácia da socialização familiar, surgiu um dispositivo do decreto que transformava o Asilo de Meninos Desvalidos no Instituto Profissional, articulando-o com a Casa de

---

6 Não foi possível saber o que se entendia por trabalho efetivo. Pelas determinações higiênicas e de segurança, suponho que se referisse ao trabalhador diretamente ligado à produção, nas oficinas. Se essa suposição for válida, as restrições do decreto não se aplicariam às crianças empregadas em atividades fora das oficinas.

São José, outra instituição assistencial pública (Decreto n.722, de 30 de janeiro de 1892). O decreto que havia criado o Asilo, em 1874, determinava que fossem submetidos à sua guarda os menores de 14 anos encontrados nas ruas, abandonados ou na ociosidade, aos quais seria ministrado o ensino de ofícios manufatureiros. O decreto de 1892, além de determinar algumas modificações estruturais no Asilo, agora Instituto, interditava a admissão de menores de 14 anos. As crianças com idade inferior a essa, que fossem recolhidas pela autoridade competente, deveriam ser encaminhadas a um estabelecimento de assistência à infância desvalida (como a Casa de São José), reservando-se o Instituto ao ensino de ofícios para maiores de 14 anos, quase todos internos. O ministro da Instrução Pública, Correios e Telégrafos, Fernando Lobo, dizia, no relatório de 1892, que esperava fazer os asilados percorrerem a "série completa dos ofícios", ainda que em condições elementares, de modo a prepará-los para o uso dos diversos instrumentos de trabalho, após o que seria feita a escolha de um, para especialização, conforme as inclinações individuais dos alunos.

Mesmo sendo procedente a suposição de que a regulamentação do trabalho de menores nas fábricas do Distrito Federal e a transformação do Asilo de Meninos Desvalidos no Instituto Profissional resultaram das demandas político-ideológicas dos positivistas, seu efeito não foi muito significativo. No que se refere à formação da força de trabalho diretamente ligada à produção, a política educacional positivista pode ser considerada como um completo fracasso. O mesmo não se pode dizer, entretanto, para a política defendida por essa corrente para o ensino secundário e o superior, a qual sobreviveu à atuação de Benjamin Constant no Ministério da Instrução Pública, Correios e Telégrafos.[7] O privilégio do Colégio Pedro II, rebatizado de Ginásio Nacional, de garantir a admissão de seus concluintes a qualquer curso superior do país, foi estendido aos colégios mantidos pelos governos estaduais que adotassem currículos semelhantes aos daquele, privilégio esse concedido às escolas secundárias privadas, em 1901. Além de colocar em movimento o processo de alargamento dos canais de acesso ao ensino superior, Benjamin Constant criou condições legais para que as escolas superiores estaduais e particulares viessem a conceder di-

---

7 Abranches (1907, p.367-9) disse que a criação desse esdrúxulo ministério não correspondia a uma necessidade técnico-administrativa, mas a um ardil para afastar Benjamin Constant, "incontestavelmente um dos nossos mais ilustres engenheiros e o mais reputado dos nossos pedagogos", do Ministério da Guerra. O marechal Deodoro, presidente provisório, não concordava com a orientação "intelectualista" daquele na direção do Exército, preferindo a de Floriano Peixoto, ligado à tropa, o qual acabou por derrubá-lo por um golpe de Estado. Logo após a morte de Benjamin Constant, o Ministério da Instrução Pública, Correios e Telégrafos tornou-se desnecessário. Foi, então, extinto, e suas funções reabsorvidas pelo Ministério da Justiça e Negócios Interiores em dezembro de 1892. Nesse ínterim, a pasta foi ocupada por Fernando Lobo.

plomas dotados do mesmo valor dos expedidos pelas escolas federais. Todo esse movimento de expansão das oportunidades de escolarização atingiu o ápice na gestão de outro positivista, Rivadávia Corrêa, que, em 1911, promoveu uma reforma do ensino secundário e superior procurando eliminar os privilégios dos títulos acadêmicos, principalmente os conferidos por instituições oficiais.

Se os positivistas trouxeram para a República concepções novas a respeito do ensino, menos no tocante ao ensino de ofícios, houve outras correntes de pensamento que buscaram preencher essa lacuna. Os liberais, particularmente, recuperavam para o novo contexto político-ideológico as antigas idéias dos intelectuais do Império.

Um bom exemplo da persistência da ideologia que concebia o ensino profissional como solução privilegiada para a manutenção da ordem, dentre os fundadores da República dos Estados Unidos do Brasil, é o relatório de 1892 de Fernando Lobo, último titular do efêmero Ministério da Instrução Pública, Correios e Telégrafos.[8]

No capítulo sobre o ensino profissional, o ministro dizia que a questão da instrução popular não poderia ficar limitada ao reconhecimento da necessidade do ensino primário obrigatório. Sem rejeitar tal necessidade, "não só como elemento de elevação do nível da intelectualidade nacional, mas ainda como recurso da grandeza e prosperidade pública, mormente no regime democrático", dizia ser o ensino primário obrigatório o primeiro passo para a educação da "massa popular" (Lobo, 1893, p.31). Para o ministro, não se poderia compreender a preocupação dos governantes, mais voltados para o ensino secundário e o superior, pois

> devem os cidadãos encontrar da parte dos encarregados do governo da Nação o máximo cuidado em distribuir com igualdade os favores públicos, dotando cada uma das classes da sociedade com a soma de conhecimentos de que necessita para constituir-se em esteio de ventura para si e para os seus, em garantia de força e de estabilidade da fortuna de todos; e de nenhum outro modo pode o Governo cumprir esse grandioso encargo do que lançando as bases do ensino profissional. (Lobo, 1893, p.32)

---

8 Essa persistência não é de estranhar, em razão da própria origem dos primeiros dirigentes do governo republicano, quase todos com antecedentes no governo imperial e seus círculos intelectuais. Só para mencionar um exemplo, relevante para a questão aqui analisada, quem substituiu Benjamin Constant no Ministério da Instrução Pública, Correios e Telégrafos foi João Barbalho Uchoa Cavalcanti, diretor da instrução pública na província de Pernambuco nos treze anos que antecederam a proclamação da República.

Além do mais, por essa via se poderia transformar "a maioria da massa popular", "de escolha de perturbação e de vergonha geral em notável elemento da prosperidade nacional". A formação de uma força de trabalho qualificada era vista não só como forma de manutenção da ordem e de prevenção da desordem mas, também, como "instrumento inteligente de produção industrial", de modo a "transformar a apatia em que ora ainda se acham entre nós as indústrias". Em apoio a essa tese, Fernando Lobo evocava os exemplos da França – onde o ensino de ofícios manufatureiros para as massas teria se originado, em 1788 –, assim como os da Inglaterra, da Alemanha e dos Estados Unidos da América. Questões como a do mercado para os produtos industriais, a da concorrência dos produtos estrangeiros, a dos capitais e a do "espírito do capitalismo" não preocupavam o ministro. Pelo seu pensamento/esperança, cuidando do "aprendiz de hoje, pensando em preparar o mestre de amanhã", teríamos a indústria, principal elemento de prosperidade. Se tal não ocorresse, por essa mesma via se deveria pensar, ao menos, no "cidadão útil à sua pátria".

Para a materialização dessa ideologia, já se dispunha dos meios institucionais herdados do período imperial: os liceus de artes e ofícios e os asilos de desvalidos.

Poucos liceus foram criados após a instituição do regime republicano,[9] mas o do Rio de Janeiro recebeu subsídios especiais dos novos dirigentes. O presidente da República Floriano Peixoto isentou de todos os impostos federais os legados e doações de particulares à Sociedade Propagadora das Belas-Artes, mantenedora do Liceu de Artes e Ofícios, que passou a ter propriedade do edifício público que ocupava provisoriamente. Durante o exercício da Presidência da República (1898-1902), Campos Sales presidiu, também, a Sociedade Propagadora das Belas-Artes, que foi dispensada do pagamento do foro anual pelos terrenos ocupados pelo Liceu.

Apesar de todo o apoio recebido, o Liceu de Artes e Ofícios do Rio de Janeiro não conseguiu dar continuidade às atividades desenvolvidas no período do Império, quando gozou de grande notoriedade. Destruído por um incêndio em 1893 e por outro, novamente, em 1910; sofrendo graves prejuízos financeiros com a falência, em 1930, de um banco com o qual operava; finalmente, tendo desapropriado o prédio onde funcionava, pelo Governo Federal, para pagar suas dívidas, o Liceu não conseguiu sequer dispor de oficinas para ensinar os ofícios manufatureiros[10] requeridos pelas empresas que se abriam no Distrito Federal, insistindo em desempenhar o papel de "modesta oficina da vulgaridade

---

9 Fonseca (1961, v.2) registra a criação do Liceu de Artes e Ofícios de Diamantina (MG), em 1896, e o do Pará, em 1905, ambos mantidos por sociedades particulares com subsídios governamentais.

10 O mesmo não sucedeu, entretanto, com seu similar paulista, de que tratarei em outro capítulo.

O ensino de ofícios nos primórdios da industrialização

da inteligência", tendo como contraponto valorizado a Academia de Belas-Artes, a "alta escola da aristocracia do talento" (Ferreira, 1876, p.79).

Retomemos, agora, as transformações sofridas pelo Asilo de Meninos Desvalidos no período republicano. Este recebeu o nome de Instituto João Alfredo, em 1910, homenagem ao ministro do Império que havia criado aquela instituição, em 1884. Como referência principal, será tomada a dissertação de mestrado de Jucinato de Sequeira Marques (1996).

A Lei Orgânica n.85, de 20 de setembro de 1892, transferiu várias instituições da esfera federal para a prefeitura do Distrito Federal, dentre elas o Asilo de Meninos Desvalidos e a Casa de São José, ambas com finalidade caritativo-assistencial. Em 1894, a primeira daquelas instituições foi transferida da Diretoria de Higiene e Assistência Pública para a Diretoria de Instrução, quando passou a denominar-se Instituto Profissional.[11]

Tendo perdido a destinação aos desvalidos, que a própria denominação ostentava, o Instituto tinha por finalidade explícita "proporcionar aos alunos a educação física, intelectual, moral e prática necessárias para o bom desempenho das profissões" que eram objeto do ensino em suas oficinas. Os alunos eram internos, recebiam alimentação, vestuário, cuidados médicos e odontológicos, e freqüentavam um curso totalmente gratuito, com a duração total de seis anos. O currículo do curso era composto de três *cursos* seqüenciais – como se fossem ciclos –, com as características apresentadas a seguir:

Curso teórico – O mesmo conteúdo dos cursos médios e complementar das escolas primárias, dado com amplo desenvolvimento. O ensino seria ministrado de forma especializada no francês prático, na matemática elementar, na higiene profissional e nas noções concretas de ciências naturais.

Curso de artes
    desenho à mão livre
    desenho geométrico aplicado às indústrias
    desenho de ornato
    desenho de figura
    desenho de máquinas
    modelagem
    escultura de ornatos e estatuária

---

11 O regulamento do Instituto Profissional foi baixado pelo Decreto n.31, de 29 de dezembro de 1894, mas os comentários que se seguem serão baseados no regulamento republicado pelo Decreto n.101, de 9 de novembro de 1898, pela existência de incorreções na primeira versão. Nesse mesmo ano, por causa da criação do Instituto Profissional Feminino, pela prefeitura do Distrito Federal, aquele estabelecimento recebeu a denominação Instituto Profissional Masculino.

música vocal

música instrumental

ginástica, exercícios militares e esgrima

Curso profissional

tipografia

entalhadura

alfaiataria

carpintaria

encadernação e pautação

ferraria e serralheria

latoaria

marcenaria e empalhamento

sapataria

tornearia

Os ingressantes nos cursos do Instituto deveriam ter entre 12 e 15 anos. Teriam preferência, por ordem de prioridade: os alunos provenientes da Casa de São José, concluintes do curso nela ministrado;[12] os filhos dos funcionários municipais;[13] os que revelassem melhor aptidão para o aprendizado profissional.

Os candidatos a matrícula no Instituto deveriam prestar um exame de admissão, equivalente ao exame de fim de curso das escolas primárias do Distrito Federal, mas estavam dispensados os candidatos que tivessem sido aprovados nessas escolas. De todo modo, o elemento vocacional era considerado decisivo, pois seriam desligados do Instituto os alunos que não mostrassem aptidão para o aprendizado de artes e ofícios.

O alto custo do ensino profissional ministrado em regime de gratuidade e de internato era levado em conta quando se admitia a hipótese de desistência do curso. Uma vez matriculado no curso profissional, um aluno não poderia ser desligado por vontade própria nem "por ordem de autoridade alguma" antes de ter terminado seu aprendizado, a não ser que indenizasse o Instituto das despesas feitas, à base de um conto de réis por ano de freqüência, dinheiro esse que seria recolhido ao fundo de patrimônio do estabelecimento.

---

12 A primeira versão do regulamento, de 1894, dizia terem prioridade na matrícula no Instituto "os menores que nos estabelecimentos de assistência à infância desvalida revelassem aptidão ao ensino profissional". Na versão de 1898, essa destinação ficou restrita aos egressos daquela instituição mantida pela prefeitura do Distrito Federal.

13 Marques (1996) comenta essa prioridade, chamando a atenção para o fato de que, nos primeiros anos do período republicano, a proporção do contingente de funcionários públicos residentes no Rio de Janeiro, referido à população, mais do que duplicou. Em sua primeira versão, o regulamento determinava prioridade também para os filhos dos operários das oficinas do Estado, que foi retirada da segunda versão.

Se um aluno fosse reprovado duas vezes na mesma série, seria desligado do Instituto, mas, se não houvesse alguém que se responsabilizasse por ele, poderia permancer na instituição, realizando "serviços domésticos", até que pudesse ganhar a própria subsistência.

O quadro docente constituía-se de professores de ensino primário (1), matemática elementar (1), higiene profissional (1), francês prático (1), desenho (4), escrita (1), música vocal (1), música instrumental (1), ginástica (1), exercícios militares e esgrima (1). Esses professores seriam auxiliados pelos seguintes adjuntos: de ensino primário (10), de música vocal (1), de desenho (2). Para as oficinas, estavam previstos mestres (10) e contramestres (10).[14] Os professores eram vitalícios no cargo.

Tratando-se de um estabelecimento de ensino profissional em regime de internato, o quadro de pessoal do Instituto era grande e variado, contando com pelo menos 23 pessoas.[15] Nesse contingente, os inspetores de alunos eram em maior número (15), o que, considerando o número de alunos, da ordem de 450, em média, no período 1894-1910, sugere existir aí uma especial preocupação com o controle disciplinar. Isso é consistente, aliás, com a existência de exercícios militares como atividade curricular para alunos que poderiam entrar no estabelecimento com apenas 12 anos de idade.

Em cada oficina, além dos contramestres previstos no quadro de pessoal, poderiam ser contratados outros, escolhidos dentre os alunos do 6º ano, que receberiam uma gratificação,[16] com os recursos provenientes da venda dos produtos nelas confeccionados.[17] Da receita resultante da venda dos produtos das oficinas, 10% seriam divididos entre mestres e contramestres, segundo o trabalho de cada um. Parcela igual seria dividida proporcionalmente pelos alunos das oficinas, também de acordo com a participação de cada aprendiz. No entanto, essa quantia não lhes era entregue imediatamente, mas era depositada em conta individualizada na Caixa Econômica, a que podiam ter acesso no momento da saída da instituição.

Ao completar o curso profissional, os alunos que não quisessem atuar como contramestres nas oficinas do próprio estabelecimento seriam empregados nas principais empresas da capital do país, por iniciativa do próprio diretor do Instituto.

---

14 Para o provimento dos cargos docentes, como também dos administrativos, teriam preferência os concluintes dos cursos do Instituto.

15 O diretor, os inspetores de alunos, o enfermeiro e outros funcionários deveriam residir no próprio Instituto.

16 Os adjuntos de desenho e de música deveriam ser escolhidos, sempre que fosse possível, dentre os alunos do Instituto.

17 Os funcionários da prefeitura do Distrito Federal poderiam fazer encomendas de produtos das oficinas do Instituto, mediante pagamento a prazo, com desconto em folha, e com fiança fornecida por outro funcionário.

Como vimos, o Instituto Profissional perdeu seu antigo caráter filantrópico (*asilo... desvalidos*), ao menos em exclusividade. Isso não aconteceu com a Casa de São José, que tinha como destinatários preferenciais os meninos indigentes.[18] No entanto, eram estes que tinham preferência de vaga no Instituto (caso tivessem revelado aptidão para algum dos ofícios ali ensinados) que, assim, mantinha aquele caráter, apenas mais dissimuladamente. Mesmo assim, em 1902, a classificação dos candidatos ao Instituto obedeceria à seguinte ordem: os órfãos de pai e mãe; os órfãos de pai; os órfãos de mãe; os filhos de funcionários municipais.

Ademais, deixou de ser compulsória a orientação dos alunos somente para os ofícios artesanais, manufatureiros e industriais. Previa-se que os concluintes do curso que tivessem revelado pronunciada vocação para os estudos de letras e artes poderiam ser encaminhados para o Ginásio Nacional (nome republicano do Colégio Pedro II), a Escola Normal, o Instituto Nacional de Música ou a Academia de Belas-Artes.

Vejamos, agora, alguns dados sobre o alunado do Instituto. A Tabela 1.1 apresenta o número de alunos no período de 1894 a 1910, em que se verifica que o efetivo discente oscilou entre 390 e 530, ao passo que os concluintes dos diversos cursos profissionais variaram entre 33 e 105 por ano. Nesse período, apresentaram concluintes, todos os anos, as oficinas/cursos correspondentes aos ofícios de carpinteiro, marceneiro, torneiro, encadernador e latoeiro. A partir de 1904, constatamos não ter sido formado nenhum aluno nas especialidades alfaiataria e sapataria, de caráter nitidamente artesanal. O relatório do prefeito Joaquim Xavier da Silveira Júnior, de setembro de 1902, apresenta as razões:

> Medida que me parece necessária, é a supressão de duas oficinas do Instituto [Profissional] Masculino: a de alfaiate e a de sapateiro. Compreendeis perfeitamente que não é possível, com o serviço que aí têm os alunos, prepará-los para o exercício dessas duas profissões. Os alunos aí se limitam a fazer os trabalhos para os seus colegas. Esses trabalhos são dos mais singelos e sempre os mesmos. Apesar disso, por maior atividade que desenvolvam, nunca nas oficinas conseguem dar a produção bastante para vestir e calçar quatrocentas pessoas. Demais, o ofício de sapateiro tende quase a desaparecer, o operário é apenas, nessa indústria, um auxiliar da máquina. Mas pensar em estabelecer no Instituto os maquinismos necessários para uma boa instalação, é impossível, ao menos por ora. Assim, tudo parece indicar a vantagem da supressão. (Apud Marques, 1996, p.102)

---

18 Em 1904, os critérios foram especificados segundo as prioridades seguintes: menores de 7 a 11 anos que fossem encontrados em abandono; órfãos de pai e mãe, que não tivessem parentes que pudessem se encarregar da sua subsistência e educação; órfãos de pai ou mãe quando o progenitor sobrevivente fosse indigente; filhos de pais absolutamente desvalidos; finalmente, órfãos de funcionários municipais subalternos que não usufruíssem de benefícios do Montepio.

O ensino de ofícios nos primórdios da industrialização

Tabela 1.1 – Matrículas e conclusões de curso no Instituto Profissional João Alfredo 1894-1910

Ano	Nº de alunos	Alfaiate	Sapateiro	Carpinteiro	Marceneiro	Torneiro	Entalhador	Tipografia, composição e impressão	Encadernação	Eletricidade e máquinas	Ferreiro	Latoeiro	Internato Pedro II	Curso do Instituto de Música (prof.)	Curso da Escola de Belas-Artes (prof.)	Soma
1894	421	5	11	14	10	4	–	–	15	–	–	7	–	–	–	66
1895	398	9	8	8	13	11	–	–	13	–	–	5	–	2	–	70
1896	415	7	3	11	8	3	–	1	6	–	–	6	–	–	1	46
1897	440	7	4	7	8	10	1	1	13	–	–	5	–	1	1	57
1898	464	2	2	6	7	6	–	2	7	–	–	3	1	–	–	36
1899	467	4	8	8	10	4	5	8	7	–	1	8	–	–	–	63
1900	454	3	4	3	10	8	5	10	2	–	1	4	–	–	–	50
1901	417	5	4	9	24	20	1	15	12	–	1	7	–	–	–	98
1902	509	3	11	3	14	9	5	7	9	–	–	9	–	–	–	70
1903	530	7	5	4	14	21	9	17	15	–	1	4	2	–	–	99
1904	390	–	–	6	19	11	3	13	12	2	–	3	1	2	1	73
1905	392	–	–	8	7	4	3	9	4	–	2	7	–	1	–	45
1906	462	–	–	5	10	7	5	8	9	1	3	2	2	6	2	60
1907	447	–	–	8	12	4	6	7	11	–	1	3	–	–	–	52
1908	455	–	–	7	21	16	13	22	10	4	3	9	–	1	–	105
1909	442	–	–	2	4	4	5	13	3	–	1	1	–	–	–	33
1910	467	–	–	9	16	12	15	15	16	5	2	5	–	–	–	95
Total	7.570	52	60	118	207	154	76	148	164	12	15	88	6	13	5	1.118

Fonte: Braga, 1925, p.205.

Tudo somado, passaram pelo Instituto 7.570 alunos no período de 1894 a 1910, e 1.118 concluíram o curso em alguma das especialidades aí ensinadas, com destaque para a marcenaria, a que teve maior número de formados (18,5%).

Preservação e correção

Dentre os diversos legados do Império à República, tratando-se de ordenamento jurídico-político, estavam as penas severas de prisão para vadios e mendigos. O direito ao não-trabalho somente era permitido a quem fosse rico: os pobres incorreriam em pena por vadiagem, que era o próprio trabalho. Condição de vida, pena por transgressão e instrumento de ressocialização, esses eram os significados do trabalho.

O problema que se apresentava para as classes dominantes do Brasil da segunda metade do século XIX era como fazer trabalhar quem já não era mais escravo. À medida que as leis de restrição à escravidão eram promulgadas, começando com a efetiva proibição do tráfico negreiro, em 1850, até a extinção da escravidão legal, em 1888, várias medidas foram tomadas para "obrigarem os desocupados ao trabalho". Nenhuma dessas medidas surtiu efeito.

Onze meses após o fim do Império, antes mesmo que a Constituição republicana fosse promulgada, o presidente provisório Deodoro da Fonseca baixou o Código Penal pelo Decreto n.847, a 11 de outubro de 1890.

Seria de esperar que o Código Penal tivesse o *status* de lei, não de decreto, e, ademais, fosse elaborado após a promulgação da Constituição, já que ela poderia estabelecer critérios e conter dispositivos aos quais aquela complexa norma jurídica não poderia deixar de se enquadrar. Mas a pressa em baixar o Código Penal revela mais um elemento da política republicana de acirramento do controle social e político. Para efeito de contraste, vale atentar para o fato de que o Código Civil republicano só foi promulgado – e por lei, não por decreto – em 1916, portanto 26 anos depois do Código Penal.

Ana Lúcia Eppinghaus Bulcão (1992) mostrou que a condenação de menores como vadios ou delinqüentes aumentou muito nos primeiros anos do regime republicano. Para isso, concorreu não só o aumento da população urbana como, também – e para ela, principalmente –, a promulgação do Código Penal de 1890.[19] A propósito, o Relatório do ministro da Justiça, em 1901, dizia do Rio de Janeiro: "O espetáculo que oferece esta cidade invadida por um número in-

---

19 Transcrevendo dados de Eulália Lobo, a autora mostrou que a população da capital do país cresceu 120% entre 1870 e 1890; mais 55% nos quinze anos seguintes e mais 42% nos quinze anos posteriores.

calculável de menores vagabundos e viciosos, é realmente contristador" (Apud Bulcão, 1992, p.77).

No que diz respeito ao nosso tema, o Código definia como criminosos os maiores de 9 e menores de 14 anos que agissem com discernimento.[20] Eles deveriam ser recolhidos a *estabelecimentos disciplinares industriais*, pelo tempo que o juiz estabelecesse, contanto que o recolhimento não excedesse a idade de 17 anos.

No entender de Bulcão (1992), o Código Penal criou uma dicotomia entre a figura do "menor penal" e a do "menor civil". Enquanto a menoridade civil permanecia até os 21 anos de idade, a maioridade penal passou a vigorar desde os 9 anos. Dicotomia desse tipo existia no tempo do Império, pois o Código Criminal de 1830 estabelecia que os menores de 14 anos não eram responsáveis pelos crimes ou delitos, ao passo que a legislação civil estabelecia que a idade de 21 anos era aquela que propiciava maioridade para o exercício de qualquer ato jurídico. Mas, se a disparidade já existia, ela foi muito ampliada na República nascente, mediante a diminuição da idade de responsabilização criminal, dos 14 para os 9 anos.

Essa era a idade mínima para a responsabilização criminal do Código Penal italiano, que serviu de base para o brasileiro. No entanto, mais do que o efeito paradigmático externo, a razão para a redução da idade mínima de responsabilização penal deve ser buscada internamente:

> A legislação penal foi instituída para solucionar problemas de ordem criminal, derivados da necessidade de controlar a população e impor a ordem através da ética do trabalho, criminalizando os refratários ao trabalho e os desempregados, estabelecendo uma figura "extraordinária", isto é, um menor que era ao mesmo tempo maior. (Bulcão, 1992, p.147)

O resultado desse antagonismo foi o aprisionamento de muitos meninos, o que, em vez de "sanear" as cidades, provocou seu agravamento, já que a prisão favorecia justamente o aumento da delinqüência, pela convivência carcerária com todo tipo de condenados.

O Código Penal sofreu muitas críticas, até mesmo quanto ao rebaixamento da idade de responsabilização criminal. Para responder às críticas, Raimundo Nina Rodrigues publicou o famoso *As raças humanas e a responsabilidade penal no Brasil*, em 1893, no qual defendia o rebaixamento da idade de responsabilização criminal. No entender de Nina Rodrigues, como para Lombroso, os fatores biológicos determinam o comportamento dos indivíduos, e as raças in-

---

20 A exigência de discernimento foi retirada do Código Penal pela Lei n.4.242, de 5 de janeiro de 1921.

feriores, notadamente a raça negra, apresentam uma tendência inata ao crime. Em conseqüência, as crianças e os jovens delinqüentes deveriam ser afastados o mais cedo possível do convívio da família e da rua, tendencialmente incapazes de socializarem para a ordem. Ao invés do que propalava esse discurso, o que houve foi a mais direta repressão.

Bulcão (1992) chama a atenção, também, para uma contradição na legislação dos primeiros anos da República: as idades de início do trabalho e da responsabilização penal. Enquanto o Decreto n.1.313, de 17 de janeiro de 1891 (como vimos no item anterior), determinava a idade mínima de 12 anos para o trabalho nas fábricas, o Código Penal estabelecia que a partir dos 9 anos um menor podia responder penalmente por seus atos e, se condenado, ir para a prisão.

A vagabundagem não constituía um crime, mas uma contravenção, isto é, a não-observância de preceitos legais ou de regulamentos. No entanto, para a ideologia que presidiu a elaboração do Código Penal, ela era entendida como propiciadora de crimes. Portanto, a vagabundagem precisava ser reprimida.

A repressão aumentada pelo regime republicano, quando comparada com a do regime imperial, foi ainda maior em decorrência da Lei n.628, de 23 de outubro de 1899. Com o objetivo de agilizar a ação policial contra os contraventores, essa lei dispensou os inquéritos judiciais, permitindo a abertura dos processos pelos delegados de polícia. Assim, o acusado de contravenção poderia ser preso pelo próprio delegado para cumprir a pena que este estabelecesse.

Os efeitos foram, contudo, bem diferentes do que os esperados. "A maioridade penal aos 9 anos fez com que toda a negatividade lançada aos vagabundos adultos passasse também para os menores, que sofreram a imposição da ética do trabalho e a repressão, como todos os adultos" (Bulcão, 1992, p.92). A prisão de menores de idade mais baixa, ao invés de separá-los das influências nefastas, levaram-nos para mais junto delas, pois as prisões eram verdadeiras escolas de delinqüência. Ou seja: longe de recuperar, a prisão contribuía para a promoção da delinqüência.[21]

Todavia, durante a vigência do Código Penal de 1890 foram criados no país alguns estabelecimentos especialmente destinados a recolher menores abandonados e delinqüentes, de modo a dar-lhes um tratamento diferente dos presos maiores, visando, também, à ressocialização dos internados pelo trabalho.

Em 1902 foi criado na capital paulista, pelo governo estadual, o Instituto Disciplinar, subordinado à Secretaria de Justiça, com o objetivo de "regenera-

---

21 Essa situação permaneceu até 1921, quando a Lei n.4.242 instituiu a idade de 14 anos para a maioridade penal, com a atenuante de que os menores entre 14 e 18 anos responderiam a um processo especial. Mesmo assim, os que tivessem entre 9 e 14 anos poderiam ser internados, se fossem considerados pervertidos ou doentes.

ção dos menores criminosos e corrompidos", de 9 a 21 anos, até mesmo os condenados por infração ao Código Penal. Para tanto, a instituição se propunha a "incutir hábitos de trabalho, a educar e a fornecer instrução literária e profissional".

Em 1934, o Instituto Disciplinar foi transformado no Reformatório Modelo. O relatório de seu diretor, Cândido Mota Filho, ao secretário de Justiça do estado, em 1935, denominado "Tratamento dos menores delinqüentes e abandonados", oferece uma amostra muito interessante de como um médico psiquiatra encarava o problema do desvio de conduta e sua correção pela educação.

No primeiro levantamento que fez, quando de sua posse no cargo, o diretor encontrou os seguintes dados: cerca de 80% de abandonados (deseducados), dos quais 70% eram filhos de pais infelizes no casamento, origem ilegítima, alcoólatras, sifilíticos, tuberculosos, vítimas de exploração paterna ou materna, quase todos pervertidos de caráter e "retardados pedagógicos".

Esse tipo de procedimento seria uma resposta inadequada a um encargo do Estado.

> Pois, para o Instituto assim, ia, em grande número, a infância abandonada. Tendo a crise atingido em cheio a célula familiar, obrigando ao trabalho permanente a família do pobre, esta apela para o Estado, a fim de que socorra seus filhos que engrossam a molecagem das ruas. O menor deseducado, entregue ao Estado cai nesse meio corrosivo e se corrompe. Não adquire uma educação, mas adere ao vício e sai um predisposto. E se não sai assim, quase por um milagre, é um incapaz. Perdeu a iniciativa. Descaracterizou-se. (Mota Filho, 1998, p.6)

Nessa altura, o Instituto estava instalado na capital paulista, numa grande área de aproximadamente 48 alqueires, dos quais 8 cultivados. Abrigava 225 menores, que, além do cultivo e da criação de gado, praticavam ofícios. Os internados estavam, então, submetidos a um regime de trabalho forçado, em nada educativo.

Esse trabalho forçado produzia péssimas conseqüências. Criava no menor a mentalidade do escravo ou do revoltado, além do "complexo de inferioridade". Ao invés do amor pelo trabalho, o que se colhia era seu entendimento como um castigo, que se transformava em ódio ao trabalho. O Instituto assumia, assim, uma função deseducativa.

Visando à unificação de sua política em matéria de educação da criança abandonada e delinqüente, o governo paulista criou, em 1934, o Serviço de Reeducação do Estado, subordinado ao juizado de menores, a que estavam ligados os estabelecimentos em funcionamento, o da capital e o de Mogi-Mirim, além do recém-criado Instituto Disciplinar de Taubaté. Nessa mudança, o Instituto Disciplinar de São Paulo foi transformado no Reformatório Modelo, com duas grandes funções: *social*, como centro de amparo e reeducação da infância abandonada e delinqüente; *científica*, como centro de estudo dos mais importantes problemas da infância, laboratório de pesquisas pedagógicas e pedopsiquiátricas.

> Criando centros de interesse, tentando, muito cuidadosamente a formação de uma comunidade de trabalho, estimulando os alunos, tendo em conta suas tendências e inclinações, substituindo o regime de coação pelo regime de coordenação, opondo o sistema de observação exclusivamente individual pelo sistema de observações dos estímulos sociais no indivíduo, a direção do Reformatório orienta-se do seguinte modo: a) destruindo a mentalidade presidiária; b) criando a consciência dominante de que o Reformatório é um estabelecimento de educação; c) reavivando os valores morais pelo discernimento natural; d) substituindo a educação teórica pela educação ativa e fundamental. (Mota Filho, 1998, p.18)

Para isso, foram definidas várias atividades, que incluíam a reeducação do próprio pessoal do estabelecimento; a realização de festas mensais para os internados, prêmios escolares, passeios fora do estabelecimento, individuais e em grupos; transferência de decisões aos próprios interessados, até mesmo o "tribunal de menores", onde os alunos julgavam seus companheiros.

No que dizia respeito à dimensão profissional do projeto educativo, Cândido Mota Filho não dissimulava a rejeição do padrão fabril, isso no ano seguinte ao da criação do Centro Ferroviário de Ensino e Seleção Profissional, mediante um projeto do Instituto de Organização Racional do Trabalho, de que tratarei no capítulo 3.[22]

> *A indústria taylorizada é um fracasso*. A grande máquina oprime ou deprime o homem. Uma grande serra mecânica, perfeita, torna o aluno que nela trabalha um inativo e um incapaz. Queremos fazer profissionais, contra-mestres, técnicos, e que possam, na sociedade, encontrar, com facilidade, um meio de vida. Por isso, escolhemos indústrias manuais – tapeçaria, encadernação, entalhe, sapataria, alfaiataria, pintura, trabalhos em vime, aulas de desenho e plástica, datilografia. (Mota Filho, 1998, p.56, grifos meus)

Um ano depois de criado o Instituto Disciplinar em São Paulo, foi refundada no Rio de Janeiro a Escola Correcional "Quinze de Novembro", pelo Decreto n.4.780, de 2 de março de 1903.[23]

---

22 No capítulo 3 veremos como a posição similar de rejeição da *indústria taylorizada*, ao menos no que dizia respeito à aprendizagem, era também defendida pelo diretor do Instituto Profissional Masculino, da rede estadual paulista.

23 Criada em 1899 como instituição privada, mas mantida com subsídios públicos, a instituição foi estatizada em 1903.

O regulamento baixado por esse ato pelo presidente da República Rodrigues Alves era antecedido pelas seguintes considerações:

- o fim da Escola Correcional "Quinze de Novembro" é educar e velar sobre menores, que, pelo abandono ou miséria dos pais, vivem às soltas e expostos à prática e transgressões próprias de sua idade;
- a antiga escola com essa denominação não satisfazia essa finalidade, porque os menores abandonados viviam em promiscuidade com delinqüentes, e, em vez de se corrigirem, aprendiam o vício e o crime;
- a experiência dos "povos cultos" tem demonstrado que até mesmo para os alunos oriundos de um "meio puro", nenhum sistema pode produzir melhores resultados do que o regime familiar, onde o menor encontra elementos propícios à expansão natural de suas faculdades.

Postos esses princípios, a finalidade da Escola foi definida como a de dar educação física, profissional e moral aos menores abandonados e recolhidos ao estabelecimento por ordem das autoridades competentes.

Os menores abandonados eram entendidos como aqueles que, tendo entre 9 e 14 anos, por qualquer razão fossem "entregues às autoridades judiciárias ou policiais ou forem encontrados habitualmente sós na via pública, entregues a si mesmos e desamparados de qualquer assistência natural".

Os menores recolhidos à Escola permaneceriam nela até completarem 17 anos, salvo por decisão em contrário do juiz

Pelo fato de que a Escola se destinava a "gente desclassificada", a instrução nela ministrada não deveria ultrapassar o que fosse indispensável à integração do internado na vida social, isto é, apenas o "cultivo necessário ao exercício profissional". No entanto, se algum indivíduo revelasse possuir "dotes superiores", seria admitido em qualquer estabelecimento de ensino secundário ou artístico custeado pela União, durante ou ao fim da estada na Escola.[24]

Como ainda se encontrava nos primeiros anos do período republicano, nota-se no regulamento uma preocupação com o princípio da laicidade das instituições públicas.[25] Neste sentido, o regulamento dizia explicitamente que seriam respeitadas as crenças dos internados, ao mesmo tempo que determinava não ser admitida propaganda religiosa na Escola. No entanto, se os educandos manifestassem o desejo de freqüentar as igrejas ou os templos de suas respectivas confissões, o diretor deveria permitir que o fizessem, acompanhados por empregados do estabelecimento, em dias próprios para esses atos religiosos.

---

24 Essa possibilidade era também admitida para os alunos do Instituto Profissional, como vimos no item anterior.
25 No regulamento do Instituto Profissional, não há nada semelhante a esse dispositivo.

A Escola Correcional "Quinze de Novembro" estaria sob a imediata inspeção do chefe de polícia do Distrito Federal, embora o diretor e o secretário fossem nomeados por decreto do presidente da República. O médico, o farmacêutico-enfermeiro, o escriturário e o almoxarife, seriam nomeados pelo ministro da Justiça, mediante proposta do chefe da polícia. Já os demais empregados (roupeiro, porteiro e um número indeterminado de inspetores) seriam nomeados diretamente pelo chefe da polícia. O poder deste se estendia também ao de baixar o regimento da Escola, com a aprovação do ministro da Justiça.

Um curto capítulo do regulamento tratava do "corpo de educadores e mestres" da Escola. Mencionava a existência de um professor de português e matemática elementar, desenho e noções de artes; um professor de música instrumental; um mestre de ginástica, esgrima, exercícios de natação, remo e equitação; um horticultor; e tantos chefes de turmas rurais e mestres de ofício "quantos comportassem a extensão dos serviços".

No ensino das matérias que compunham o currículo da escola primária, deveria ser utilizado o "método concreto". Os ofícios e as artes seriam ministrados em pequenos ateliês, nos quais os educandos permaneceriam no máximo 2 horas por dia. O regulamento previa o atendimento de princípios higiênicos e que se levasse em conta a idade de cada um, de modo a evitar a sobrecarga ou a aversão ao trabalho.

Os menores internados deveriam trabalhar nos "serviços econômicos e no asseio" do estabelecimento, "de modo a não só habituá-los à ordem doméstica, mas também a dispensar pessoal externo".

Estava prevista no regulamento a formação de um pecúlio em favor de cada um dos internados, composto pela acumulação de 20% da importância em que fosse avaliado o seu trabalho mensal na instituição. Metade desse pecúlio seria depositada na Caixa Econômica, em conta individual, quantia que lhe seria entregue, acrescida de juros, quando o educando atingisse a maioridade. A outra metade do pecúlio seria aplicada no custeio e no desenvolvimento das oficinas. Os educandos que fossem empregados nos serviços do estabelecimento receberiam, além do pecúlio, uma gratificação, cujo valor seria arbitrado pelo governo.

Os dormitórios-casernas ficavam proibidos, devendo os educandos pernoitarem em grupos, divididos por turmas, em casas destinadas a esse fim, sob a vigilância dos inspetores, que poderiam levar suas famílias para habitarem no mesmo local.

Embora o regulamento admitisse o emprego de "sistema de coerção", determinava a inteira eliminação do medo e da intimidação, devendo os faltosos serem admoestados pelos chefes de turma, em primeira instância, e pelo diretor, em segunda. Somente se fossem insuficientes esses procedimentos, é que seriam aplicadas as seguintes penas: privação dos exercícios ginásticos; privação de comodidade nos trabalhos; regressão de classe superior para inferior; separação dos companheiros ou deportação para outra turma, por tempo limitado; passagem para outro pavilhão do estabelecimento; deportação para a seção de menores da Colônia dos Dois Rios.[26]

Mas o Regulamento previa, também, a existência de recompensas, que poderiam ser as seguintes: aumento de pecúlio e passagem para classe superior, desde que o educando mostrasse capacidade para trabalhos mais complexos.

Além de não poder atender a todos os que dela precisavam, a Escola Correcional "Quinze de Novembro" tinha o defeito de juntar os abandonados e os delinqüentes, apesar da proclamação de seu regimento em sentido contrário.[27]

O Código de Menores de 1927, o primeiro da história do Brasil, veio a dar um novo tratamento jurídico aos indivíduos com menos de 18 anos. Surgiu, aí, a figura do menor com direitos.

Baixado pelo Decreto n.17.943-A, de 12 de outubro de 1927, pelo presidente da República Washington Luiz Pereira de Souza, o Código de Menores determinou que os indivíduos com menos de 18 anos, de ambos os sexos, abandonados ou delinqüentes, seriam submetidos pela autoridade competente às medidas de assistência nele previstas.

Embora não constassem das categorias gerais do Código, os menores vadios são nele definidos de modo muito semelhante ao que se fazia no Império. No Código de 1927, os vadios são incluídos na grande categoria dos menores abandonados, embora diferenciados dos mendigos e dos libertinos.

São vadios os menores que:

a) vivem em casa dos pais ou tutor ou guarda, porém se mostram refratários a receber instrução ou entregar-se a trabalho sério e útil, vagando habitualmente pelas ruas e logradouros públicos;

---

26 Foi criada na Ilha Grande, no litoral sul do Estado do Rio de Janeiro, a Colônia Correcional "Dois Rios", em 1903, destinada a recolher "mendigos válidos do sexo masculino, vagabundos ou sadios, capoeiras, ébrios habituais, jogadores, ladrões, dos que praticarem o lenocínio e os menores viciosos". Os maiores de 14 anos seriam organizados em turmas de trabalho agrícola e manufatureiro, e os menores, submetidos apenas a "educação especial". Essa colônia foi extinta em 1914, e suas instalações foram aproveitadas para um presídio que existiu até a década de 1980 (Rizzini, 1993, p.154-5).

27 Em 1941, a Escola Correcional "Quinze de Novembro" foi incorporada ao famigerado Serviço de Assistência ao Menor, especializando-se no recolhimento de menores delinqüentes.

b) tendo deixado sem causa legítima o domicílio do pai, mãe ou tutor ou guarda ou os lugares onde se achavam colocados por aquele a cuja autoridade estavam submetidos ou confiados, ou não tendo domicílio nem alguém por si, são encontrados habitualmente a vagar pelas ruas ou logradouros públicos, sem que tenham meio de vida regular, ou tirando seus recursos de ocupação imoral ou proibida.

Vejamos, em seguida, as medidas aplicáveis aos menores abandonados.

A autoridade competente[28] determinaria a apreensão dos menores abandonados e os depositaria em lugar conveniente, providenciando sobre sua guarda, educação e vigilância. Dentre as cinco providências previstas, estava a entrega do menor abandonado a pessoa idônea ou sua internação em hospital, asilo, instituto de educação, oficina, escola de preservação ou de reforma.

No caso de menores reincidentes em situação de vadiagem ou mendicância, a autoridade poderia interná-los até a maioridade em escola de preservação.

Os menores delinqüentes não seriam submetidos a processo de espécie alguma, limitando-se a autoridade a tomar informações precisas, que deveriam ser registradas, sobre o fato punível e seus agentes, o estado físico, mental e moral do menor, assim como a situação social, moral e econômica dos pais, do tutor ou da pessoa encarregada de sua guarda.

Caso um menor fosse delinqüente, isto é, indigitado autor ou cúmplice de fato qualificado como crime ou contravenção, com idade entre 14 e 18 anos, seria submetido a processo especial, cujo desfecho poderia ter uma das duas opções:

- se o menor não fosse abandonado, nem pervertido nem estivesse em perigo de o ser, nem precisasse de tratamento especial, a autoridade o mandaria recolher a uma escola de reforma, pelo prazo de um a cinco anos;
- se o menor fosse abandonado, pervertido ou estivesse em perigo de o ser, a autoridade o mandaria internar numa escola de reforma, pelo tempo necessário a sua educação, de três a sete anos.

Em qualquer uma das opções, a autoridade poderia mandar transferir um menor de escola de reforma para escola de preservação, mediante proposta do diretor daquele estabelecimento.

Na hipótese de um menor ser absolvido, o juiz ou tribunal poderia tanto devolvê-lo a sua família, como, também, entregá-lo, sob condições ao patronato, de modo que aprendesse um ofício ou uma arte.[29]

---

28 No DF era o juiz de menores, como veremos mais adiante.

29 Este era um antigo procedimento mediante o qual o Estado entregava um menor aos cuidados de um particular que dele cuidava e lhe ensinava um ofício, mediante o pagamento de certa quantia previamente estipulada. O patronato era uma forma dissimulada de exploração do trabalho do menor, principalmente das meninas, quando a exploração sexual era freqüente.

O ensino de ofícios nos primórdios da industrialização

Já os vadios, os mendigos e os capoeiras, de idade entre os 18 e os 21 anos, seriam recolhidos a uma colônia correcional pelo prazo de um a cinco anos.

Um menor internado em escola de reforma poderia obter liberdade vigiada, durante o prazo máximo de um ano, nos seguintes casos: a) ter completado 16 anos; b) ter cumprido o mínimo legal do tempo de internação; c) não ter praticado outra infração; d) for considerado moralmente regenerado; e) estiver apto a ganhar honradamente a vida ou tiver meios de subsistência ou quem os pudesse fornecer; f) se a pessoa ou família em cuja companhia tiver de viver for considerada idônea, de modo que seja presumível não cometer outra infração.

O Código continha um longo capítulo destinado a regulamentar o trabalho dos menores, no qual se nota uma especial preocupação em desestimular o abandono da escola primária por motivo de trabalho.

Os menores de 12 anos ficavam proibidos de trabalhar em todo o território nacional, sem exceção alguma. Entre os 12 e os 14 anos também não podiam trabalhar os que não tivessem terminado a instrução primária, a não ser quando autorizados legalmente, no caso em que sua atividade remunerada fosse julgada indispensável à manutenção deles mesmos ou à dos seus pais ou irmãos.

Antes dos 14 anos, independentemente daquela condição, os menores ficavam impedidos de serem empregados em usinas, manufaturas, estaleiros, minas ou qualquer trabalho subterrâneo, pedreiras, oficinas e suas dependências, públicas ou privadas, ainda que esses estabelecimentos tivessem caráter profissional ou de beneficência. O Código deixava claro que esse impedimento se aplicava mesmo em se tratando de aprendizado profissional. No entanto, abria uma exceção ao emprego de menores de 14 anos naqueles estabelecimentos: quando os menores estivessem sob a autoridade de membros de sua família, também empregados do mesmo estabelecimento. No entanto, os maiores de 12 anos, com certificados de curso elementar, podiam trabalhar nesses lugares.

Independentemente dessa restrição, o Código estabelecia o atendimento de condições de aptidão física e de trabalho noturno, e da inspeção dos locais de trabalho, de modo a coibir os infratores e multá-los.

Nos institutos em que se dava a instrução profissional, não podia passar de 3 horas por dia o ensino manual ou profissional para menores abaixo de 14 anos, salvo se possuíssem o certificado de curso primário, e contassem mais de 12 anos de idade.

O Código de Menores dispunha de uma parte especial referente ao Distrito Federal, na qual estabelecia as atribuições do "Juiz dos Menores Abandonados e Delinqüentes", do rito do processo, do abrigo de menores, dos institutos disciplinares e do Conselho de Assistência e Proteção aos Menores. Vou focalizar os assuntos relacionados mais de perto com o tema aqui desenvolvido.

Subordinado ao juiz de menores, haveria no Distrito Federal um abrigo destinado a receber os menores abandonados ou delinqüentes, provisoriamente, até que seu destino estivesse definido. Essa providência impedia que eles ficassem misturados aos condenados a cumprir pena, adultos ou menores. No abrigo, haveria seções onde ficariam separados os menores de cada sexo, assim como os abandonados dos acusados de delinqüência.

O capítulo do Código que tratava dos institutos disciplinares distinguia a escola de preservação da escola de reforma.

A *escola de preservação* deveria receber *menores abandonados* entre 7 e 18 anos, que estivessem sob a proteção da autoridade pública, aos quais seria ministrada educação física, moral, profissional e literária. A Escola "Quinze de Novembro" seria a escola de preservação para o sexo masculino, e deveria ser criada uma especial para o sexo feminino.

Uma *escola de reforma* deveria ser criada para "regenerar pelo trabalho, educação e instrução", os menores do sexo masculino entre 14 e 18 anos que fossem julgados pelo juiz de menores e por este *mandados internar*. A educação profissional consistiria na aprendizagem de uma arte ou de um ofício. No encaminhamento de cada internado para a aprendizagem profissional, deveriam ser levados em conta os seguintes fatores: informação do médico, procedência urbana ou rural do menor, sua inclinação, aprendizagem adquirida anteriormente ao internamento e o provável destino do menor. As oficinas seriam escolhidas pelo governo.

Terminada a aprendizagem e concluído o período de internamento, o educando receberia um diploma do ofício ou da arte aprendida. Mediante a autorização do juiz de menores, o diretor do reformatório poderia desligar um interno, contratando-o em seguida como operário em uma das oficinas, passando ele a receber salário.[30]

O juiz de menores do Rio de Janeiro iniciou uma verdadeira cruzada contra o trabalho infantil, multando 520 empresas, principalmente por fazerem os menores trabalharem mais de 6 horas diárias (Bazílio, 1998, p.106).

Os empregadores desfecharam uma forte campanha contra o Código, no que foram vitoriosos. Em 1934 foi eliminada a restrição ao trabalho de menores de 14 anos, desde que houvesse pessoas de sua família no mesmo local. A jornada permitida foi estendida para 8 horas diárias. Na prática, a transgressão àquelas normas foi ampla e sistemática.

---

30   O juiz de menores do Rio de Janeiro era José Cândido de Albuquerque Mello Mattos, o mesmo desde 1924, quando foi criada essa instância judiciária, a primeira do país.

O Código de Menores de 1927 trazia em si uma grande contradição. Se, por um lado, ele significou a hegemonia das orientações moralistas e repressivas de juristas e higienistas, por outro ele representou um extraordinário avanço em relação aos direitos (Bazílio, 1998, p.106).

Ao menos em sua concepção, o aprendizado de um ofício artesanal ou manufatureiro era entendido pelos juristas das primeiras décadas da República como um meio de corrigir as condutas desviadas, orientando-as para o destino "natural" das crianças pobres – o trabalho.

Mas foi só em 1941 que aos códigos foi acrescida uma política de assistência ao menor. Desenvolveu-se na capital do país um "complexo burocrático", uma "verdadeira simbiose entre os poderes judiciário e executivo": de um lado, o Juizado de Menores; de outro, o Serviço de Assistência ao Menor (SAM), que veio a servir de modelo para o atendimento à infância em todo o país (Earp, 1998, p.73).

Referido à concepção implícita no Código de Menores (1927), o SAM (1941) foi um retrocesso. Ao invés de distinguir os menores abandonados e os delinqüentes, eles foram confundidos no entendimento e nas soluções práticas. Escolas de *preservação* e de *correção* foram entendidas todas como *reformatórios*.

As escolas salesianas

Dentre as numerosas ordens e congregações religiosas que atuaram no Brasil, a dos padres salesianos se destacou, nos últimos anos do século XIX e no início do século XX, por sua dedicação ao ensino profissional, particularmente à aprendizagem industrial. Embora os salesianos tivessem em comum com os jesuítas a preocupação com a conversão dos índios, diferiam destes no tocante aos destinatários preferenciais da educação escolar. Os jesuítas se especializaram na formação de intelectuais, mediante o ensino secundário e o superior, enquanto os salesianos pretenderam atuar em duas frentes – no ensino secundário, para os intelectuais, e no ensino profissional, para os trabalhadores manuais. Como veremos, os salesianos acabaram por se aproximar bastante da especialidade jesuítica, embora sem a exclusividade dos destinatários.

Neste item vou tratar da atuação dos salesianos no ensino profissional, tanto na dimensão ideológica do projeto educacional de seu fundador, o padre João Bosco, quanto na dimensão organizacional e pedagógica de suas escolas no Brasil. Antes disso, todavia, apresento alguns antecedentes da pedagogia lassalista, que ajudarão no entendimento do alcance desse tipo de ensino profissional.

A partir do século XVII, foram organizadas na Europa ordens religiosas especialmente dedicadas em manter casas para o recolhimento de menores pobres, aos quais se ensinavam ofícios artesanais e manufatureiros. Dentre essas iniciativas, destacaram-se as do padre católico francês João Batista de La Salle, que fundou, de 1679 em diante, uma série de escolas paroquiais gratuitas para as crianças pobres. Primeiro em Reims, depois em Paris e no resto da França, passando em seguida a outros países. Sua origem aristocrática permitiu-lhe reunir subvenções de senhoras ricas e piedosas para a manutenção das escolas, nas quais introduziu importantes inovações pedagógicas, até mesmo o ensino em vernáculo e o ensino coletivo.

La Salle sabia do pequeno rendimento do ensino em latim para as crianças oriundas das classes trabalhadoras. Imaginou, então, ensinar-lhes a ler e escrever em francês, tendo redigido nessa língua catecismos e outras obras religiosas, com grande sucesso. O ensino era ministrado, até essa época, em termos individuais. Embora os alunos fossem reunidos em um mesmo ambiente, o professor se dirigia a cada um deles em separado. La Salle introduziu a prática de o professor se dirigir a todos os alunos, simultaneamente, em voz alta. Com isso, obteve rendimento ainda maior (Bernardo, 1950).

Mais tarde, abriu uma classe especial em uma escola paroquial de Paris, destinada aos operários com menos de 20 anos de idade. Como eles ficavam nas fábricas durante toda a semana, essa classe funcionava apenas aos domingos. Os operários sem escolaridade prévia recebiam o ensino da leitura, da escrita e do cálculo, como nas escolas primárias; aos dotados desses conhecimentos ensinava-se geometria, arquitetura e desenho. Todos eles recebiam ensino religioso.[31]

---

31 Instituições similares foram fundadas por protestantes. Pouco tempo após a instalação da primeira escola de La Salle, na França, iniciativa análoga foi tomada por August Hermann Francke, pastor protestante alemão, um dos principais promotores do movimento pietista. Como professor da Universidade de Halle e pastor de uma paróquia local, Francke fundou, em 1695, a "escola dos maltrapilhos", destinada a abrigar crianças pobres. Três anos depois, a escola tinha cem órfãos internos e quinhentos alunos externos. Além do ensino primário comum e do ensino religioso, a escola mantinha oficinas de tornearia e polimento de vidro, assim como hortas. Ademais, os alunos eram constantemente levados às fábricas para um período de trabalho. Francke tinha dois objetivos em mente para o trabalho dos alunos nas oficinas da escola e nas fábricas. Primeiro, contribuir para a manutenção da instituição e dos próprios alunos; segundo, formar o caráter dentro da rígida ética pietista, que dizia ser o trabalho duro e continuado o caminho principal da salvação. Francke organizou uma vasta obra, que incluía uma editora, uma livraria, um laboratório de química e propriedades agrícolas. Por volta de 1750, sua obra passou para o controle estatal, mantendo, contudo, a orientação por ele impressa.

O ensino de ofícios nos primórdios da industrialização

Em 1705, os Irmãos das Escolas Cristãs, como veio a se chamar a ordem religiosa fundada por La Salle, foram procurados por famílias da pequena burguesia a fim de que organizassem uma escola especial para seus filhos, ao mesmo tempo distante das escolas secundárias jesuítas freqüentadas pela nobreza e das escolas profissionais dos trabalhadores. Para atendê-los, foi fundada uma escola em regime de internato, cujo currículo diferia dos jesuítas por não incluir o latim e pela ênfase no comércio e nas finanças.

Esse internato ganhou notoriedade adicional pela eficiência com que conseguiu transformar jovens de comportamento rebelde em piedosos e ordeiros adultos, num departamento especialmente destinado a esse fim. O prestígio conseguido por esse departamento levou certas autoridades a solicitarem aos irmãos que passassem a aceitar jovens delinqüentes condenados à prisão. Novas dependências foram construídas para esse propósito, com subsídio do Estado. Inicialmente, os jovens delinqüentes eram aí mantidos em celas isoladas, recebendo visitas periódicas dos colegas e do médico. Na medida em que se mostravam dóceis, eram reunidos nas horas das refeições e, depois disso, passavam a receber ensino de geometria, de desenho, de arquitetura, além do ensino primário. Paralelamente, freqüentavam oficinas, interiorizavam a disciplina do trabalho e aprendiam um ofício artesanal ou manufatureiro.

Ainda mais importante do que a de La Salle foi a atuação do padre João Bosco (1815-1888), na Itália, principalmente em Turim. Embora ele tenha se inspirado na obra do padre francês, como mostra o próprio nome da ordem religiosa que criou – Salesiana – Bosco deu expressão pedagógica ainda mais completa à educação profissional das crianças das classes trabalhadoras. Além do mais, a proximidade do Vaticano e as relações de Bosco com a alta burocracia eclesiástica propiciaram a expansão dos salesianos por vários países, ainda durante a vida do fundador.

Sua atuação teve lugar num dos períodos cruciais da história da Itália quando, desde a terceira década do século XIX, insurreições populares começaram a demolir a ordem política existente na península, culminando com a fusão política dos diversos estados e a unificação do mercado, em termos econômicos.

As lutas pela unificação foram feitas sob a bandeira da ideologia liberal, mas as correntes mais radicais tendiam para o socialismo. Assim, liberalismo e socialismo compunham os marcos da "revolução", como então se chamavam as ameaças ideológicas à ordem política e social. Esta tinha na Igreja Católica sua principal instância legitimadora, na Itália mais do que em qualquer outra parte. Por isso, o caráter anticlerical da "revolução" foi muito acentuado.

A progressiva unificação política da Itália determinou a desorganização da produção agrícola e industrial em diversas regiões incapazes de concorrer, num mercado unificado, com a economia do norte do país. Por isso, grandes contingentes de trabalhadores foram forçados a migrar para os centros industriais, principalmente para Turim e, também, para a América, inclusive para o Brasil. Se, por um lado, esse processo fornecia uma imensa reserva de força de trabalho barata, que fazia aumentar a prosperidade dos negócios, por outro, as precárias condições de vida das classes trabalhadoras propiciavam a organização sindical pela melhoria dessas condições, cujo desdobramento, já nos marcos da ideologia socialista, levava à contestação da ordem política e social.

Diante desse quadro, Bosco se propôs a melhorar as condições de vida dos trabalhadores, concebendo a miséria como uma situação que devia acabar porque produzia vícios morais, fontes, por sua vez, de efeitos negativos em termos religiosos e temporais. Em outras palavras, a miséria deveria ser combatida por ser geradora de pecados, como o desrespeito à autoridade (a subversão) e o roubo (o não-reconhecimento da propriedade privada).

Bosco conseguiu atrair meninos pobres para aulas de catecismo, misturadas a jogos e brincadeiras escolhidas, denominadas Oratório Festivo, tendo o primeiro sido fundado em 1841. Como muitos dos meninos, justamente os maiores, eram analfabetos, foram instaladas aulas noturnas de primeiras letras, nas quais se usava o catecismo como cartilha. Algumas dessas crianças não tinham família e, para abrigá-las, foi aberto um asilo. Esses meninos tornaram-se aprendizes de ofícios, passando o dia nas fábricas e nos canteiros de obras. Como durante esse tempo os aprendizes ficavam expostos aos vícios que o padre Bosco se propunha a combater, ele resolveu instalar oficinas de aprendizagem dentro do asilo, de modo que quando os jovens, já então adultos e qualificados, o deixassem, teriam seu caráter completamente formado. Assim, a partir de 1853, foram instaladas as oficinas de alfaiataria, sapataria, marcenaria, encadernação, tipografia, mecânica e outras. Em 1856, nenhum aprendiz precisava mais deixar o asilo para o trabalho ou o aprendizado.

Mas nem todos os assistidos eram filhos de operários ou de camponeses imigrantes, embora vivessem na miséria. Havia, também, os filhos de famílias arruinadas pela guerra,

> meninos de compleição delicada mas de inteligência viva e pronta, vocações possíveis que, como tinha acontecido com a sua, não encontravam meios para se realizarem. Esses não eram meninos feitos para manejar a sovela, nem a plaina, nem a trolha. Eram feitos para o estudo. Deles se poderia tirar alguma coisa, pelo menos poderiam ser bons empregados de escritório. (Auffray, 1969, p.112)

Para essas crianças foram abertas classes de ensino secundário de modo que elas pudessem não só se preparar para ocupações não manuais, mas, também, e principalmente, para fazer delas professores das demais. Para isso, os meninos escolhidos tinham sessões especiais onde Bosco lhes instruía nessa missão especial. Como diz Auffray,

Eram as primeiras tentativas de um método de formação que lhe ia dar resultados em toda a vida: tirar da própria massa os dirigentes, por meio de uma ascensão lenta e segura, formar os quadros de comando recrutando-os dentre as mesmas fileiras, fazer brotar de seu pequeno mundo os chefes, que assim seriam capazes melhor que quaisquer outros de iluminá-lo. Postos à prova, os jovens mestres preparados desse modo, mostraram-se ótimos instrutores. (Idem, p.99)

A formação do caráter pelo trabalho tinha uma dupla vantagem. Por um lado, propiciava a aprendizagem de ofícios a um número adicional de jovens operários, atividade essencial para o andamento do processo de acumulação de capital. De outro lado, complementarmente, plasmava as atitudes, os valores e as motivações dos futuros operários, de modo a evitar que desenvolvessem lutas contrárias à ordem estabelecida. Com isso, "D. Bosco arregimenta o operário em atividades sociais e religiosas que solidificam sadia ordem social e não geram desesperadas lutas de classes" (D'Avila, 1949, p.195).

Em termos ideológicos mais amplos, havia dois inimigos a serem combatidos com o trabalho educativo e o trabalho produtivo: o liberalismo e o socialismo.

Em 1891, três anos após a morte de Bosco, foi editada por Leão XIII a Encíclica *Rerum Novarum*, sobre a "questão social", que parece ter assumido várias das posições daquele educador. Essa convergência aparece em diversas passagens do documento pontifício, como no trecho abaixo, que trata das *desastrosas conseqüências da solução socialista*:

> Mas, além da injustiça do seu sistema, vêem-se bem todas as suas funestas conseqüências, a perturbação em todas as classes da sociedade, uma odiosa e insuportável servidão para todos os cidadãos, porta aberta a todas as invejas, a todos os descontentamentos, a todas as discórdias; o talento e a habilidade privados dos seus estímulos, e, como conseqüência necessária, as riquezas estancadas na sua fonte; enfim, em lugar dessa igualdade tão sonhada, a igualdade na nudez, na indigência e na miséria. (nº 22)

Nas escolas salesianas, o ensino da sociologia era considerado indispensável em razão dos

> tempos em que vivemos, visto termo-nos de encarar com um inimigo fidagal, que é o socialismo. Conhecer o homem, os seus deveres e direitos, a natureza da sociedade, o que quer o socialismo contemporâneo, as causas que o geraram, o que vem a ser a *Democracia Cristã*, e a Encíclica *Rerum Novarum*, magna carta do operariado: saber quais as relações entre a Igreja e o Estado, e as atribuições de uma e de outro; conhecer as idéias falsas da natureza e do destino do homem, e os erros relativos ao direito de propriedade, ao trabalho, aos poderes do Estado; desvendar os erros econômicos do socialismo, as falácias das suas promessas, etc.; ter uma idéia com-

pleta das caixas econômicas, etc.; são coisas que entram no programa de sociologia. (Apud Esaú, 1976, p.29)

A pedagogia de Bosco tinha dois importantes pontos em comum com a obra de La Salle. Primeiro, o postulado de que o trabalho disciplinado era formador do caráter, o principal instrumento de combate ao vício e, por sua vez, indutor do sadio hábito do trabalho. Segundo, a tendência de englobar todas as atividades dos alunos-operários dentro da instituição.

Como acontecera com La Salle no século anterior, o sucesso de Bosco tendo em vista a prevenção da delinqüência atual ou previsível e na qualificação da força de trabalho necessária fez que as autoridades procurassem pôr sob sua direção uma instituição correcional. Mas a aceitação de sua pedagogia não foi imediata.

Em oposição à prática da formação do caráter pela coação direta e visível, a pedagogia salesiana deslocava o papel da autoridade para o ambiente, minimizando a aparência do padre/professor como agente de coação. Assim, o cerne da pedagogia de Bosco residia na adoção de métodos de controle preventivos numa época em que a educação utilizava quase exclusivamente métodos repressivos.

Ficou célebre a disputa entre Bosco e as autoridades penitenciárias, quando aquele se propôs a lidar, sem guardas, com os jovens delinqüentes presos no reformatório de Turim, durante um passeio pelo campo. Disse ele, a propósito, ao ministro da Justiça:

> Vossa Excelência não ignora que há dois sistemas de educação: um é chamado repressivo, outro se diz preventivo. O primeiro se propõe a educar o homem com a força, repreendendo-o e punindo-o quando infringiu a lei, quando cometeu delito; o segundo procura educá-lo com brandura e por isso o ajuda suavemente a observar a mesma lei, propiciando-lhe os meios mais apropriados e eficazes para esse fim; e é esse justamente o sistema em vigor entre nós. Antes de mais nada aqui se procura infundir, no coração dos jovens, o Santo Temor de Deus; incute-se neles o amor à virtude e o horror ao vício, com ensino do catecismo e por adequada instrução moral; indica-se-lhes o caminho do bem ou nesse caminho eles são mantidos com oportunos e benévolos avisos, e principalmente com os exercícios de piedade e de religião. Ademais, eles são cercados quando possível, de uma amorosa assistência nos recreios, nas aulas e durante o trabalho, e, logo que mostram esquecer seus deveres, são advertidos com boas maneiras e chamados a si por bons conselhos. Numa palavra, faz-se uso de todas as habilidades que a caridade cristã sugere para levá-los a praticar o bem e a fugir do mal, para efeito de uma consciência iluminada e nutrida pela religião. (D'Avila, 1949, p.204-5)

Em suma, o método preventivo consistia em controlar o ambiente de tal modo que se reduzissem ao mínimo as oportunidades de comportamento

O ensino de ofícios nos primórdios da industrialização

desviado. Em outras palavras, esse "sistema educativo consiste unicamente nisto: colocar o menino na impossibilidade de cometer faltas" (Ibidem, p.212).

A pedagogia salesiana enfatizava, assim, todas as formas de desgaste de energia dos alunos, como as brincadeiras de correr, saltar, gritar, bem como a ginástica e as excursões, não reprimindo, mas incentivando as manifestações de alegria pela música e pelo canto.

O trabalho era, então, o principal instrumento formador dessa pedagogia, pois unia o desejado desgaste físico à atenção concentrada, à disciplina, além de resultar na qualificação dos futuros operários. A avaliação sintética de Bosco a respeito de sua pedagogia dizia que ela daria o resultado esperado (disciplina + qualificação profissional + religiosidade) em 90% dos casos. "E nos outros meninos, dos quais parece não se ter conseguido nada, produz ao menos uma influência modesta mas real: torna-os menos perigosos" (Auffray, 1969, p.308).

A fama dos salesianos como transformadores de crianças pobres e órfãs em trabalhadores tecnicamente qualificados e imbuídos de uma disciplina laboriosa chegou ao Brasil quando o fundador dessa ordem religiosa ainda estava vivo.

Em 1877, o bispo do Rio de Janeiro, Pedro Maria de Lacerda, encontrou João Bosco em Roma e pediu-lhe que enviasse padres para sua diocese. Depois de visitar o Oratório de Valdoco, renovou o pedido com maior ênfase. Em 1882, o padre Lasagna, salesiano de Montevidéu, encontrou-se com o imperador brasileiro em Petrópolis, como emissário de Bosco. Pedro II endossou o pedido do bispo do Rio de Janeiro, prometendo facilidades.[32]

No ano seguinte, chegaram ao Brasil os primeiros salesianos, vindos do Uruguai, com passagem paga pelo governo brasileiro. Foram para Niterói, na Província do Rio de Janeiro, onde o bispo Lacerda tinha comprado uma chácara para eles. Fundaram aí o Liceu de Artes e Ofícios Santa Rosa, com subsídios da diocese e de benfeitores pertencentes à nobreza, ao comércio e à alta burocracia do Império. Foram logo instaladas oficinas para a aprendizagem dos ofícios de mecânica, de marcenaria, de alfaiataria, de sapataria e de tipografia.

Em 1886, os salesianos fundaram em São Paulo o Liceu Coração de Jesus – um liceu de artes e ofícios e comércio – com padres enviados de Niterói, a pedido do bispo paulista. Como no estabelecimento fluminense, os recursos para

---

32 As relações entre o governo imperial e os salesianos parecem ter sido bastante boas. Em 1886, Bosco enviou carta ao imperador agradecendo sua "bondade e caridade" para com os padres de sua ordem. O imperador, por sua vez, acompanhado da imperatriz e do ministro da Agricultura, visitou o estabelecimento salesiano de São Paulo, no mesmo ano (Marcigaglia, 1955, 2v.).

a fundação do liceu foram fornecidos pelo bispo e por benfeitores,[33] além do apoio financeiro e patrimonial prestado pelo governo.

Mas houve fortes críticas ao apoio que o governo prestou ao Liceu. Republicanos e maçons prostestaram contra o que seria o reforço do controle clerical no ensino paulista. Além dos jesuítas, que já dominavam o ensino secundário para as "classes ricas", os salesianos viriam a dominar a formação "de uma classe que vai ser poderosa, a que fica entre o operário e o capitalista, isto é: o mestre de ofício".[34]

Na mesma linha de indignação, o jornalista, político e educador Francisco Rangel Pestana[35] escreveu em editorial de *A Província de São Paulo*:

> A ciência da educação condena os grandes internatos que não podem deixar de ser conventos ou quartéis. Ora, a Província de São Paulo, com seus adiantamentos, com as suas necessidades industriais, não precisa de mais estabelecimentos para formar padres ou soldados. (Apud Moraes, 1990, p.40)

Ao fim do século, os salesianos já tinham inaugurado escolas em São Paulo, Lorena, Campinas, Cuiabá, Recife, Salvador e Rio Grande (RS). Em 1904, já dispunham de dezesseis estabelecimentos de ensino no Brasil, dos quais catorze tinham escolas profissionais.

As escolas salesianas não se destinavam exclusivamente ao ensino profissional, embora essa fosse a prioridade conferida pelo fundador da congregação. Ministravam, também, ensino secundário e comercial aos jovens oriundos das camadas médias, numa dualidade que se mostrou inviável no Brasil. Em conseqüência, havia, nas escolas, duas seções. Uma que oferecia os cursos primário, secundário e comercial; outra, o curso de aprendizagem profissional.

Os dois estabelecimentos que os discípulos do padre Bosco criaram no Brasil, ao fim do Império, em Niterói e em São Paulo, utilizaram pedagogia completamente diferente da vigente nos estabelecimentos estatais destinados aos miseráveis, órfãos e abandonados, tanto nos arsenais militares quanto nas casas de educandos.

---

33 Dentre eles havia um conde, uma condessa e uma baronesa.

34 Carta enviada à "Seção Livre" de *A Província de São Paulo*, apud Moraes, 1990, p.39.

35 Maçon e republicano, Francisco Rangel Pestana foi membro da comissão de redação do projeto de Constituição da República, de 1890. Ele havia participado da criação da Escola do Povo, no Rio de Janeiro, uma experiência de educação popular de iniciativa de republicanos. Transferiu-se para Campinas, foi professor em escolas secundárias e tornou-se proprietário, diretor e editorialista de *A Província de São Paulo*. Enquanto membro da Sociedade Propagadora da Educação Popular, integrou a comissão de organização do Liceu de Artes e Ofícios de São Paulo, no mesmo ano em que escreveu aquele editorial (cf. Hilsdorf, 1986).

Os aprendizes podiam ser internos ou externos, e eram admitidos com rudimentos de leitura e do cálculo. A aprendizagem deveria durar de cinco a seis anos, em dez graus seqüenciados, os quais poderiam ser abreviados para três anos. Um ano de recapitulação geral podia ser acrescentado, de modo que, ingressando no estabelecimento aos 12 anos de idade, um aprendiz concluía os estudos aos 18.

No que concerne à educação geral, paralela à profissional, o primeiro período, de dois anos, era uma espécie de complementação do curso primário, no qual se ensinavam as seguintes matérias: religião, língua nacional, geografia, civilidade, higiene e música. O segundo período, de três anos de duração, era um avanço na educação geral, compreendendo as matérias seguintes: religião, desenho, música, história natural, física, química, mecânica, história, francês, inglês, contabilidade e sociologia.

O Liceu de Artes e Ofícios Coração de Jesus, de São Paulo, que se tornou logo o mais importante de todos os estabelecimentos salesianos, iniciou as atividades do curso profissional ensinando os ofícios de tipografia, encadernação, marcenaria, alfaiataria e sapataria, acrescentando depois a esse elenco o de fundição de tipos e o de marmoraria. Havia uma relação importante entre as duas seções dos estabelecimentos. Era nas oficinas ligadas às artes gráficas (tipografia, fundição de tipos, encadernação) que se ministrava ensino profissional de melhor qualidade, e os formados eram procurados pelas empresas do ramo. Essas oficinas, por serem altamente mecanizadas, produziam obras pelo regime de encomendas, gerando recursos para as demais, deficitárias. As oficinas de alfaiataria e de sapataria procuravam obter recursos mediante a venda de roupas e calçados aos estudantes internos dos cursos secundário e comercial. Tudo somado, as escolas profissionais apresentavam déficits significativos, que os padres procuravam cobrir com os saldos gerados pelo ensino pago pelos "estudantes", internos e externos.

A pressão da demanda das famílias abastadas por ensino secundário exclusivo e de boa qualidade para seus filhos fez que o ensino secundário salesiano se hipertrofiasse. Enquanto, até 1910, as escolas profissionais salesianas formavam um quase-sistema de ensino profissional, a partir dessa data elas entraram num período de decadência, quando passaram a ser meros "anexos" dos liceus, que nada mais tinham de artes nem de ofícios. Isto se deveu, em primeiro lugar, à concentração das atenções dos padres no ensino secundário e no ensino comercial, de larga aceitação, este último sem similar no país;[36] em segundo lugar, à longa duração da aprendizagem, o que incentivava a evasão antes do seu término;[37] em terceiro lugar (pelo menos no Estado de São Paulo, onde as es-

---

36 A primeira escola comercial de grau superior no Brasil formou-se no Liceu Coração de Jesus, hoje incorporada à Pontifícia Universidade Católica de São Paulo.

37 Em São Paulo, o número de diplomados não superava os 10% da matrícula total do ano.

colas salesianas se multiplicaram aproveitando os contatos favoráveis com a colônia italiana), à competição das escolas profissionais criadas pelo governo, especialmente as escolas de aprendizes artífices. Em contrapartida, o Código Epitácio Pessoa, de 1901, propiciou a equivalência dos estabelecimentos privados de ensino secundário ao Ginásio Nacional (antes e depois, Colégio Pedro II), facilitando o acesso dos concluintes dos liceus salesianos ao ensino superior, dispensando-os dos "exames de estudos preparatórios".

O Liceu Coração de Jesus "depurou" suas oficinas em 1918, transferindo para um bairro operário as oficinas que tinham maior aceitação entre os italianos, mas que eram deficitárias: carpintaria, marcenaria, modelação e mecânica. Permaneceram no Liceu as oficinas lucrativas, a saber: tipografia, impressão, encadernação, fundição de tipos e alfaiataria. As oficinas de marmoraria e de escultura acabaram fechadas por falta de alunos. Em contrapartida, a partir de 1925, as juntas examinadoras do ensino secundário passaram a funcionar no próprio Liceu, uma clara evidência da confiança do Departamento Nacional do Ensino na instituição.

Apenas uma das escolas profissionais salesianas se enquadrou no Decreto-lei n.4.073, de 30 de janeiro de 1942, tornando-se, então, uma escola industrial reconhecida pelo governo, em nível pós-primário: a de Niterói.[38] Mesmo assim, ela não conseguiu sobreviver, deixando de existir nos anos 60, por falta de alunos, como mostram os dados da Tabela 1.2. Enquanto isso, o Liceu de Artes e Ofícios foi rebatizado Colégio, mantendo Santa Rosa como sua protetora, evidenciando a reorientação de seu ensino, em relação a conteúdo e destinatários.

A partir de 1940, as escolas salesianas de Niterói e do Rio de Janeiro passaram a receber menores enviados pelo Serviço de Assistência ao Menor (SAM). Os convênios foram renovados até o ano de 1958, quando os salesianos não mais se interessaram por eles, em razão do baixo valor do subsídio recebido. Em 1944, a escola matriculou quarenta desses alunos, ou seja, 35% de seu efetivo (Esaú, 1976, p.74-5). Como se tratava de alunos que não haviam escolhido esse tipo de ensino, eram recebidos na escola como uma espécie de contingente passivo. Em conseqüência, eram distribuídos pelas oficinas conforme as vagas disponíveis, sem que houvesse a mínima orientação vocacional (Idem, ibidem). Também em Salvador a escola profissional salesiana recebeu alunos internos do órgão estadual de assistência social, mediante convênio que beneficiava 28 alunos a cada ano.

---

38 No exame que Manoel Esaú fez dos documentos do Liceu Coração de Jesus, não foi encontrado sinal algum do interesse dos padres em adaptar as escolas profissionais à "lei" orgânica do ensino industrial, visando à equiparação dos seus cursos aos das escolas federais.

Tabela 1.2 – Número de alunos do Colégio Santa Rosa, 1884-1970

Ano	Sec.	Prof.	Ano	Sec.	Prof.
1884	–	–	1928	–	–
1885	–	–	1929	218	100
1886	–	45	1930	214	124
1887	–	–	1931	247	99
1888	–	–	1932	247	89
1889	10	49	1933	430	100
1890	–	71?	1934	314	108
1891	–	60	1935	295	109
1892	–	–	1936	354	103
1893	–	–	1937	438	114
1894	–	–	1938	477	111
1895	–	68?	1939	478	123
1896	–	71?	1940	456	117
1897	–	122	1941	473	137
1898	–	145	1942	502	189
1899	–	–	1943	493	120
1900	–	105	1944	536	133
1901	–	88	1945	647	134
1902	–	77	1946	622	109
1903	–	61	1947	671	98
1904	120	95	1948	639	131
1905	92?	74?	1949	586	113
1906	126	63	1950	578	90
1907	143	49	1951	563	105
1908	140	73	1952	572	104
1909	164	61	1953	557	106
1910	169	45	1954	587	95
1911	141	75	1955	594	89
1912	144	82	1956	628	78
1913	124?	68	1957	714	105
1914	233	86	1958	696	87
1915	–	–	1959	757	68
1916	88	–	1960	758	58
1917	190	85?	1961	760	48
1918	224	–	1962	812	45
1919	232	51	1963	726	–
1920	204	68	1964	850	–
1921	234	71	1965	701	–
1922	178	89	1966	999	–
1923	202	78	1967	927	–
1924	189	86	1968	1.075	–
1925	208	67	1969	1.223	–
1926	141	88	1970	1.318	–
1927	239	90			

Fonte: Secretaria e Arquivos do Colégio Santa Rosa, apud Esaú (1976, p.66-7).

Ainda no auge do ensino profissional, Manoel Esaú encontrou uma relação positiva entre o número de alunos internos no ensino secundário e o florescimento dos cursos profissionais. No Liceu Coração de Jesus a manutenção dos aprendizes gratuitos deixava de ser deficitária quando o número de estudantes internos no ensino secundário superava o patamar dos quatrocentos.

Além do mais, se o crescimento do ensino secundário foi estratégico para o financiamento da aprendizagem, a convivência dos dois grupos de alunos, ainda que limitada, no mesmo estabelecimento, concorreu para o esvaziamento das escolas profissionais.

> Como essas escolas funcionavam ao lado de escolas secundárias a que acorriam alunos de classes mais elevadas, os aprendizes internalizavam as atitudes, comportamentos, aspirações e valores dessas classes, vindo a desinteressar-se do ofício ou arte e/ou ainda a cursar ao mesmo tempo o ensino acadêmico. (Esaú, 1976, p.165)

Os primeiros e mais importantes estabelecimentos educacionais salesianos no Brasil nasceram e se transformaram segundo o mesmo padrão. Primeiramente, o bispo e/ou militantes católicos das famílias abastadas pediam à ordem religiosa que abrisse um liceu no local. Para isso, doavam terreno e casas, especialmente chácaras suburbanas. Em seguida, os padres tomavam posse dos bens e instalavam um estabelecimento de ensino com a dupla finalidade de aprendizagem artesanal e manufatureira, e de ensino secundário. O financiamento do ensino de ofícios era feito mediante a cobrança de mensalidades do ensino secundário, além dos donativos regulares da "Associação de Cooperadores Salesianos". Posteriormente, cresceu a procura pelo secundário ao mesmo tempo que diminuía o contingente de aprendizes. Com isso, os liceus de artes e ofícios salesianos praticamente se especializaram no ensino secundário, mudando seus nomes para colégio.[39]

Os resultados modestos obtidos pelo Colégio Santa Rosa são eloqüentes para evidenciar a ineficiência do modelo salesiano de ensino profissional. Dentre os 233 aprendizes matriculados entre 1923 e 1927, apenas 7 conseguiram concluir sua aprendizagem: 1 marceneiro (dentre 28), 5 encadernadores (dentre 64), 1 alfaiate (dentre 37). Nenhum aprendiz concluiu os cursos de tipografia, de mecânica e de impressão, embora suas oficinas tivessem matriculado, respectivamente, 45, 45 e 8 alunos. Mesmo depois da equiparação às escolas

---

39 Essa generalização encontra sustentação nos dados colhidos por Esaú (1976, p.7-8). Se, em 1904, 14 dos 16 estabelecimentos salesianos no Brasil ofereciam algum tipo de ensino profissional, em 1933 só 16 dos 30 o faziam. Essa situação chegou ao limite em 1948, quando apenas 8 dos 34 estabelecimentos mantinham ensino profissional, assim mesmo como atividade não principal.

industriais, no regime da "lei" orgânica, sua eficiência não pode ser motivo de orgulho: dos praticamente 12 mil alunos matriculados no período 1942-1952, pouco mais de mil concluíram o curso profissional, vale dizer, cerca de 10% do alunado.

Um fator importante da decadência das escolas salesianas foi sua reduzida, senão inexistente, articulação com o mercado de trabalho. Embora algumas escolas do Senai tivessem funcionado provisoriamente em estabelecimentos salesianos, no início da atuação dessa instituição, os padres faziam questão de manter todo o controle da aprendizagem no âmbito da escola, de modo a evitar a influência socializadora da fábrica, coisa que o Senai mais valorizava e que foi responsável por seu sucesso.[40] Não bastasse isso, a formação dos padres dirigentes das escolas profissionais era notadamente humanista, não condizente com o currículo, os instrutores e os destinatários (Esaú, 1976, p.168).

A "deformação" da obra salesiana no Brasil, em relação aos objetivos iniciais do fundador e ao realizado em outros países, revela um aspecto relevante da formação de nosso aparelho escolar. Os liceus de artes e ofícios salesianos prometeram um desempenho muito acima dos seus homólogos que sobreviveram ao período imperial, pela intensidade e pela sistematização da aprendizagem profissional, e pelo mecanismo mais regular de captação de recursos, por meio das associações de cooperadores. No entanto, por essa época, a burguesia já havia definido o ensino secundário como integrante da educação corrente de seus jovens, perspectiva visada, também, pelos setores de renda mais elevada das ainda acanhadas camadas médias. O resultado foi, assim, a adaptação da obra salesiana às condições sociais e econômicas do Brasil, abandonando-se progressivamente a direção traçada na Itália. Assim, em vez da formação do proletariado visando impedir a influência do anarquismo, do socialismo e do comunismo nessa classe, prevaleceu a formação intelectual e moral das próprias classes dirigentes.

---

40 Não é descabido supor que a existência de capacidade ociosa nas escolas profissionais salesianas, ao início da década de 1940, a ponto de serem aproveitadas pelo Senai, fosse um indicador seguro da decadência daquelas.

FOTO 1.1 – Oficina de Carpintaria do Instituto João Alfredo, Rio de Janeiro, 1915. (Fonte: Coleção Prefeitura do Distrito Federal, autoria de Augusto Malta, do Arquivo da Cidade do Rio de Janeiro.

O ensino de ofícios nos primórdios da industrialização

FOTO 1.2 – Oficina de Serralheria do Instituto João Alfredo, Rio de Janeiro, 1915. (Fonte: Coleção Prefeitura do Distrito Federal, autoria de Augusto Malta do Arquivo da Cidade do Rio de Janeiro.

2
As escolas de aprendizes artífices

No momento em que o Liceu de Artes e Ofícios de São Paulo atingia alto grau de articulação com a Escola Politécnica dessa cidade, ambos intimamente ligados à classe dirigente paulista, preparando a industrialização que haveria de ter para esse estado movimento centrípeto; no momento, ainda, em que as escolas profissionais salesianas começavam a ser empurradas para o segundo plano nos liceus (que logo tirariam as artes e os ofícios de seus nomes), surgiram as escolas de aprendizes artífices, o acontecimento mais marcante do ensino profissional na Primeira República.

O Decreto n.7.566, de 23 de setembro de 1909, do presidente Nilo Peçanha, que criou as escolas de aprendizes artífices, estipulava sua manutenção pelo Ministério da Agricultura, Indústria e Comércio, a quem cabiam os assuntos relativos ao ensino profissional não superior.

Já no início de 1910 punham-se em funcionamento as dezenove escolas, cujas datas de inauguração vão de 1º de janeiro a 1º de setembro de 1910.

A finalidade dessas escolas era a formação de operários e contramestres, mediante ensino prático e conhecimentos técnicos necessários aos menores que pretendessem aprender um ofício, em "oficinas de trabalho manual ou mecânico que forem mais convenientes e necessários ao estado em que funcionar a escola, consultadas, quanto possível, as especialidades das indústrias locais".

Essas escolas foram calcadas no Instituto Profissional Masculino, então sob a jurisdição da prefeitura do Distrito Federal. Mas a influência dessa instituição não foi imediata nem direta. Nele, como no Liceu de Artes e Ofícios Santa Rosa, dos salesianos,[1] Nilo Peçanha, então presidente do Estado do Rio de Janeiro, poderia ter se inspirado ao criar cinco escolas profissionais. Três (em Campos, Petrópolis e Niterói) para o ensino de ofícios manufatureiros e duas (em Paraíba do Sul e Resende) para o ensino agrícola.[2] Embora esses estabelecimentos diferissem em diversos aspectos (regime de internato ou externato, idade de ingresso, rigidez da disciplina, currículo) estavam todos orientados para a consecução do mesmo fim – a formação da força de trabalho industrial em termos técnicos e ideológicos.

Entre os antecedentes das escolas de aprendizes artífices, não se pode deixar de considerar as recomendações do Congresso de Instrução realizado no Rio de Janeiro, em dezembro de 1906, três anos, portanto, antes da criação daquelas escolas (Soares, 1981).

As conclusões desse evento foram levadas ao Congresso Nacional na forma de anteprojeto de lei. Pretendia-se que a União promovesse o ensino prático industrial, agrícola e comercial, nos estados e na capital da República, mediante um entendimento com as unidades da federação, cujos governos se obrigariam a pagar a terça parte das respectivas despesas.[3]

Para a efetivação desse intento, seriam criados campos e oficinas escolares, assim como institutos profissionais. Os primeiros estariam sediados em cada município, em número correspondente à população. Os cursos, diurnos e noturnos, seriam bastante variados, como se depreende da lista seguinte: ensino prático elementar de comércio e indústria; ensino prático e elementar de agricultura; serviço doméstico; internato de ensino prático industrial e agrícola para "menores desamparados e viciosos"; campos de experiência e demonstração; cursos industriais, agrícolas e comerciais; cursos de aprendizagem de ofícios nos quartéis e nos navios de guerra; cursos de aprendizagem agrícola para os praças de pré.

Os cursos de ensino prático elementar de indústria teriam duas divisões, uma preparatória e outra técnica. Na preparatória, os alunos cursariam, metódica e gradativamente, as matérias da instrução primária elementar. A divisão técnica, por sua vez, compreenderia duas seções, uma de ensino e outra de aplicação (ou simplesmente seção de aprendizagem, como o projeto a chamava).

---

1 A inspiração de Nilo Peçanha nesse estabelecimento de ensino profissional é admitida por Vianna (1970, p.87).

2 Decreto (RJ) n.787, de 11 de setembro de 1906. O regulamento dessas escolas foi baixado pelo Decreto (RJ) 1.004, de 11 de dezembro desse ano. A escola de Resende foi criada pelo Decreto (RJ) n.1.008, de 15 de dezembro de 1906.

3 *Diário do Congresso Nacional*, 16 de dezembro de 1906, p.4.062.

A educação geral seria desenvolvida por onze cadeiras, todas elas aplicadas às mais diversas exigências da indústria: português, estudado do ponto de vista dos assuntos artísticos; aritmética prática e elementos de geometria plana; desenho linear; elementos de física; estudo especial e prático dos motores animados e inanimados (sic); elementos de química inorgânica e orgânica; higiene, do ponto de vista industrial; noções de tecnologia; elementos de trigonometria; elementos de geometria descritiva; estudos de motores a vapor, máquinas fixas e móveis.

A aprendizagem industrial, destinada a alunos de ambos os sexos, de idade acima dos 14 anos, compreenderia oficinas para o ensino dos seguintes ofícios:

para homens – carpinteiro, marceneiro, torneiro de madeira, entalhador, escultura em gesso, madeira e pedra, fundidor de tipos, fundidor de metais, tipografia, litografia, gravura em pedra, gravura em madeira, serralheiro, modelagem, torneiro de metais, instrumentos de precisão;

para mulheres – tipografia, litografia e gravura, relojoaria, telégrafos e correios, papelaria, fabrico de vidros, preparo de tecidos.

Além das oficinas para o ensino desses ofícios, o curso prático contaria ainda com um gabinete de física, um laboratório de química, coleções de história natural e um ginásio.

Os internatos de ensino profissional constariam de duas seções: na primeira, seriam admitidos os "menores desamparados, que não forem viciosos ou insubordinados". Na segunda seção, seriam recolhidos os menores expulsos das escolas ou quaisquer outros estabelecimentos de instrução pública; os que, por insubordinação ou maus costumes, fossem trazidos ao internato pelos pais ou tutores; e os que andassem pelas ruas mendigando ou praticando vícios. Uma vez recolhidos ao internato, esses menores formariam "famílias" de trinta alunos, com aposentos e serviços separados.

O anteprojeto do Congresso de Instrução foi esquecido nos arquivos da Câmara dos Deputados, mas, três anos depois do evento, foi baixado o decreto presidencial que criava as escolas de aprendizes artífices que, sem a amplitude daquela proposta, convergia com ela em diversos pontos.

Passemos, então, a tratar das iniciativas do presidente Nilo Peçanha no ensino profissional.

Os motivos apresentados para a criação das escolas de aprendizes artífices foram incluídos no próprio texto do Decreto n.7.566/1909, que transcrevo abaixo:

"Considerando:
que o aumento constante da população das cidades exige que se facilite às *classes proletárias* os meios de vencer as dificuldades sempre crescentes da luta pela exis-

tência; que para isso se torna necessário, não só habilitar os filhos dos *desfavorecidos da fortuna* com o indispensável preparo técnico e intelectual, como fazê-los adquirir hábitos de trabalho profícuo, que *os afastará da ociosidade, escola do vício e do crime*; que é dos primeiros deveres do Governo da República formar cidadãos úteis à Nação;

Decreta, etc. (grifos meus)

Difícil ser mais explícito do que isso na apresentação dos propósitos das escolas profissionais que então se criavam. A formação de força de trabalho qualificada para fazer frente às exigências do processo de industrialização estava ausente, apesar de ter sido manifestada reiteradamente, nos anos seguintes, pelo presidente Nilo Peçanha e pela burocracia ministerial a que essas escolas estavam afetas. Nos *consideranda* do decreto essa finalidade foi substituída por algo mais amplo – "formar cidadãos úteis à Nação". No entanto, outros motivos constantemente proclamados antes e depois da criação dessas escolas estavam presentes no texto acima. Antes de tudo, os destinatários, apontados como as "classes proletárias" ou os "filhos dos desfavorecidos da fortuna". Em seguida, a tendência que esses destinatários teriam de permanecer na ociosidade, situação definida como "escola do vício e do crime". Finalmente, a pedagogia corretiva que se atribuía às escolas de aprendizes artífices, de "fazê-los adquirir hábitos de trabalho profícuo", além, é claro, do "indispensável preparo técnico e intelectual".

Se a rede de escolas de aprendizes artífices não inovou muito em termos ideológicos e pedagógicos, ao menos no início de seu funcionamento, ela trouxe uma grande novidade em relação à estrutura do ensino, por constituir, provavelmente, o primeiro sistema educacional de abrangência nacional.

Com efeito, tratava-se de um agregado de estabelecimentos de ensino, dotados de propósitos comuns, cujo funcionamento se regulava por uma mesma legislação, além de estarem afetos à mesma autoridade administrativa e pedagógica. Só muito mais tarde é que surgiram no país outros sistemas educacionais dotados de características semelhantes, a exemplo da rede de instituições federais de ensino superior e dos centros de formação profissional do Senai.

Localização no espaço econômico e político

Não houve um critério explícito de dimensionamento do sistema e de localização das escolas de aprendizes artífices em razão da produção. É possível constatar, no entanto, um critério implícito, de caráter político-representativo, de acordo com o vigente no Senado.

Cada estado da Federação recebeu uma dessas escolas, salvo o Rio Grande do Sul. Em Porto Alegre já funcionava o Instituto Técnico Profissional da Escola de Engenharia de Porto Alegre, mais tarde denominado Instituto Parobé.[4] O Decreto n.7.763 de 23 de dezembro de 1909 dizia que "uma vez que em um estado da República exista um estabelecimento do tipo dos de que trata o presente decreto (escolas de aprendizes artífices), custeado ou subvencionado pelo respectivo estado, o Governo Federal poderá deixar de instalar aí a escola de aprendizes artífices, auxiliando o estabelecimento estadual com uma subvenção igual à cota destinada à instalação e custeio de cada escola".[5]

No Distrito Federal também não foi instalada uma escola de aprendizes artífices por já existir aí o Instituto Profissional Masculino, como se deduz do ato de criação daquelas. Em 1911, o Decreto n.9.070 previa a criação de uma escola de aprendizes artífices do Distrito Federal logo que o Congresso habilitasse o Executivo com os meios necessários à sua instalação e manutenção. Em 1918, essa previsão foi transcrita para o novo Regulamento (Decreto n.13.064) – desta vez mencionando escolas (no plural) – e incorporada em 1926 pela *Consolidação dos Dispositivos Concernentes às Escolas de Aprendizes Artífices*. Na verdade essas escolas nunca foram criadas no Distrito Federal. Dessa maneira, dezenove dos vinte estados ganharam, cada um, uma escola de aprendizes artífices, qualquer que fosse sua população, sua taxa de urbanização e a importância da atividade manufatureira na sua economia.

Com apenas uma exceção, as escolas se localizavam sempre na capital do estado, independentemente, também, de ser ela a cidade mais populosa ou aquela onde a produção manufatureira fosse mais intensa.

Esse critério de dimensionamento do sistema e de localização das escolas não correspondia à dinâmica da produção manufatureira, apesar das intenções explícitas no ato de sua criação.

A Tabela 2.1 apresenta a distribuição do número de operários por unidade da Federação em 1907, e o número de alunos das escolas de aprendizes artífi-

---

4 O Instituto Parobé era um dos seis institutos que, juntamente com outros estabelecimentos de ensino, constituíam a Escola de Engenharia de Porto Alegre. Esse instituto tinha por finalidade proporcionar, gratuitamente, aos meninos pobres e filhos de operários, uma educação técnica e profissional capaz de habilitá-los a se tornarem operários e contramestres. O nome dado ao instituto era uma homenagem ao professor João José Pereira Parobé, ex-diretor da Escola de Engenharia de Porto Alegre e criador do ensino profissional técnico no Rio Grande do Sul.

5 Mais tarde, o Decreto n.9.070, de 25 de outubro de 1911, aplicou aquele dispositivo ao Instituto Parobé: "Fica mantido como Escola de Aprendizes Artífices do Rio Grande do Sul o Instituto Técnico Profissional da Escola de Engenharia de Porto Alegre, enquanto não for estabelecida a escola da União". Tal escola nunca veio a existir.

ces, em 1911.[6] Definindo ambas as distribuições como variáveis, procurei verificar a existência de associação entre elas, aplicando o coeficiente de diferença de postos de Spearman. O resultado encontrado (0,23) indica uma fraca associação entre as duas variáveis, o que leva à conclusão de que o número de alunos não acompanhava de perto as variações do contingente operário. Para citar apenas os casos extremos, os estados de São Paulo, de Minas Gerais e da Bahia tinham poucos alunos nas escolas de aprendizes artífices, em relação ao número de operários. Em contrapartida, os estados do Paraná, da Paraíba e do Espírito Santo, tinham, proporcionalmente aos outros, alunos demais – ou operários de menos.

Enquanto as escolas de aprendizes artífices obedeceram a um movimento centrífugo, pois foram instaladas uma em cada estado, mesmo nos menores, o processo de industrialização apresentava uma tendência centrípeta. Não só as novas fábricas tendiam a se localizar no Centro-Sul, especialmente em São Paulo, como, também, para lá se transferiam atividades manufatureiras antes desenvolvidas em diversas regiões do país.

A localização inadequada das escolas de aprendizes artífices, não considerando o processo em curso, já em 1909, de centralização industrial, repetiu-se no âmbito de cada estado. Com a exceção do Estado do Rio de Janeiro, as escolas foram todas localizadas nas capitais. Com efeito, o caso comum era o centro manufatureiro de um estado qualquer estar localizado na sua sede político-administrativa. Mas isso não acontecia com todos, como em Minas Gerais e em Santa Catarina.

Os dados compilados por Paul Singer (1974, p.223-6) mostram que a produção manufatureira em Minas Gerais, na época da criação das escolas de aprendizes artífices, estava bastante espalhada por diversos municípios. No entanto, dois pólos se definiam nitidamente. Juiz de Fora era o centro industrial mais antigo e mais diversificado, destacando-se sua produção têxtil (7 fábricas de tecidos em 1908). Belo Horizonte, inaugurada em 1897, era em 1908 o segundo pólo industrial, não só menor do que Juiz de Fora, mas dotado de menor diversificação. No entanto, já era possível perceber a tendência de se transformar em centro industrial tão ou mais importante do que Juiz de Fora. No que se refere à indústria têxtil, havia na capital, em 1908, 4 fábricas com 407

---

6 A comparação do número de operários em 1907 com o número de alunos em 1911 deveu-se ao fato de que, nesta data, todas as escolas já estavam em funcionamento há um ano, com duas séries ativadas; e à inexistência de dados gerais sobre a força de trabalho industrial além daquele ano. Ambos os dados são mais completos para 1920, mas a distância da data de criação das escolas me fez optar pela alternativa anterior.

O ensino de ofícios nos primórdios da industrialização

operários, porte inferior à daquela cidade, mas com um número de teares superior (270 contra 226). Seria, portanto, razoável a instalação de duas escolas de aprendizes artífices em Minas Gerais, uma em Juiz de Fora, outra em Belo Horizonte, talvez transferindo uma das instaladas em estados onde a produção manufatureira fosse insignificante.

Tabela 2.1 – Distribuição do número de estabelecimentos industriais, de operários (1907) e de alunos nas escolas de aprendizes artífices (1911), segundo unidades da Federação

Unidade da Federação	Nº de estabelecimentos	Nº de operários	Nº de alunos EAA
Amazonas	92	1.167	70
Pará	54	2.539	95
Maranhão	18	4.545	104
Piauí	3	355	85
Ceará	18	1.207	100
Rio Grande do Norte	15	2.062	83
Paraíba	42	1.461	134
Pernambuco	118	12.042	125
Alagoas	45	3.775	151
Sergipe	103	3.027	120
Bahia	78	9.964	70
Espírito Santo	4	90	166
Rio de Janeiro	207	13.632	282
Distrito Federal	670	35.243	–
São Paulo	326	24.186	121
Paraná	297	4.724	293
Santa Catarina	173	2.102	130
Rio Grande do Sul	314	15.426	–
Minas Gerais	531	9.555	61
Goiás	135	868	93
Mato Grosso	15	3.870	108
Brasil	3.258	151.840	2.391

Fonte: Centro Industrial do Brasil, *O Brasil, suas Riquezas Naturais, suas Indústrias*. Rio de Janeiro, Oficinas Gráficas M. Orosco e C., 1909, v.III.
Nota: EAA = escolas de aprendizes artífices.

Em Santa Catarina, Florianópolis era, no início do século, centro comercial e político-administrativo, mas Blumenau era o centro agrícola e manufatureiro. Fundada em 1850 como um empreendimento particular de colonização com imigrantes alemães, Blumenau teve logo a produção artesanal diferenciada da produção agrícola e do artesanato, com uma indústria que tinha, como mercado, os próprios colonos e mais tarde exportava para o Rio Grande do Sul, para São Paulo e o Rio de Janeiro. Em 1897, na colônia de Blumenau havia 262 engenhos de açúcar, 48 engenhos de milho, 50 engenhos de farinha de mandioca, 46 serrarias, 29 olarias, 13 cervejarias, 6 tecelagens, 2 fábricas de sabão, 2 fábricas de água mineral, 3 gráficas, 9 fábricas de charutos, 3 fábricas de vinho de laranja, 2 fábricas de licor, 4 fábricas de meias, e outras (Singer, 1974, p.117). A grande tecelagem Hering teve início em 1879 com uma empresa familiar, que operava apenas um tear. A ligação ferroviária de Blumenau com o porto de Itajaí, a instalação de um banco, de usinas hidrelétricas e de fiações, em 1907-1909, permitiu o avanço do processo de industrialização que teve impulso ainda maior ao tempo da Primeira Guerra Mundial, com plena integração no mercado nacional. Em 1907, a localização orientada por critério mais "econômico" do que "político" das escolas de aprendizes artífices no estado levaria a instalar a unidade em Blumenau em vez de Florianópolis.

O comentário sobre a localização mais adequada das escolas de aprendizes artífices fora da capital de certos estados não deve ser estendido ao do Rio de Janeiro. Nesse estado, a escola não foi, decerto, localizada em Campos por exigência da agroindústria açucareira. Esta utilizava na época padrões tão pouco sofisticados que dispensavam a formação escolar da força de trabalho. A localização da escola fluminense em Campos deveu-se exclusivamente a articulações político-partidárias. Perante a recusa do presidente do Estado do Rio de Janeiro, Alfredo Backer, sucessor de Nilo Peçanha, em colocar à disposição do governo federal um prédio para a instalação da escola, a Câmara Municipal de Campos, cidade natal do presidente da República, por deliberação de 13 de outubro de 1909 ofereceu o prédio necessário, o que foi aceito. Aliás, Backer tinha extinto, em 1907, duas das escolas profissionais criadas por seu antecessor, uma em Campos, outra em Petrópolis, alegando falta de recursos financeiros, o que obrigava o governo a descontar 15% dos vencimentos do funcionalismo público. Alegava, também, o não-alcance dos fins para os quais as escolas foram criadas, sendo quase nula a renda proveniente de suas oficinas, assim como eram inaproveitáveis para o consumo dos estabelecimentos do governo estadual os artigos nelas produzidos.[7]

---

7 As oficinas das escolas profissionais deveriam fornecer calçado e roupa à polícia estadual, à Casa de Detenção, à Colônia Agrícola de Alienados e à Penitenciária, bem como mobiliário para escolas e repartições públicas.

A localização não foi o único elemento indicativo da inadequação do sistema de escolas de aprendizes artífices à dinâmica do processo de industrialização que se desenvolvia no país.

O Decreto n.7.763, de 23 de dezembro de 1909, dizia que o ensino de ofícios deveria ser feito em "oficinas de trabalho manual ou mecânico que forem mais convenientes e necessárias ao estado em que funcionar a escola, consultadas, quanto possível, as especialidades das indústrias locais". O diretor de cada escola deveria instalar até cinco oficinas, conforme "as especialidades das indústrias locais". Pelas mudanças de regulamento de 1918, o diretor podia criar mais oficinas, desde que houvesse um número mínimo estipulado de interessados.

Analisando os ofícios ensinados nas escolas de aprendizes artífices, vemos oficinas voltadas para o artesanato de interesse local e poucas de emprego manufatureiro ou industrial. A maioria absoluta das escolas ensinava alfaiataria, sapataria e marcenaria. Outros ofícios eram ensinados em um número menor de escolas, predominando os de emprego artesanal como a carpintaria, a ferraria, a funilaria, a selaria, a encadernação e outros (Tabela 2.2). Poucas foram as oficinas destinadas ao ensino de ofícios propriamente industriais, de emprego generalizado como mecânica, tornearia e eletricidade. As oficinas de mecânica existentes em 1912 continuavam em número de três em 1926; das duas oficinas de tornearia existentes naquele ano, só restava uma neste; das três de eletricidade que havia em 1912, não sobrou nenhuma em 1926.

Parece que, em São Paulo, as condições do crescimento da produção industrial, aliadas à emulação do Liceu de Artes e Ofícios, levaram a um maior esforço de adaptação das oficinas às exigências fabris. Assim é que, desde os primeiros anos de sua existência, a escola de aprendizes artífices de São Paulo foi uma das poucas que oferecia ensino de ofícios de tornearia, mecânica e eletricidade. Como as demais, mantinha oficinas voltadas para o artesanato, como a carpintaria e as artes decorativas, mas era das poucas que não ensinavam os ofícios de sapateiro e alfaiate, existentes na grande maioria das escolas.

Com efeito, localizadas, principalmente, fora dos centros de desenvolvimento industrial, as escolas de aprendizes artífices procuravam ajustar-se ao mercado ensinando ofícios artesanais, para os quais havia mestres no local e oportunidade de trabalho para os egressos. Assim, se o dimensionamento do sistema e a localização das escolas de aprendizes artífices mostraram-se inadequados aos propósitos de incentivar a industrialização pela formação profissional sistemática da força de trabalho, a escolha dos ofícios a serem ensinados revelou um esforço de ajustamento aos mercados locais de trabalho, mais artesanais do que propriamente manufatureiros, atenuando os efeitos negativos do dimensionamento e da localização do sistema.

Tabela 2.2 – Número de oficinas nas escolas de aprendizes artífices, segundo especialidades, 1912, 1916, 1922, 1926

Ano	Marce-naria	Carpin-taria	Ferraria	Serra-lheria	Fundição	Funilaria	Mecânica	Sapataria	Selaria
1912	16	6	8	6	1	4	3	16	3
1916	16	5	8	8	2	3	3	17	4
1922	17	7	10	7	2	3	3	15	4
1926	17	7	8	11	2	4	3	15	3

Ano	Alfaia-taria	Encader-nação	Ourive-saria	Eletrici-dade	Tornearia	Escultura	Pintura deco-rativa	Modela-gem	Metais
1912	14	4	1	3	2	2	1	–	–
1916	17	4	1	3	1	2	1	–	–
1922	17	5	1	1	1	1	1	–	1
1926	17	6	1	–	1	1	1	1	–

Fonte: Relatórios do Ministério da Agricultura, Indústria e Comércio (1912-1926).

Mais do que supridoras de força de trabalho para a industrialização, as escolas de aprendizes artífices constituíram um meio de troca política entre as oligarquias que controlavam o Governo Federal e as oligarquias no poder nos diversos estados. Os gastos federais na forma de salários e de compras no comércio local representavam importante aporte econômico, assim como os empregos para os indicados pelas elites locais – instrutores, secretário e, principalmente, diretor. As vagas oferecidas pelas escolas para os alunos poderiam ser, por sua vez, preenchidas mediante recomendações dos chefes políticos locais aos diretores, satisfazendo demandas de seus agregados e cabos eleitorais.

Essa *presença* da União nos estados, uma espécie de contraponto do débil pacto federativo, teve nova versão na República Populista, quando da criação da maioria das universidades federais.

Estrutura e funcionamento do sistema

A análise da legislação que regulou o funcionamento das escolas permite dar conta de como sua estrutura foi pensada, bem como do conteúdo e das condições exigidas para o ensino de ofícios.[8] Mas, foram sobretudo os relatórios anuais dos diretores das escolas – ao Ministério da Agricultura, Indústria e Comércio e, a partir de 1930, pelo Ministério da Educação e Saúde Pública – que, mesmo na precariedade de seus dados, forneceram os elementos necessários para uma avaliação do funcionamento das escolas de aprendizes artífices durante os 33 anos de existência.

O ensino de ofícios

O decreto que criou as escolas de aprendizes artífices determinou que se instalassem em cada uma delas até cinco oficinas, as que fossem mais convenientes e necessárias no estado onde se situava, "consultadas quanto possível, as especialidades das indústrias locais".

Nos primeiros anos, a excessiva liberdade que o programa educativo conferia a diretores e a existência de mestres despreparados foram, então, os responsáveis pelo mau funcionamento das escolas, tornando-as simples escolas primárias, em que se fazia alguma aprendizagem de trabalhos manuais.

Em 1926, foi estabelecido um currículo padronizado para todas as oficinas, constituindo-se em um "denominador comum" para o ensino ministrado nas diferentes escolas, expresso na *Consolidação dos Dispositivos Concernentes às Escolas de Aprendizes Artífices*, promulgada por portaria do ministro da Agricultura, Indústria e Comércio. Inspirada no Serviço de Remodelação do Ensino Profissional Técnico, cujo diretor era o engenheiro João Luderitz, a *Consolidação* regulava, também, o currículo dos cursos primário e de desenho, obrigatórios, o primeiro para todos os que não possuíssem certificados de exame final das escolas estaduais ou municipais; e o segundo, para todos os alunos, excetuando-se aqueles que já possuíssem algum conhecimento das disciplinas de que se compunham os dois cursos, os quais seriam admitidos na classe correspondente ao seu adiantamento.

A *Consolidação* estabeleceu um currículo para a aprendizagem nas oficinas, prescrevendo, em primeiro lugar, para os dois primeiros anos letivos, paralelamente aos cursos primários e de desenho, a aprendizagem de trabalhos manuais como estágio pré-vocacional da prática dos ofícios. Para os anos leti-

---

8 Para a redação deste item baseei-me em Soares (1981 e 1982).

vos seguintes, foram estabelecidas oito seções destinadas ao ensino de ofícios manuais e uma seção destinada ao ensino de técnicas comerciais.

A organização das seções determinada pela *Consolidação*, a partir do 3º ano era a seguinte, conforme as diversas seções:

Seção de Trabalhos de Madeira
3º ano – Trabalhos de vime, empalhação, carpintaria e marcenaria;
4º ano – Beneficiamento mecânico de madeira e tornearia;
1º ano complementar – Construções de madeira, em geral, de acordo com as indústrias locais;
2º ano complementar – Especialização.

Seção de Trabalhos de Metal
3º ano – Latoaria, forja e serralheria;
4º ano – Fundição e mecânica geral e de precisão;
1º ano complementar – Prática de condução de máquinas e motores e de eletrônica;
2º ano complementar – Especialização.

Seção de Artes Decorativas
3º ano – Modelagem (incluindo entalhação) e pintura decorativa;
4º ano – Estucagem, entalhação e formação de ornatos em gesso e cimento;
1º ano complementar – Construção em alvenaria e cerâmica conforme as indústrias locais;
2º ano complementar – Especialização.

Seção de Artes Gráficas
3º ano – Tipografia (composição manual e mecânica);
4º ano – Impressão, encadernação e fotografia;
1º ano complementar – Fototécnica ou litografia;
2º ano complementar – Especialização.

Seção de Artes Têxteis
3º ano – Fiação;
4º ano – Tecelagem;
1º ano complementar – Padronagem e tinturaria;
2º ano complementar – Especialização.

Seção de Trabalhos de Couro
3º ano – Obras de correeiro;
4º ano – Trabalhos de curtume e selaria;
1º ano complementar – Obras artísticas e manufatura de couro;
2º ano complementar – Especialização.

Seção de Fabrico de Calçados
   3º ano – Sapataria comum;
   4º ano – Manipulação de máquinas;
   1º ano complementar – Fabrico mecânico de calçado;
   2º ano complementar – Especialização.

Seção de Feitura do Vestuário
   3º ano – Costura à mão;
   4º ano – Feitura e acabamento;
   1º ano complementar – Moldes e cortes;
   2º ano complementar – Especialização.

Seção de Atividades Comerciais
   3º ano – Dátilo-estenografia;
   4º ano – Arte do reclamo[9] e prática de contabilidade;
   1º ano complementar – Escrituração mercantil e industrial;
   2º ano complementar – Especialização.

Quanto ao regime escolar, não houve grandes inovações. Sem alterar substancialmente dispositivos anteriores, o regulamento estabelecia que o aprendizado das oficinas levaria quatro anos, podendo o aprendiz permanecer ainda na escola por mais dois anos, caso não tivesse concluído o curso no tempo previsto por esse regulamento. Estabelecendo o ano escolar em dez meses, determinava ainda a *Consolidação* que os trabalhos de oficinas e manuais não poderiam exceder de quatro horas por dia para os alunos dos 1º e 2º anos e de seis horas para os de 3º e 4º.

O número de cinco oficinas em cada escola poderia ser alterado para mais, desde que houvesse disponibilidade de espaço no edifício de cada escola e pelo menos vinte candidatos à aprendizagem de novo ofício. A capacidade de cada oficina determinaria o número de matrículas, sendo facultada a cada aluno a aprendizagem de apenas um ofício, "consultada a respectiva tendência e aptidão".

As escolas continuavam a ser destinadas aos menores de 10 a 16 anos de idade, "preferidos os desfavorecidos da fortuna",[10] exigindo-se dos candidatos, como condição para a matrícula, os requisitos adicionais de não sofrerem de moléstia infecto-contagiosa e não terem defeitos físicos que os inabilitassem para o aprendizado do ofício pretendido.

---

9 Publicidade.

10 Essa preferência dada aos "desfavorecidos da fortuna" está presente nos três regulamentos anteriores à *Consolidação*. Antes de tudo, ela aparece na exposição de motivos do decreto que criou as escolas de aprendizes artífices, em 1909.

Uma outra medida nova e de grande alcance trazida pela *Consolidação* foi a "industrialização" das escolas. Apresentada pela primeira vez pelo Projeto de Regulamento do Ensino Profissional Técnico (que a incluía entre os seus principais itens), a tese da "industrialização" das escolas aparecia agora como uma vitória dos que a defendiam para a aprendizagem (aprender fazendo trabalhos de utilidade imediata) contra os que a combatiam, alegando a difícil conciliação entre a aprendizagem e a produção, pois esta acabaria por se impor àquela, o que deturparia a finalidade das escolas. Além do mais, as indústrias sofreriam uma concorrência feita em desigualdade de condições, pois os salários dos instrutores era pago pelo Tesouro Nacional.

João Luderitz, que considerava essencial a "industrialização" da aprendizagem escolar, assim justificava sua posição:

> a primeira [razão para a introdução da "industrialização"] é de natureza técnica, visto não ser possível que um aluno artífice, nem tão pouco artista, aprenda a arte ou ofício, sem nele praticar, tal qual como dele se vai exigir na concorrência da vida real, isto é, fazendo obra perfeita, no mínimo tempo possível; sem tal adestramento sairia da escola um simples curioso e nunca um aspirante a profissional; a segunda, é de ordem econômica, por não se poder exigir nas atuais condições de dificuldade de vida, que tem de enfrentar o pobre e mesmo o remediado, não se poder, dizia-se, exigir, que os pais consintam aos filhos permanecerem na escola além dos 12 anos; com esta idade não se tendo a veleidade de fazer do filho um doutor, mandando-o para os cursos secundários, de humanidades, exige-se dele que comece a ganhar a vida, empregando-se, alguns mesmo em misteres subalternos. (Luderitz, 1925, p.174)

A "industrialização", enfim introduzida nas escolas pela *Consolidação*, consistia fundamentalmente em autorizar os diretores a aceitarem encomendas das repartições públicas ou de particulares, se quem as fizesse fornecesse a matéria-prima e pagasse à própria escola a mão-de-obra e outras despesas necessárias.

Assegurada a preferência aos alunos e ex-alunos, nas empreitadas ou nas tarefas para que tivessem aptidão especial, a *Consolidação* autorizava as escolas a admitir diaristas ou tarefeiros estranhos, quando o vulto ou a urgência da encomenda o exigisse. Tal admissão era de responsabilidade do diretor e do mestre da respectiva oficina, correndo o pagamento pelas cotas de mão-de-obra constantes dos respectivos orçamentos.

Os cursos de letras e desenho

No primeiro regulamento das escolas já constava um roteiro curricular para os cursos primário e de desenho.

O curso primário funcionaria das 5 horas da tarde às 8 da noite, com o fim de ensinar a leitura e a escrita, aritmética até regra de três, noções de geografia do Brasil e a gramática elementar da língua nacional.

O curso de desenho, que também funcionaria no mesmo horário, compreenderia o ensino de desenho de memória, do natural, de composição decorativa, de formas geométricas e de máquinas e peças de construção, obedecendo aos "métodos mais aperfeiçoados".

Como apêndice ao currículo do curso primário, foram acrescentadas, posteriormente, noções de educação cívica: a) uma vez por mês, explicações sobre a Constituição Política do Brasil, tornando-a bem conhecida dos alunos, assim como os mais salientes propagandistas da República, e aqueles que mais contribuíram para a sua proclamação; b) nos dias de festa nacional, preleções sobre os acontecimentos neles comemorados; c) sempre que houvesse oportunidade, notícias biográficas dos grandes homens do Brasil, sobretudo dos que se celebrizaram na agricultura, na indústria e no comércio.

Em 1926, a *Consolidação* determinou que o ensino fosse ministrado em aulas teóricas e práticas, de duração nunca inferior a 50 minutos, de acordo com a seguinte discriminação:

1º ano	Aulas por semana
Leitura e escrita	8
Caligrafia	2
Contas	6
Lição de coisas	2
Desenho e trabalhos manuais	15
Ginástica e canto	3
Total	36

2º ano	Aulas por semana
Leitura e escrita	6
Contas	4
Elementos de geometria	2
Geografia e história pátria	2
Caligrafia	2
Instrução moral e cívica	1
Lição de coisas	2
Desenho e trabalhos manuais	16
Ginástica e canto	3
Total	38

3º ano — Aulas por semana

	Aulas por semana
Português	3
Aritmética	3
Geometria	3
Geografia e história pátria	2
Lição de coisas	2
Caligrafia	2
Instrução moral e cívica	1
Desenho ornamental e de escala	8
Aprendizagem nas oficinas	18
Total	42

4º ano — Aulas por semana

	Aulas por semana
Português	3
Aritmética	3
Geometria	3
Rudimentos de física	2
Instrução moral e cívica	1
Desenho ornamental e de escala	6
Desenho industrial e tecnologia	6
Aprendizagem nas oficinas	24
Total	48

1º ano complementar — Aulas por semana

	Aulas por semana
Escrituração de oficinas e correspondência	4
Geometria aplicada e noções de álgebra e de trigonometria	4
Física experimental e noções de química	4
Noções de história natural	3
Desenho industrial e tecnologia	9
Aprendizagem nas oficinas	24
Total	48

2º ano complementar	Aulas por semana
Correspondência e escrituração de oficinas............	3
Álgebra e trigonometria elementar..................	2
Noções de física e química aplicada................	3
Noções de mecânica............................	2
História natural elementar.......................	2
Desenho industrial e tecnologia...................	9
Aprendizagem nas oficinas.......................	27
Total..	48

O item "desenho e trabalhos manuais" dos programas dos dois primeiros anos, a ser ministrado paralelamente ao curso primário, constituía-se de estágio pré-vocacional da prática dos ofícios. O item "aprendizagem nas oficinas", nos programas do 3º e 4º anos e no 1º complementar, significava a aprendizagem de ofícios propriamente dita.

Cursos noturnos de aperfeiçoamento

Uma das novidades trazidas para as escolas de aprendizes artífices pelo regulamento de 1918 foi a criação dos cursos noturnos de aperfeiçoamento. A matrícula nesses cursos não ficou restrita aos operários, mas eram neles admitidos todos os maiores de 16 anos, isto é, os que não podiam ingressar nos cursos diurnos, por ultrapassarem o limite de idade.

Para esses dois cursos de apenas duas horas diárias, nem o regulamento nem a *Consolidação* apresentavam um currículo escolar especial, mas o diretor estava autorizado a oferecer aos alunos, sempre que possível, um curso prático de tecnologia.

Disciplina

Não se dispõe de muitos dados a respeito dos padrões disciplinares vigentes nas escolas de aprendizes artífices. Os poucos encontrados indicam terem sido eles bastante severos.

O poder de punição dos diretores sobre os aprendizes ia desde a admoestação ou repreensão até a exclusão da escola, se assim o exigisse a disciplina. Para isto, determinava a *Consolidação* que o diretor permanecesse no estabelecimento, durante as horas de trabalho diurno e noturno, "a fim de melhor zelar pelo cumprimento de suas ordens, e manter a disciplina indispensável ao ensino e a boa ordem da administração". Na ausência do diretor cabia ao escriturário substituí-lo "no que diz respeito à boa ordem e disciplina da escola".

Das punições bem como do comportamento de cada aluno devia o diretor da escola dar ciência, anualmente, através de relatório, à Diretoria Geral de Indústria e Comércio.

Também era dever dos professores e mestres de ofício auxiliarem o diretor na manutenção da ordem e da disciplina na escola. Além da obrigação regimental de "manter a disciplina na classe e fazer observar os preceitos de moral", competia aos professores e mestres de oficina prestar ao diretor todas as informações necessárias à "boa ordem do serviço que for de sua atribuição", bem como propor-lhe "o que for conveniente à boa marcha do ensino e à disciplina dos alunos". No fim de cada trimestre, era exigida ainda uma relação nominal dos alunos, com apreciação do comportamento, aplicação e aproveitamento de cada um.

A aplicação das normas disciplinares prescritas nos regimentos das escolas de aprendizes artífices podia levar certos diretores a aplicar atos disciplinares especialmente rigorosos. Na escola do Pará, por exemplo, as faltas dos aprendizes eram comunicadas ao Conselho Disciplinar, uma espécie de tribunal, formado por professores, mestres de oficina e alunos do 5º e do 6º anos, escolhidos pelo diretor. O Conselho convocava o aluno em dia determinado, para que fizesse sua defesa. O conselho punia ou absolvia. Entre as penas, que iam da advertência à exclusão, duas se destacavam: a do "quarto escuro", terror dos alunos – um quarto totalmente fechado e escuro – onde o punido permanecia por um período máximo de duas horas; e a exclusão, que se processava mediante uma cerimônia de estilo militar, em que o aluno punido formava junto com os demais no pátio interno da escola. Ao toque da banda marcial, o aprendiz era despido do uniforme escolar por um de seus colegas e, a seguir, acompanhado de um professor, fazia uma última visita a todas as dependências da escola, terminando no portão de saída. A população presenciava o ato, do qual tinha tomado conhecimento por edital colocado na portaria da escola e publicado nos jornais da cidade. (Bastos, 1980)

Corpo docente

Constituído por professores e mestres de oficina, o corpo docente das escolas de aprendizes artífices foi alvo de insistentes e rigorosas críticas por parte do Serviço de Remodelação do Ensino Profissional Técnico. Segundo Celso Suckow da Fonseca, os professores, vindos dos quadros do ensino primário, não traziam a mínima idéia do que necessitariam lecionar no ensino profissional. Os mestres de ofício, por sua vez, vinham diretamente das fábricas, e seriam homens sem a necessária base teórica, a seu favor apenas a capacidade presumida de transmitir a seus discípulos os conhecimentos empíricos.

O regulamento de 1918 determinou que o provimento dos cargos de professores e adjuntos de professores, assim como de mestres e contramestres, deveria ser feito mediante concurso de provas práticas, presididas pelo diretor da escola, de acordo com as instruções que para tal fim fossem expedidas.

Apesar dessas providências, o Serviço de Remodelação ainda encontrava, em 1920, motivos para veemente crítica ao corpo docente das escolas, de que seria conseqüência a baixa qualidade de seu ensino. Segundo o Relatório Luderitz, os cargos de mestre foram preenchidos sem nenhum critério. Não menos rigorosa era a crítica do chefe da Inspetoria do Ensino Técnico, já depois de muitos anos de funcionamento das escolas de aprendizes artífices:

> Os mestres ... escolhidos, na maior parte entre operários atrasados, quase analfabetos muitos, iam ronceiramente, quando o faziam, 'ensinando' a meia dúzia de crianças aquilo que aprenderam de outros iguais a eles, por processos coloniais, isto é, sem nenhuma técnica, sem nenhuma pedagogia e não raro por processos truculentos. (Montojos, 1931, p.21)

No entanto, para esse crítico dirigente, as escolas foram mais felizes na escolha dos docentes de primeiras letras e de desenho. Mesmo assim, estes últimos, embora qualificados, não ministravam ensino adequado aos ofícios manufatureiros e às artes aplicadas.

Para João Luderitz, tal diagnóstico sobre o corpo docente das escolas de aprendizes artífices conduzia a providências urgentes para o recém-criado Serviço de Remodelação. Daí que, a partir de 1920, foram contratadas anualmente turmas de mestres e contramestres formadas em diversos estabelecimentos nacionais, para reforçar a mestrança das escolas, além de profissionais brasileiros que tinham feito especialização no exterior por conta do Ministério da Agricultura, Indústria e Comércio.

A crescente preocupação com uma melhor qualificação do corpo docente das escolas resultou em alterações substanciais, nos sucessivos regulamentos (sobretudo a partir do de 1918), no que diz respeito ao provimento dos cargos de professores e adjuntos de professores e de mestres e contramestres de oficina das escolas de aprendizes artífices. Da nomeação por portaria do ministro (a dos professores) ou por contrato feito pelo diretor e submetido à aprovação do ministro (a dos mestres de ofício), o provimento dos cargos do corpo docente das escolas passou a ser feito "mediante concurso de provas práticas, sem prejuízo das demonstrações orais e escritas indispensáveis para o cabal julgamento da aptidão dos candidatos".

Segundo a *Consolidação*, o exame de habilitação – que se realizaria perante uma comissão nomeada pelo Diretor Geral de Indústria e Comércio, composta do diretor da escola, como presidente, e de dois examinadores, de preferência estranhos à escola – versaria (quando para professor ou adjunto de professor do curso primário e do de desenho) sobre as seguintes matérias: português, aritmética prática, geografia (especialmente do Brasil), noções de história do Brasil, instrução moral e cívica, caligrafia (para os candidatos do curso primário) e geometria prática (para os candidatos do curso de desenho).

Para o provimento dos cargos de mestre ou contramestre de oficina, o exame de habilitação deveria atender a procedimentos adicionais. O concurso, que versaria sobre a matéria do programa oficial previamente aprovado, nele feitos os acréscimos que a comissão examinadora entendesse convenientes, seria precedido de um exame sobre leitura corrente, geometria prática, noções de geografia, fatos principais de história pátria, aritmética prática, rudimentos de escrituração mercantil e desenho aplicado à arte da respectiva oficina. O exame começaria pela parte oral (as quatro primeiras disciplinas), seguindo-se a escrita (ditado e resolução de três questões de aritmética prática que se relacionassem com os trabalhos da oficina e se prestassem para o levantamento de uma conta, balancete etc.) e, por fim, a prova gráfica de desenho. Os candidatos julgados habilitados passariam, no dia imediato, à prova prático-técnica de oficina, que deveria durar o tempo julgado suficiente pela comissão examinadora.

Além de uma ata que registraria o julgamento do concurso, o diretor da escola enviaria à Diretoria Geral de Indústria e Comércio as petições dos concorrentes, com os competentes documentos, as provas escritas prático-gráficas e uma informação reservada sobre o merecimento e moralidade de cada um. Por fim, nos casos de dúvida no julgamento para a admissão dos candidatos (a professor e mestre), seriam preferidos os candidatos que aliassem à competência profissional "maior capacidade moral" e os que fossem brasileiros natos.

A formação de professores

A idéia da criação de uma escola normal que tivesse por finalidade a formação de professores para o ensino industrial vinha sendo alimentada há muito por quem se preocupava com a formação da força de trabalho industrial, sobretudo a partir das dificuldades encontradas para compor o corpo docente das escolas de aprendizes artífices. Em seu manifesto de 1914, proclamou Venceslau Brás, ao falar sobre as escolas profissionais que deveriam se multiplicar no Brasil: "Funde a União pelo menos um instituto que se constitua um viveiro de professores para as novas escolas a que me referi".

Criada, em 1917, pela Prefeitura do Distrito Federal, a Escola Normal de Artes e Ofícios "Venceslau Brás" teve como finalidade preparar professores, mestres e contramestres para estabelecimentos de ensino profissional, assim como professores de trabalhos manuais para as escolas primárias da municipalidade (Decreto DF n.1.800, de 11 de agosto de 1917).

Pouco tempo depois de sua inauguração, entretanto, por um acordo firmado entre a União e a Prefeitura do Distrito Federal,[11] a escola passou para a jurisdição do Ministério da Agricultura, Indústria e Comércio, com o objetivo específico de formar mestres para as escolas de aprendizes artífices. Essa escola funcionou até 1937,[12] período em que teve um regulamento e dois regimentos internos.[13]

O regulamento de 1924 aboliu a formação de contramestres e de professores de trabalhos manuais, passando a cuidar unicamente do preparo de professores e mestres para estabelecimentos de ensino profissional da União. Continuou mista,[14] funcionando em regime de externato, tendo, então, os seguintes cursos:

Para os alunos do sexo masculino
    trabalhos de madeira,
    trabalhos de metal,
    mecânica e eletricidade;

Para os alunos do sexo feminino
    economia doméstica,
    costuras,
    chapéus;

Para alunos de ambos os sexos
    artes decorativas,
    atividades comerciais.

Os cursos que, inicialmente, eram de quatro anos passaram, em 1926, a ser de seis, para ambos os sexos, com as seguintes disciplinas:

    Português e educação cívica,
    Matemática aplicada às indústrias,

---

11 Decretos n.13.721 (federal), de 13 de agosto de 1919, e n.2.133 (DF), de 6 de setembro do mesmo ano.

12 Nesse ano seu prédio foi demolido para dar lugar à Escola Técnica Nacional, atual Centro Federal de Educação Tecnológica do Rio de Janeiro.

13 O regulamento municipal (já citado) foi baixado pelo Decreto n.1.283 de 7 de setembro de 1918; o primeiro regimento interno (federal), aprovado em 1º de julho de 1924, pelo Ministro da Agricultura, Indústria e Comércio; e o segundo regimento interno, de 30 de agosto de 1926.

14 Exclusivamente masculina até 1921, a Escola tornou-se mista pelo Aviso n.163, de 28 de outubro de 1921, do Ministro da Agricultura, que autorizava o Diretor a criar uma seção de Prendas e Economia Doméstica, destinada a alunos do sexo feminino. No mês seguinte, começaram a funcionar as oficinas de Bordados, Costura e Flores Artificiais.

Geografia industrial e história das indústrias,

Desenho à mão livre e geométrico,

Francês,

Física e eletricidade,

Química industrial,

História natural,

Higiene,

Pedagogia,

Contabilidade industrial,

Estenografia e datilografia,

Modelagem e trabalhos manuais.

Conforme o curso escolhido, havia ainda aulas de tecnologia, de mecânica industrial e de eletrotécnica.

Os alunos do sexo masculino freqüentavam as oficinas de madeira e de metal, nos dois primeiros anos, especializando-se em uma delas nos anos seguintes. As alunas, nos dois primeiros anos, freqüentavam as oficinas de economia doméstica e de costura.

O corpo docente da escola, composto de professores e adjuntos, mestres e contramestres, foi considerado por Luderitz "excelente e contando em seu seio vultos de destaque na engenharia e no professorado nacional".

Constituída dos professores adjuntos (sem a participação dos mestres de oficina) e presidida pelo diretor, a Congregação da escola tinha como atribuições: estudar, discutir e aprovar os programas de ensino das cadeiras e oficinas; determinar a orientação e a metodologia no ensino; eleger as comissões examinadoras dos concursos; votar a classificação dos candidatos ao professorado na escola; eleger as comissões de exame e de redação da revista escolar.

Provadas a idade mínima de 12 anos e a ausência de defeito físico ou de moléstia infecto-contagiosa, os candidatos à Escola Normal de Artes e Ofícios "Venceslau Brás" eram admitidos mediante exames, que constavam de duas provas escritas, uma gráfica e uma oral. Aos alunos das escolas de aprendizes artífices que fossem aprovados no 4º, 5º e 6º anos das referidas escolas, era concedido o direito de se matricularem nos 1º, 2º e 3º anos da escola normal, sem exames.

A escola conferia diploma de mestre (segundo a especialização escolhida) ao aluno ou aluna que terminasse o quinto ano de cada um dos cursos; e de professor, ao aluno que, diplomado mestre, terminasse o sexto ano. Entretanto, para a obtenção de qualquer diploma, ficava o aluno ou aluna obrigado a uma prova de didática.

O ensino de ofícios nos primórdios da industrialização

Assim, seria possível a diplomação como mestres de jovens de 17 anos e, como professores, de jovens de 18 anos. Não é difícil imaginar a dificuldade que teriam esses jovens mestres e professores no ensino de ofícios aos alunos das escolas de aprendizes artífices, não poucos dessa mesma idade.

Os diplomas conferidos davam aos seus portadores preferência para a nomeação como professores e mestres dos estabelecimentos de ensino profissional da União, bem como para o aperfeiçoamento no estrangeiro, em especialidades que se relacionassem com a sua capacitação técnica.

Indicada por decreto presidencial como local de estágio obrigatório (cursos de aperfeiçoamento)[15] para os alunos das escolas de aprendizes artífices, a Escola "Venceslau Brás" era vista como insuficiente pelo Serviço de Remodelação, bastando considerar "quão difícil se torna, a alunos do extremo norte ou do remoto sul, virem fazer estágio prolongado de dois ou três anos na escola normal desta Capital, depois de já terem cursado as escolas regionais de artífices" (Luderitz, 1925, p.209). Impunha-se, então, a criação de pelo menos mais duas escolas normais, uma para a região Norte e outra para a região Sul. As sugestões recaíram sobre os institutos Lauro Sodré, de Belém do Pará, e Parobé, da Escola de Engenharia de Porto Alegre, que poderiam ter suas atividades expandidas. Além das condições favoráveis de adaptação que esses institutos ofereciam, eram considerados de grande relevância os serviços por eles prestados "à causa de educação profissional técnica nacional".

De 1919 a 1937, o número anual de matrículas da Escola "Venceslau Brás" oscilou entre 122 e 459, chegando a esse máximo em 1930, decaindo a partir desse ano, progressivamente. Os alunos eram preponderantemente do sexo feminino, numa proporção superior a 50%. O número de diplomados variava muito, independentemente do número total de matrículas. O último contingente de formados pela escola tinha apenas 18 jovens.

Para Fonseca (1961, v.1, p.600), a preponderância do elemento feminino entre os alunos matriculados na Escola "Venceslau Brás" pode ter, de certa forma, prejudicado o principal fim da instituição. As moças que aí se matriculavam procuravam titular-se como professoras de datilografia, de modas e de economia doméstica, embora fosse muito mais necessário às várias escolas de aprendizes artífices o preparo de pessoal capaz de ensinar trabalhos em madeira, metal ou eletricidade.

---

15 Decreto n.15.774, de 6 de novembro de 1922. Segundo esse decreto, os alunos das escolas de aprendizes artífices "só poderão fazer estágio no estrangeiro, quando não o puderem realizar, a juízo do ministro, na Escola Normal de Artes e Ofícios Venceslau Brás".

Instalações e direção

Como vimos, as escolas de aprendizes artífices resultaram de uma barganha tácita entre o Governo Federal e os governos estaduais. Aquele entrou com os recursos para manter os funcionários administrativos e os professores, alguns bens imóveis e algum material de consumo. Interessados em colaborar com esse empreendimento federal, quanto mais não fosse para influir na nomeação de pessoal para os cargos que se abriam – importante mecanismo de cooptação política – os governos estaduais apressaram-se no oferecimento dos prédios solicitados pela União. No entanto, esses prédios eram, em geral, inadequados para abrigar escolas profissionais, como mostram os exemplos seguintes.

A Escola de Aprendizes Artífices da Paraíba foi instalada numa ala do quartel da Força Policial que, apesar das adaptações, não oferecia as acomodações estritamente indispensáveis: as aulas funcionavam nas mesmas salas das oficinas ou, então, em conjunto, no mesmo salão. Foi só em 1929 que a escola se transferiu para um prédio especialmente construído para abrigá-la.

A Escola de Aprendizes Artífices de Pernambuco funcionou até 1923 num casarão que fora mercado de frutas, cercado de mangues, sem uma única rua de acesso. Somente em 1935 foi inaugurado o prédio próprio, especialmente construído para ela, dotado de oficinas adequadamente instaladas.

A Escola de Aprendizes Artífices do Piauí estava instalada até 1938 num prédio velho, sem as mínimas condições de comodidade. A oficina de fundição funcionava quase a descoberto, castigada pelas chuvas, e a de marcenaria, num corredor mal iluminado. Foi somente naquele ano que se inaugurou o prédio apropriado para a escola.

De nomeação por decreto, o cargo de diretor das escolas passou a ser preenchido mediante "concurso de documentos de idoneidade moral e técnica", promovido pela Diretoria Geral de Indústria e Comércio (Decreto n.13.064, de 12 de junho de 1918). Trinta dias depois de verificada a vaga, o diretor-geral daquele órgão deveria apresentar ao ministro a lista contendo os nomes dos três candidatos que lhe parecessem mais aptos, a fim de ser feita a escolha. Ademais, o governo ficava autorizado, quando fosse conveniente ao serviço, a contratar profissionais estrangeiros para dirigir as oficinas.

Um dos pontos que chamam a atenção no tocante à direção das escolas de aprendizes artífices era a dependência diante da administração ministerial. A descentralização administrativa (com a criação de órgãos intermediários), que acompanhou a evolução das escolas até a sua transformação em liceus industriais,[16] em nada alterou a relação de dependência dessas unidades escolares

---

16 Lei n.378, de 13 de janeiro de 1937. Essa lei transformou a Escola Normal de Artes e Ofícios "Venceslau Brás" e as escolas de aprendizes artífices em liceus, destinados ao ensino profissional, de todos os ramos e graus.

para com o ministério. O Serviço de Remodelação do Ensino Profissional Técnico – de grande relevância na vida das escolas – reforçou essa dependência, com a criação do currículo escolar único e o estabelecimento de normas rígidas, condensadas na *Consolidação*. Como vimos anteriormente, o provimento do corpo docente e do quadro administrativo das escolas sempre foi, em última instância, uma atribuição do ministro de Estado, a cuja pasta as mesmas se achavam vinculadas.

Inicialmente, a cargo da Inspetoria Agrícola, a fiscalização das escolas passou, em 1918, para a alçada da Diretoria Geral de Indústria e Comércio. Incorporando e ampliando essa dependência, a *Consolidação* criou, em 1926, o Serviço de Inspeção do Ensino Profissional Técnico, com atribuições várias diretamente ligadas às escolas de aprendizes artífices. Além de orientar a educação ministrada nas escolas, passou a ser da competência desse serviço: zelar pelo caráter educativo do funcionamento industrial das escolas e pela execução de todos os serviços previstos pelos regulamentos em vigor; propor a transferência de diretores, mestres, contramestres e demais elementos do quadro técnico e administrativo; promover e elaborar a organização e a revisão dos programas, regimentos, horários, projetos de construção e instalação e de execução de serviços de aprendizagem escolar e submetê-los à aprovação superior; tratar as promoções e as substituições do pessoal técnico e administrativo, tanto contratado como efetivo das escolas, bem como organizar instruções dos cargos previstos pelos regulamentos; propor os contratos de professores, mestres e contramestres.

Esse serviço de intermediação parece ter inspirado a criação, em 1931, da Inspetoria do Ensino Profissional Técnico, pelo Decreto n.19.560, já no âmbito do Ministério da Educação e Saúde Pública, recém-criado, do qual passaram a fazer parte as escolas de aprendizes artífices, até então sob a jurisdição do Ministério da Agricultura, Indústria e Comércio.

Ocupando o lugar do Serviço de Remodelação, extinto pelo Governo Provisório em 1930, a Inspetoria do Ensino Profissional Técnico assumiu as atribuições do Serviço de Inspeção (direção, orientação e fiscalização) e introduziu em seu regulamento as funções de inspetor-geral e de inspetores, em número de quatro, encarregados estes de manter sob constante fiscalização as escolas espalhadas pelo país. Em 1934, essa inspetoria foi transformada em Superintendência do Ensino Profissional, subordinada diretamente ao Ministro da Educação e Saúde Pública, pelo Decreto n.24.558.[17]

---

17 Esse decreto, entre outras coisas, previa: 1) a expansão gradativa do ensino industrial, com anexação às escolas existentes de seções de especialização, de acordo com as indústrias regionais; 2) a criação de novas escolas industriais federais; 3) o reconhecimento oficial das instituições congêneres estaduais, municipais e particulares, desde que adotassem a organização didática e o regime das escolas federais e se submetessem à fiscalização da Superintendência.

Em 1937, com a nova estrutura dada ao Ministério da Educação e Saúde (quando foi suprimido o termo "pública"), foi extinta a Superintendência do Ensino Profissional, transferindo-se os seus encargos para a Divisão do Ensino Industrial, desde então órgão do Departamento Nacional de Educação.

Essa organização voltou a ser alterada em 1942, com a promulgação da "lei" orgânica do ensino industrial, quando esse ramo da educação brasileira foi profundamente modificado.

Finanças

A despesa média por alunos das escolas de aprendizes artífices variava muito. Embora as dotações orçamentárias crescessem, os gastos médios oscilavam bastante, conforme os dados da Tabela 2.3 relativos ao período 1921-1933. Nos últimos três anos desse período verificou-se uma persistente queda na despesa média por aluno, resultante de um acentuado crescimento das matrículas.

Tabela 2.3 – Despesa média anual por aluno das escolas de aprendizes artífices, 1921-1933

Ano	Mil-réis
1921	822$120
1922	939$720
1923	699$400
1924	1:124$890
1925	1:098$570
1926	948$780
1927	806$130
1928	1:207$540
1929	1:055$550
1930	1:261$031
1931	759$106
1932	873$830
1933	849$147
Média	957$370

Fonte: Arquivo Gustavo Capanema, FVG/CPDOC.

O ensino de ofícios nos primórdios da industrialização

Em um mesmo ano, as diferenças entre as despesas médias por aluno eram expressivas, como se vê pelos dados da Tabela 2.4, sobre o período 1930-1933. Em 1930, por exemplo, enquanto a Escola de Aprendizes Artífices de Minas Gerais dispendia menos de 600 mil-réis por aluno, a do Pará gastava praticamente quatro vezes mais.

Tabela 2.4 – Despesa média por aluno das escolas de aprendizes artífices, por estabelecimento, 1930-1933 (em mil-réis)

Anos Escolas	1930	1931	1932	1933
AM	641$764	768$900	761$892	844$057
PA	2:294$047	610$658	826$977	988$969
MA	1:022$558	632$847	646$579	1:000$355
PI	1:095$904	775$262	814$678	986$698
CE	646$452	834$087	892$893	768$493
RN	2:212$228	1:218$044	1:137$500	1:066$840
PB	610$060	438$037	503$564	505$544
PE	1:749$256	548$155	1:251$203	771$770
AL	1:232$614	644$411	689$644	758$837
SE	591$461	657$228	743$730	704$596
BA	1:117$908	757$456	780$140	851$667
ES	758$797	1:445$572	1:330$151	964$485
RJ	1:128$773	826$000	996$478	1:145$296
SP	994$513	714$722	812$752	776$385
PR	1:260$116	715$284	808$387	728$096
SC	1:547$661	969$051	934$488	927$459
MG	544$776	827$309	935$282	842$649
GO	1:798$581	1:304$675	1:582$637	1:258$716
MT	2:221$888	1:713$591	2:028$341	2:220$795
Média	1:261$031	759$106	873$830	849$147

Fonte: Arquivo Gustavo Capanema, FGV/CPDOC.

Mantidas pela União, por força do próprio decreto que as criou, as escolas de aprendizes artífices contribuíram, desde 1912, com a renda de suas oficinas para o financiamento de suas próprias despesas.

Segundo a *Consolidação dos Dispositivos Concernentes às Escolas de Aprendizes Artífices*, a renda das escolas se constituía do "produto dos artefatos que saíam de suas oficinas e o das obras e consertos por elas realizados".

Esse mesmo regulamento autorizava aos diretores das escolas a utilizarem a renda das oficinas na aquisição dos materiais necessários para o trabalho das oficinas, depois de deduzida a importância correspondente a 30% que seria assim distribuída: 20% se destinavam à Caixa de Mutualidade e 10% em prêmios a todos os aprendizes, "conforme o grau de aproveitamento obtido e respectiva aptidão". Determinava ainda a *Consolidação* que "os diretores só se utilizarão de 70% da renda das oficinas ... quando for insuficiente o auxílio concedido anualmente para a aquisição da matéria-prima".

Constituíam também renda ordinária das escolas 22% do produto das encomendas executadas pelas oficinas "fora das horas regulamentares", assim discriminados: 20%, no máximo, sobre os preços de custo de obra, como lucro da escola; e 2% do custo como compensação do uso das máquinas.

A Tabela 2.5 apresenta dados bastante interessantes, justapondo e comparando a despesa, o valor da produção e a renda das escolas de aprendizes artífices no período 1921-1933. A primeira observação a fazer é sobre o reduzido montante da renda proveniente da venda dos produtos das oficinas em relação ao valor dessa produção. Apenas em um ano, 1923, foi realizado praticamente 80% da produção, o restante permanecendo estocado na escola. Em 1933, verificou-se a mais baixa taxa de realização, com a venda de menos de 1/4 do valor produzido. Essa é uma questão importante, para a qual os documentos consultados não apresentaram explicação. Enquanto o Liceu de Artes e Ofícios de São Paulo tinha sua produção disputada, parcela considerável dos valores produzidos pelas escolas de aprendizes artífices permanecia não vendida, quando esse era o seu destino. Não é descabido especular: escolha de produtos sem mercado? Má qualidade? Burocracia? Falta de agressividade na venda dos produtos? Quaisquer que tenham sido as razões, é fácil verificar a diminuta dimensão da renda das oficinas relativamente à despesa das escolas, em todo o período, atingindo maior valor relativo em 1931, com 6,6%.

Embora a renda obtida da comercialização do produto das oficinas fosse muito pequena para que se pudesse pensar em obter dessa fonte parte da manutenção das escolas, ela pode ter sido suficiente para reter os alunos, conforme os argumentos utilizados pelos defensores da tese da "industrialização", como Luderitz e Montojos. Mas a existência de parcela considerável de produção estocada, não vendida, sustenta a dúvida quanto à procedência dos outros argumentos utilizados, entre os quais o desenvolvimento de qualificação, que tornassem os aprendizes capazes de produzir em termos competitivos.

Tabela 2.5 – Despesa, produção e renda anuais das escolas de aprendizes artífices, 1921-1933 (em mil-réis)

Ano	Despesa	Produção	Renda	% Renda/ Despesa	% Renda/ Produção
1921	1822:562$663	66:703$902	46:168$852	2,5	69,2
1922	2118:751$948	75:378$713	41:644$411	1,9	55,2
1923	1802:393$613	67:086$900	53:128$060	2,9	79,1
1924	2607:789$560	72:809$372	48:618$915	1,8	66,7
1925	2327:857$958	90:880$485	62:873$182	2,7	69,1
1926	2316:623$958	87:119$658	59:135$030	2,5	67,8
1927	2342:999$008	161:831$221	74:200$719	3,1	45,8
1928	3782:333$099	353:933$527	87:626$484	2,3	24,7
1929	3551:154$364	445:531$913	134:783$068	3,7	30,2
1930	4104:798$557	426:656$234	130:179$165	3,1	30,5
1931	2107:665$424	448:502$715	141:143$746	6,6	31,4
1932	3167:629$987	555:649$470	133:676$470	4,2	24,0
1933	3181:564$946	548:239$812	129:539$685	4,0	23,6

Fonte: Arquivo Gustavo Capanema, FGV/CPDOC.

Análise quantitativa

Este item apresenta um panorama das escolas de aprendizes artífices de um ponto de vista quantitativo. Antes de passar aos dados, cumpre informar da grande dificuldade de reunir as informações necessárias. Foi somente em 1931 que surgiu um Convênio Interestadual de Estatísticas Educacionais, visando à padronização dos procedimentos de registro e tabulação de dados desse campo. Para o período anterior, as estatísticas tiveram de ser compostas a partir dos relatórios dos diretores das escolas e/ou dos ministros das pastas a que elas estavam ligadas. Mesmo depois de 1931, entretanto, as tabulações em nível nacional apresentavam freqüentes falhas. Por isso, foi preciso montar as tabelas com dados de fontes diferentes, apesar do risco que tal procedimento implica.

Esse problema foi particularmente grave para a composição da tabela fundamental para toda a análise: matrículas por escola, ano a ano. As falhas freqüentes nos dados publicados pelo Serviço de Estatística da Educação e Cultura e pelo IBGE, assim como a oscilante agregação das matrículas nos cursos diurno e noturno, levou-me a preferir as séries estatísticas elaboradas a pedido do Ministro Capanema, disponíveis no Arquivo do Centro de Pesquisa e Documentação de História Contemporânea do Brasil – CPDOC, da Fundação Getúlio Vargas, embora não publicadas.

A Tabela 2.6 apresenta a distribuição anual das matrículas nas escolas de aprendizes artífices, de 1910 a 1942. Criadas em 1909, já no ano seguinte as escolas estavam ativadas, algumas tendo já um número considerável de alunos, da ordem de duas centenas, como as de Campos e do Paraná. Embora o número de matrículas tendesse a crescer, em todas as escolas, com oscilações fortes, algumas delas demoraram a atingir aquele porte: a do Amazonas e a de Santa Catarina, só em 1923; a de Minas Gerais, em 1924; a do Rio Grande do Norte e a de Pernambuco, em 1925; a da Bahia, em 1926; a de Goiás, em 1933; a do Espírito Santo, em 1934; e a do Mato Grosso em nenhum momento desse período. Durante todo esse tempo, foi a Escola de Aprendizes Artífices da Paraíba que teve maior número de alunos, com a média anual de 320 e o máximo de 594, em 1934.

No primeiro ano de funcionamento das escolas, houve praticamente 2 mil alunos matriculados em todas elas. Nos 33 anos de existência das escolas de aprendizes artífices passaram por elas cerca de 141 mil alunos, uma média de cerca de 4.300 por ano. O maior contingente encontrado em todo o período foi de 6 mil alunos, em 1933.

No último ano de funcionamento das escolas, 1942, quando a "lei" orgânica transformou-as em escolas industriais, de nível pós-primário, havia estabelecimentos com um número diminuto de alunos, considerando a duração do curso de seis anos e o número de ofícios (variável) a serem ensinados. Apenas as escolas de aprendizes artífices de Pernambuco e da Paraíba tinham matrículas da ordem de quatro centenas e a do Maranhão, de três. Havia sete escolas com menos de duzentos alunos e duas com menos de cem.

Os dados da Tabela 2.7 permitem constatar a pequena importância quantitativa dos cursos noturnos. Embora todas as escolas oferecessem esses cursos, eles foram muito menos procurados do que os cursos diurnos. Entretanto, no ano em que suas matrículas foram mais numerosas, 1921, com cerca de 2 mil alunos, havia cerca de 3 mil nos cursos diurnos. A variação das matrículas era grande não só de uma escola para outra, no mesmo ano, como, também, em uma escola ao longo dos anos. Em 1931 a Escola de Aprendizes Artífices do Pará apresentou 357 alunos matriculados nos cursos noturnos, enquanto 15 escolas tinham menos de cem. A escola paraense tinha, no ano anterior, 182 alunos e, sete anos depois, apenas 90, nos cursos noturnos.

Pela análise das tabelas sobre o total de matrículas segundo unidades da Federação e especialidades das oficinas (Tabelas 2.8 a 2.13), concluí que as de marcenaria, ferraria, sapataria e alfaiataria absorveram, entre 1916 e 1923, a maior parte dos alunos matriculados no total das dezesseis diferentes especialidades, ou seja, o número de alunos matriculados nas quatro oficinas acima referidas perfizeram, naquele período, taxas que variaram entre 50,9% e 71,7% do total de alunos matriculados em cada um daqueles anos.

O ensino de ofícios nos primórdios da industrialização

Tabela 2.6 – Matrículas nos cursos diurnos das escolas de aprendizes artífices, segundo unidades da Federação, 1910-1942

Anos

Estados	1910	1911	1912	1913	1914	1915	1916	1917	1918	1919	1920	1921	1922	1923	1924	1925
AM	33	70	57	57	52	41	49	95	132	106	171	140	118	274	203	179
PA	20	95	107	87	97	91	168	226	(147)	68	160	160	197	299	248	299
MA	74	104	161	240	316	301	340	245	180	193	171	158	270	218	273	231
PI	52	85	146	146	140	163	136	157	172	302	246	173	233	144	104	166
CE	128	100	118	248	330	328	260	317	281	182	217	155	145	169	151	189
RN	100	83	83	120	120	136	148	123	(149)	175	151	151	176	165	185	203
PB	143	134	191	201	185	200	176	163	126	147	164	178	232	314	370	336
PE	120	125	125	127	108	193	153	140	70	113	126	137	154	132	150	200
AL	93	151	194	248	309	325	316	257	305	318	390	384	362	410	374	328
SE	120	120	130	202	175	164	145	163	186	226	218	199	188	231	288	249
BA	45	70	106	102	103	96	87	85	79	103	87	102	100	105	110	157
ES	180	166	127	128	105	105	101	132	118	145	82	78	101	145	135	106
RJ	209	282	230	308	245	224	232	210	479	521	327	158	246	305	310	156
SP	135	121	181	160	201	225	214	120	200	200	130	120	255	230	180	145
PR	219	293	302	305	315	309	306	249	265	246	265	234	225	185	173	187
SC	100	130	159	139	145	129	110	122	221	222	144	104	137	209	208	175
MG	32	61	78	76	80	86	141	110	155	168	151	121	104	131	303	238
GO	71	93	83	90	63	64	61	52	75	97	53	78	109	121	152	140
MT	108	108	108	81	60	98	106	101	87	78	107	94	70	98	92	95
Total	1.982	2.391	2.686	3.065	3.149	3.278	3.249	3.067	3.427	3.610	3.360	2.924	3.422	3.885	4.009	3.779

Continuação

Anos

Estados	1926	1927	1928	1929	1930	1931	1932	1933	1934	1935	1936	1937	1938	1939	1940	1941	1942
AM	183	200	207	200	271	260	308	362	295	241	350	350	350	373	237	240	194
PA	340	242	404	368	453	418	404	219	224	280	250	250	227	220	(185)	(185)	150
MA	195	153	246	270	444	492	510	372	237	211	248	328	325	316	310	253	331
PI	89	99	86	100	184	255	200	211	190	179	200	200	207	200	170	200	200
CE	257	338	364	450	434	446	490	416	400	460	305	319	470	400	329	315	61
RN	308	351	195	130	200	164	186	202	300	300	220	220	250	251	220	237	(237)
PB	329	368	513	397	407	452	513	555	594	400	363	400	400	400	408	400	(400)
PE	203	337	304	300	335	360	446	477	470	512	497	512	556	514	440	(440)	(440)
AL	309	420	455	375	284	368	401	376	427	419	320	350	396	386	(330)	(240)	151
SE	183	245	284	260	268	300	330	353	411	400	350	332	316	329	(265)	(265)	201
BA	450	360	484	450	450	450	450	505	450	450	450	420	400	400	219	154	(154)
ES	118	104	111	136	138	134	186	190	245	200	180	169	174	250	(177)	(177)	104
RJ	234	269	259	297	202	200	215	270	227	309	313	258	230	260	(260)	(260)	(260)
SP	150	184	176	218	260	350	295	315	300	332	300	365	300	285	(285)	(285)	(285)
PR	151	186	191	160	240	275	250	342	300	300	300	300	300	372	350	300	196
SC	148	148	183	227	229	239	242	273	235	241	250	202	240	226	265	286	249
MG	194	230	257	236	275	311	296	294	320	298	288	255	256	295	(295)	(295)	(295)
GO	130	130	110	148	157	155	163	255	218	189	151	147	144	150	140	125	(125)
MT	195	108	94	95	88	105	99	110	133	136	137	97	100	100	(84)	(84)	68
Total	4.116	4.472	4.923	4.817	5.319	5.734	5.984	6.097	5.976	5.857	5.472	5.474	5.641	5.727	4.969	4.741	4.101

Fontes: 1. Arquivo de Gustavo Capanema, consultado no CPDOC/FGV; 2. Relatórios do Ministério da Agricultura, Indústria e Comércio, 1910 a 1929; 3. Sinopses Estatísticas dos Estados, IBGE, 1935 a 1937; 4. O Ensino no Brasil, IBGE, 1932 a 1934, 1938 a 1942. 5. Relatório da Escola de Aprendizes Artífices do Estado da Paraíba (1910-1940), João Pessoa, 1940; 6. Fonseca (1961).

Nota: Os números entre parênteses foram estimados com o fim de diminuir os erros de cálculo dos totais obtidos pela média das matrículas nos anos antecedentes e conseqüentes; as falhas de 1942 foram preenchidas pela repetição do dado de 1941.

Tabela 2.7 – Matrículas no curso noturno das escolas de aprendizes artífices, segundo unidades da Federação, 1918-1939

Estados	Anos															
	1918	1919	1920	1921	1922	1923	1924	1925	1926	1927	1928	1929	1930	1931	1938	1939
AM	50	50	44	37	46	54	33	38	36	47	78	57	99	110	120	320
PA	...	...	128	128	153	192	106	129	157	121	129	132	182	357	90	50
MA	74	42	55	42	155	85	42	35	29	69	120	82	139	54	113	67
PI	109	87	107	170	87	113	72	82	63	61	61	143	84	40	100	67
CE	310	248	296	235	200	168	122	96	122	145	148	151	131	116	174	137
RN	...	...	108	108	65	62	43	37	95	95	74	35	28	22	110	110
PB	148	152	119	121	87	55	60	53	32	35	83	71	116	152	169	83
PE	95	95	95	95	76	61	60	72	60	56	68	85	67	74	90	80
AL	219	287	150	146	187	222	179	121	103	70	147	110	78	65	95	110
SE	40	72	75	97	68	56	67	43	31	62	52	61	47	21	58	105
BA	109	200	200	150	223	165	160	161	85	182	138	150	115	50	50	26
ES	70	118	66	38	45	61	47	42	75	90	96	59	59	60	29	38
RJ	250	289	154	377	239	197	238	206	273	264	185	125	89	68	56	58
SP	109	200	200	150	223	165	160	161	168	182	138	150	115	50	48	63
PR	31	50	34	50	45	50	63	63	75	50	55	60	60	50	100	60
SC	31	39	45	34	36	37	31	30	45	30	36	40	42	15	9	12
MG	34	56	59	61	65	60	56	80	130	170	174	67	66	28	79	51
MT	58	25	10	9	11	31	7	7	11	18	19	25	15	10	31	14
GO	40	50	30	24	56	45	52	56	40	51	52	90	49	36	35	52
Total	...	...	1.975	2.072	2.067	1.879	1.598	1.512	1.630	1.798	1.853	1.693	1.581	1.378	1.556	1.503

Fonte: Arquivo Gustavo Capanema, FGV/CPDOC.

Tabela 2.8 – Matrículas nas oficinas das escolas de aprendizes artífices, segundo unidades da Federação e especialidades, 1916*

Estados	Oficinas																Total
	Marcenaria	Carpintaria	Ferraria	Serralheria	Fundição	Funilaria	Mecânica	Sapataria	Selaria	Alfaiataria	Tipografia	Ourivesaria	Eletricidade	Tornearia	Escultura	Pintura decorativa	
AM	23	–	–	8	–	–	–	4	–	10	–	–	–	–	–	–	45
PA	51	–	72	–	–	13	–	9	–	23	–	–	–	–	–	–	168
MA	65	–	37	–	–	–	70	44	–	85	–	–	–	–	–	–	301
PI	67	–	36	14	15	–	–	–	–	31	–	–	–	–	–	–	163
CE	103	–	16	–	–	–	–	25	–	54	62	–	–	–	–	–	260
RN	53	–	–	32	–	7	–	14	–	42	–	–	–	–	–	–	148
PB	26	–	–	62	–	–	–	25	–	61	26	–	–	–	–	–	200
PE	69	9	–	34	–	–	–	13	–	28	–	–	–	–	–	–	153
AL	59	–	–	49	–	8	–	58	–	69	–	–	–	–	–	–	243
SE	20	–	24	–	–	–	–	35	11	74	–	–	–	–	–	–	164
BA	19	–	16	–	–	–	–	11	–	32	18	–	–	–	–	–	96
MG	25	22	16	–	–	–	–	13	–	–	–	10	–	–	–	–	86
ES	–	48	–	18	–	–	–	8	–	24	–	–	7	–	–	–	105
RJ	119	–	–	–	–	–	–	24	–	52	–	–	29	–	–	–	224
SP	46	–	–	–	–	–	98	–	–	–	–	–	17	14	50	–	225
PR	70	–	–	80	–	–	–	35	45	70	–	–	–	–	–	9	309
SC	–	38	–	–	–	–	39	–	–	33	19	–	–	–	–	–	129
MT	–	56	–	–	–	–	–	17	7	18	–	–	–	–	–	–	98
GO	16	–	6	–	–	–	–	16	10	13	–	–	–	–	–	–	61
Total	831	173	223	...	...	28	207	351	73	719	125	10	53	14	...	...	3.178

Fonte: Relatório do Ministério da Agricultura, Indústria e Comércio, 1916.

* Não foi considerado na soma total das oficinas de serralheria e fundição o número de matrículas no Estado do Espírito Santo, assim como, nas de escultura e pintura decorativa, o número de matrículas no Estado do Paraná.

Tabela 2.9 – Matrículas nas escolas de aprendizes artífices, segundo unidades da Federação e especialidades, 1917*

Estados	Marcenaria	Carpintaria	Ferraria	Fundição	Serralheria	Funilaria	Mecânica	Sapataria	Selaria	Alfaiataria	Tipografia	Ourivesaria	Eletricidade	Tornearia	Escultura	Pintura decorativa	Total
														Oficinas			
AM	23	–	10	–	–	–	–	1	–	11	–	–	–	–	–	–	45
PA	80	–	88	–	–	18	–	14	–	26	–	–	–	–	–	–	226
MA	47	–	27	–	–	–	54	41	–	71	–	–	–	–	–	–	240
PI	44	–	22	14	16	–	–	–	–	20	–	–	–	–	–	–	116
CE	97	–	21	–	–	–	–	12	–	39	49	–	–	–	–	–	218
RN	40	–	–	–	17	8	–	16	–	42	–	–	–	–	–	–	123
PB	28	–	–	–	62	–	–	23	–	55	7	–	–	–	–	–	175
PE	67	–	–	–	30	–	–	15	–	28	–	–	–	–	–	–	140
AL	79	–	–	–	74	5	–	65	–	93	–	–	–	–	–	–	316
SE	18	–	22	–	–	–	–	28	10	67	–	–	–	–	–	–	145
BA	–	21	15	–	–	–	–	3	–	25	23	–	–	–	–	–	87
MG	41	17	42	–	–	–	–	22	–	–	–	19	–	–	–	–	141
ES		48		23	–	–	–	10	–	20	–	–	3	–	–	–	104
RJ		103	–	–	–	–	–	27	–	64	–	–	38	–	–	–	232
SP	42	–	–	–	–	–	76	–	–	–	–	–	21	15	60	–	214
PR	58	–	–	–	73	–	–	50	49	67	–	–	–	–	–	9	306
SC	–	28	–	–	–	–	32	–	–	33	16	–	–	–	–	–	109
MT	66	–	–	–	–	–	–	16	9	15	–	–	–	–	–	–	106
GO	18	–	6	–	–	–	–	12	7	8	–	–	–	–	–	–	51
Total	...	...	...	...	272	31	162	355	75	684	95	19	62	15	60	9	3.094

Fonte: Relatório do Ministério da Agricultura, Indústria e Comércio, 1917.

* As matrículas nas oficinas de marcenaria e de carpintaria do ES e do RJ não foram discriminadas. Idem, nas oficinas de ferraria e de fundição do ES.

Tabela 2.10 – Matrículas nas oficinas das escolas de aprendizes artífices, segundo unidades da Federação e especialidades, 1919

Estados	Oficinas																	Total
	Marcenaria	Carpintaria	Ferraria	Serralheria	Fundição	Funilaria	Mecânica	Sapataria	Selaria	Alfaiataria	Tipografia	Ourivesaria	Eletricidade	Tornearia	Escultura	Pintura decorativa	Marmoraria	
AM		37		46	–	–	–	2	–	19	–	–	–	–	–	–	–	104
PA	22	–	28	–	–	7	–	3	–	8	–	–	–	–	–	–	–	68
MA	49	–	30	–	–	–	47	37	–	30	–	–	–	–	–	–	–	193
PI	106	–	57	28	27	–	–	–	–	84	–	–	–	–	–	–	–	302
CE	73	–	10	–	–	–	–	20	–	36	43	–	–	–	–	–	–	182
RN	...	–	–	...	–	–	–	...	–	...	–	–	–	–	–	–	–	175
PB	22	–	–	54	–	–	–	16	–	48	7	–	–	–	–	–	–	147
PE	46	11	–	23	–	–	–	8	–	25	–	–	–	–	–	–	–	113
AL	17	–	–	54	–	1	–	28	–	24	–	–	–	–	–	–	–	124
SE	91	–	55	–	–	–	–	–	17	57	–	–	–	–	–	–	–	220
BA	–	36	21	–	–	–	–	–	–	26	20	–	–	–	–	–	–	103
MG	...	...	...	...	...	...	...	...	...	...	...	...	...	...	...	...	...	...
ES	–	...	...	...	–	...	–	...	–	...	–	–	–	–	–	–	–	...
RJ	86	–	–	–	–	–	–	38	–	68	–	–	47	–	–	–	–	239
SP	...	–	–	–	–	...	–	–	–	–	–	–	–	–	–	–	–	...
PR	46	–	–	55	–	–	–	26	39	57	–	–	–	–	–	–	–	223
SC	–	65	–	–	–	–	45	–	–	37	24	–	–	–	–	–	–	171
MT	19	–	6	–	–	–	–	22	6	25	–	–	–	–	–	–	–	78
GO	–	–	–	–	–	–	–	11	11	29	–	–	–	–	–	–	28	79

Fonte: Relatório do Ministério da Agricultura, Indústria e Comércio, 1919. As matrículas nas oficinas de marcenaria e carpintaria do AM não foram discriminadas. Idem, nas oficinas de ferraria e de serralheria do mesmo estado.

Tabela 2.11 – Matrículas nas escolas de aprendizes artífices, segundo unidades da Federação e especialidades, 1920

Estados	Oficinas																Total
	Marcenaria	Carpintaria	Ferraria	Serralheria	Fundição	Funilaria	Mecânica	Sapataria	Selaria	Alfaiataria	Tipografia	Ourivesaria	Eletricidade	Tornearia	Escultura	Pintura decorativa	
AM	...	...	...	...	...	...	...	...	...	...	...	...	...	...	...	...	...
PA	28	–	13	–	–	1	–	6	–	5	–	–	–	–	–	–	53
MA	...	...	...	...	...	...	...	...	...	...	...	...	...	...	...	...	...
PI	116	–	57	17	19	–	–	–	–	35	–	–	–	–	–	–	244
CE	...	–	...	–	–	–	–	...	–	...	...	–	–	–	–	–	...
RN	...	–	–	...	–	...	–	...	–	...	–	–	–	–	–	–	...
PB	19	...	–	65	–	–	–	18	–	47	15	–	–	–	–	–	164
PE	58	17	–	25	–	–	–	8	–	18	–	–	–	–	–	–	126
AL	...	–	–	...	–	...	–	...	–	...	–	–	–	–	–	–	...
SE	39	–	52	–	–	–	–	59	10	53	–	–	–	–	–	–	213
BA	–	29	13	–	–	–	–	–	–	24	21	–	–	–	–	–	87
MG	38	24	43	–	–	–	–	27	–	...	–	19	–	–	–	–	151
ES	...	...	...	...	...	...	...	...	...	...	...	...	...	...	...	...	...
RJ		28	–	–	–	–	–	51	–	21	–	–	10	–	–	–	110
SP	...	...	...	...	...	...	...	...	...	...	...	...	...	...	...	...	...
PR	...	...	...	...	...	...	...	...	...	...	...	...	...	...	...	...	...
SC	–	37	–	–	–	–	36	–	–	42	17	–	–	–	–	–	132
MT	32	–	7	–	–	–	–	28	7	32	–	–	–	–	–	–	106
GO	11	–	5	–	–	–	–	18	7	6	–	–	–	–	–	–	47

Fonte: Relatório do Ministério da Agricultura, Indústria e Comércio, 1920. As matrículas nas oficinas de marcenaria e de carpintaria do RJ não foram discriminadas.

Tabela 2.12 – Matrículas nas escolas de aprendizes artífices, segundo unidades da Federação e especialidades, 1922*

Estados	Oficinas																		Total
	Marcenaria	Carpintaria	Ferraria	Fundição	Serralheria	Eletricidade	Mecânica	Sapataria	Alfaiataria	Tipografia	Ourivesaria	Funilaria	Tornearia	Escultura	Pintura decorativa	Marmoraria	Metais	Selaria	
AM	...	...	−		...			...	...	−	−	−	−	−	−	−	−	−	82
PA	86	−	38	−	−	−	−	18	22	−	−	33	−	−	−	−	−	−	197
MA	70	−	46	−	−	−	60	49	45	−	−	−	−	−	−	−	−	−	270
PI	111	−	45	16	24	−	−	−	37	−	−	−	−	−	−	−	−	−	233
CE	63	−	20	−	−	−	−	18	16	28	−	−	−	−	−	−	−	−	145
RN	77	−	−	−	35	−	−	20	37	−	−	7	−	−	−	−	−	−	176
PB	55	−	−	−	80	−	−	15	57	25	−	−	−	−	−	−	−	−	232
PE	71	19	−	−	46	−	−	6	12	−	−	−	−	−	−	−	−	−	154
AL	...	...	−	−	−	−	−	...	...	−	−	...	−	−	−	−	−	−	362
SE	31	−	59	−	−	−	−	47	41	−	−	−	−	−	−	−	−	10	188
BA	−	...	...	−	−	−	−	−	...	...	−	−	−	−	−	−	−	−	85
MG	28	13	32	−	−	−	−	15	−	−	16	−	−	−	−	−	−	−	104
ES		47		23	−	−	−	17	14	−	−	−	−	−	−	−	−	−	101
RJ	...	−	−	−	−	−	−	...	...	−	−	−	−	−	−	...	...	−	246
SP	60	34	−	−	−		57	−	−	−	−	−	18	70	−	−	−	−	239
PR	46	−	−	−	51	−	−	31	39	−	−	−	−	−	13	−	−	45	225
SC	−	27	−	−	−	−	24	−	21	12	−	−	−	−	−	−	−	−	84
MT	20	−	7	−	−	−	−	18	19	−	−	−	−	−	−	−	−	6	70
GO	28	−	6	−	−	−	−	23	26	−	−	−	−	−	−	−	−	10	93
Total	...	...	...	...	...	...	...	...	...	...	16	...	18	70	13	...	...	71	3.286

Fonte: Relatório do Ministério da Agricultura, Indústria e Comércio, 1922.
* As matrículas nas oficinas de marcenaria e de carpintaria do ES não foram discriminadas. Idem, nas de ferraria e de fundição do mesmo estado; e nas de eletricidade e de mecânica de SP.

Tabela 2.13 – Matrículas nas escolas de aprendizes artífices, segundo unidades da Federação e especialidades, 1923*

Estados	Marcenaria	Carpintaria	Ferraria	Serralheria	Fundição	Funilaria	Mecânica	Eletricidade	Selaria	Alfaiataria	Tipografia	Ourivesaria	Sapataria	Tornearia	Escultura	Pintura Decorativa	Total
AM		118		92	–	–	–	–	–	50	–	–	14	–	–	–	274
PA	123	–	60	–	–	20	–	–	–	30	–	–	51	–	–	–	284
MA	49	–	14	–	–	–	55	–	–	17	–	–	21	–	–	–	156
PI	65	–	29	9	11	–	–	–	–	30	–	–	–	–	–	–	144
CE	–	–	17	–	–	–	64	–	–	30	29	–	29	–	–	–	169
RN	70	–	–	51	–	5	–	–	–	31	–	–	8	–	–	–	165
PB	70	–	–	115	–	–	–	–	–	82	30	–	17	–	–	–	314
PE	67	16	–	34	–	–	–	–	–	10	–	–	3	–	–	–	130
AL	...	...	...	...	...	...	...	...	...	...	...	...	...	...	...	...	195
SE	38	–	64	–	–	–	–	–	5	61	–	–	63	–	–		231
BA	...	...	...	...	...	...	...	...	...	...	...	...	...	...	...	...	105
MG	45	–	36	–	–	–	–	–	–	–	–	20	30	–	–	–	131
ES	...	...	...	–	...	–	–	–	–	...	–	–	...	–	–	–	145
RJ	107	–	42	–	–	–	–	–	48	93	15	–	–	–	–	–	305
SP	56	–	–	–	36	–		72	–	–	–	–	–	16	48	–	228
PR	...	...	...	...	...	...	...	...	...	...	...	...	...	...	...	...	185
SC	51	–	–	–	–	–	43	–	–	65	50	–	–	–	–	–	209
MT	39	–	5	–	–	–	–	–	10	16	–	–	28	–	–	–	98
GO	43	–	4	–	–	–	–	–	11	38	–	–	12	–	–	–	108
Total	...	...	...	...	...	...	...	...	...	...	...	...	...	...	...	...	3.576

Fonte: Relatório do Ministério da Agricultura, Indústria e Comércio, 1923.

* As matrículas nas oficinas de marcenaria e de carpintaria do AM não foram discriminadas. Idem, nas de ferraria e de serralheria do mesmo estado; e nas de mecânica e de eletricidade de SP.

O ensino de ofícios nos primórdios da industrialização

O número de oficinas de algumas especialidades permaneceu mais ou menos constante ao longo do período 1916-1923. Isto ocorreu, por exemplo, com as oficinas de funilaria, marcenaria, alfaiataria, mecânica, selaria, escultura, pintura decorativa, ourivesaria, entre outras. Enquanto isso, o número das oficinas de sapataria e eletricidade decaiu sensivelmente ao longo desse período.

As Tabelas 2.14 e 2.15, construídas a partir dos dados do arquivo do ministro Gustavo Capanema, apresentam um grupamento distinto: em vez do ofício, o critério foi a matéria trabalhada.

A Tabela 2.16 revela que os menores coeficientes de freqüência ocorreram nos anos de 1918 (41,6% no Maranhão e em Santa Catarina; 34,4% em Mato Grosso), 1919 (38,2% no Rio Grande do Norte; 23,2% no Rio de Janeiro; 29,5% em São Paulo e 28,8% em Goiás) e 1926 (14,7% no Pará; 25,2% em Alagoas e 17,9% no Espírito Santo). Portanto, 10 dos 19 estados onde foram instaladas as escolas registraram o seu menor coeficiente de freqüência nesse período (1918-1926).

Nos anos 1932 e 1933, encontramos escolas com freqüência de até 100%. Aliás, a partir de 1932, os índices de freqüência nas escolas foram, de modo geral, superiores aos dos anos precedentes.

Sobre a evasão dos alunos das escolas de aprendizes artífices, há dados para apenas sete anos, distribuídos em dois períodos, 1913-1917 e 1935-1937 (Tabela 2.17). A primeira coisa que notei, ao examinar os dados, foi a grande diferença de taxas, comparando-se uma escola com outra, no mesmo ano. Em 1913, por exemplo, a escola de Sergipe apresentou uma taxa de evasão inferior a 1%, enquanto a do Ceará chegou a quase 80%. Não se dispõe de explicação para tamanha disparidade. É possível perceber, também, a tendência decrescente das taxas de evasão. No segundo período, várias escolas apresentaram taxa de evasão nula, fato raro no primeiro. Em 1937, apenas uma escola teve mais de 30% de alunos evadidos, ao passo que, em 1914, havia oito delas nessa situação.

Entre as escolas que registraram os índices mais baixos de evasão de alunos nesses dois períodos considerados estão, nos primeiros lugares, as dos estados do Amazonas, da Paraíba e do Paraná. Em contraposição, as maiores taxas estão com as escolas dos estados de São Paulo, de Santa Catarina e de Goiás.

Comparando as Tabelas 2.16 e 2.17, percebe-se que, em geral, os maiores índices de evasão estão relacionados às menores taxas de freqüência. O mesmo se pode dizer para alguns casos, sobre a relação entre taxas de evasão e as taxas de conclusão. A escola do Estado de São Paulo, por exemplo, que registrou a maior taxa de evasão em 1937 (35,6%) não teve nenhum aluno concluinte naquele ano (Tabela 2.17). O mesmo aconteceu com as escolas dos estados do Ceará e do Amazonas, no mesmo ano. Uma das menores taxas de conclusão, em 1917, está com a escola do Estado de Alagoas (1,8%) que, no mesmo ano, registrou a maior taxa de evasão entre as 19 escolas (55,6%).

Tabela 2.14 – Matrículas nas oficinas das escolas de aprendizes artífices, 1933

Escolas	Seções							
	Trab. madeira	Trab. metal	Fabrico calçados	Artes gráficas	Vestuário	Artes decorativas	Trab. couro	Total
AM	132	74	33	–	86	–	–	325
PA	92	76	51	–	–	–	–	219
MA	110	119	68	–	52	–	–	349
PI	91	88	–	–	34	–	–	213
CE	173	73	21	64	43	–	–	374
RN	86	48	28	–	40	–	–	202
PB	111	239	5	64	156	–	–	575
PE	153	162	–	89	–	72	–	476
AL	94	178	44	–	60	–	–	376
SE	111	101	62	36	43	–	–	353
BA	91	152	45	112	56	51	–	507
ES	85	25	24	–	43	–	–	177
RJ	61	75	32	42	39	21	–	270
SP	95	150	–	–	–	70	–	315
PR	109	72	56	–	79	–	–	316
SC	68	72	–	41	47	14	–	242
MG	163	131	–	–	–	–	–	294
GO	101	13	61	–	61	–	18	254
MT	15	14	36	–	28	–	17	110
Total	1.941	1.862	566	448	867	228	35	5.947

Fonte: Arquivo Gustavo Capanema, FGV/CPDOC.

Tabela 2.15 – Matrículas nas oficinas das escolas de aprendizes artífices, 1939

Escolas	Seções						Total
	Trab. madeira	Trab. metal	Fabrico calçados	Artes gráficas	Vestuário	Artes decorativas	
AM	138	85	48	38	41	–	350
PA	83	110	27	–	–	–	220
MA	49	214	32	–	21	–	316
PI	44	124	–	–	32	–	200
CE	151	127	–	66	56	–	400
RN	120	49	30	–	51	–	250
PB	92	193	–	42	73	–	400
PE	147	165	–	109	–	93	514
AL	65	220	17	–	48	–	350
SE	93	91	64	38	43	–	329
BA	68	123	37	75	54	43	400
ES	69	72	51	–	58	–	250
RJ	45	80	24	55	26	30	260
SP	74	173	–	–	–	38	285
PR	84	78	63	–	75	–	300
SC	50	93	–	35	35	6	219
MG	155	140	–	–	–	–	295
GO	48	10	51	–	24	17	150
MT	50	12	14	8	16	–	100
Total	1.625	2.159	458	466	653	227	5.588

Fonte: Arquivo Gustavo Capanema, FGV/CPDOC.

Tabela 2.16 – Taxa anual de frqüência nas escolas de aprendizes artífices, segundo unidades da Federação, 1910-1942

Estados	Anos															
	1910	1911	1912	1913	1914	1915	1916	1917	1918	1919	1920	1921	1922	1923	1924	1925
AM	54,5	71,4	56,1	56,3	55,7	56,0	55,1	57,7	46,9	46,2	43,2	47,8	56,7	45,6	44,8	51,9
PA	...	77,8	63,5	52,8	36,9	...	38,0	37,1	...	50,0	46,2	35,6	42,1	29,7	44,9	25,7
MA	75,6	58,8	79,5	57,0	43,9	43,1	47,6	45,7	41,6	56,3	43,2	46,8	47,4	52,2	43,2	44,5
PI	53,8	48,2	58,2	50,6	51,4	44,1	33,8	49,6	35,4	52,6	54,5	42,1	44,3	41,6	51,9	35,2
CE	42,9	65,0	52,5	34,0	37,8	45,0	61,2	38,8	41,9	57,1	32,2	52,2	49,6	53,8	33,7	46,5
RN	...	69,8	67,4	60,8	72,3	...	64,1	69,1	...	38,2	56,9	58,2	43,1	53,9	53,5	55,6
PB	78,3	81,3	68,5	69,1	61,6	67,0	68,7	63,8	87,3	81,6	60,9	69,1	64,6	64,0	55,9	66,3
PE	...	60,0	60,8	39,7	48,1	...	48,7	38,2	65,7	66,3	66,3	55,4	50,9	55,3	42,0	48,0
AL	64,5	56,2	82,4	49,5	66,0	71,3	52,8	66,1	40,6	38,9	30,0	29,6	32,5	60,0	37,4	37,1
SE	57,5	62,5	54,6	52,9	57,7	53,6	46,8	65,0	52,1	47,3	40,3	40,2	44,6	46,3	64,8	45,3
BA	75,0	71,4	75,4	76,4	61,1	72,9	96,5	80,0	73,4	66,0	72,4	68,6	67,0	61,9	60,0	35,0
MG	75,0	67,2	66,6	69,7	78,7	73,2	65,9	67,2	54,8	52,3	56,9	48,7	50,9	41,2	46,7	41,5
ES	28,8	36,7	48,0	46,8	61,9	60,0	61,3	54,5	43,2	50,4	41,4	51,2	40,5	39,3	42,2	53,7
RJ	69,3	47,8	70,0	78,8	61,2	67,8	47,8	49,5	38,2	23,2	32,4	32,2	43,5	45,3	34,8	46,1
SP	70,3	70,2	71,2	70,0	83,0	74,6	73,8	64,1	47,5	29,5	43,8	46,6	33,7	45,2	44,4	36,5
PR	69,8	65,1	64,5	80,3	64,4	68,9	65,6	66,6	60,3	73,5	69,4	74,7	65,3	74,5	61,2	56,6
SC	59,0	50,0	53,4	63,3	68,2	62,7	53,6	63,9	41,6	58,2	49,3	63,4	60,5	46,8	50,9	54,2
MT	52,7	52,7	61,1	49,3	48,3	52,0	53,7	38,6	34,4	58,4	45,7	52,1	48,5	54,0	57,6	54,7
GO	40,8	40,8	41,3	41,0	47,2	37,2	37,2	44,2	70,6	28,8	41,5	53,8	45,8	47,9	48,0	36,4

Continuação

Anos

Estados	1926	1927	1928	1929	1930	1931	1932	1933	1934	1935	1936	1937	1938	1939	1940	1941	1942
AM	52,4	51,0	60,0	70,5	66,0	66,9	61,0	56,0	67,0	75,8	59,1	56,8	55,7	60,5	70,8	75,8	…
PA	14,7	47,5	39,1	41,3	57,3	57,1	44,0	68,0	75,4	67,8	71,6	77,6	83,2	76,8	…	…	94,0
MA	52,8	63,3	44,3	42,9	46,6	51,8	51,5	46,7	61,6	60,6	57,6	53,6	53,5	53,7	…	…	…
PI	52,0	53,5	56,1	35,0	55,9	61,5	73,5	64,4	69,4	64,2	77,0	80,5	74,0	76,0	61,7	…	…
CE	44,3	31,6	30,2	44,8	43,7	26,0	34,0	52,3	55,5	51,1	52,7	50,4	69,8	31,7	…	…	…
RN	55,0	50,7	70,7	82,3	46,0	50,6	62,9	62,8	65,6	55,6	70,5	70,0	76,8	65,2	90,4	69,1	…
PB	55,7	49,7	64,7	70,1	67,0	70,7	66,0	60,7	71,8	84,5	81,8	78,2	78,7	88,7	77,6	90,2	…
PE	38,9	56,4	70,6	65,6	73,7	73,0	73,3	68,9	78,0	72,8	72,0	81,8	80,5	75,6	79,3	…	…
AL	25,2	34,2	29,6	27,2	42,2	44,2	40,6	46,8	50,3	53,2	74,6	76,0	73,7	77,7	…	…	90,7
SE	43,1	50,6	43,3	57,3	76,4	71,6	66,6	68,8	77,1	72,2	79,2	81,6	71,9	78,4	…	…	78,1
BA	48,2	80,0	81,1	89,3	90,2	82,8	86,2	76,6	85,3	77,5	77,3	82,3	84,2	82,0	…	…	…
MG	49,4	61,3	59,9	53,8	57,8	47,9	48,3	55,1	56,8	57,7	67,0	65,4	66,0	69,1	…	…	…
ES	17,9	64,4	64,8	36,7	39,8	49,2	53,0	60,4	55,5	61,0	62,7	76,9	63,7	74,4	…	…	86,5
RJ	53,4	39,7	47,2	47,1	64,8	67,5	61,8	55,5	72,6	70,2	70,9	79,5	81,7	82,6	…	…	…
SP	38,6	38,5	44,8	56,8	65,7	57,7	66,1	67,3	72,3	60,6	70,0	74,3	72,0	72,9	…	…	…
PR	73,5	65,5	74,8	64,3	42,0	54,9	62,4	59,1	68,0	70,6	70,0	74,3	80,3	65,0	73,4	…	…
SC	68,2	68,2	49,1	54,6	56,3	57,3	59,0	68,8	68,2	79,1	67,2	79,2	80,9	77,1	76,2	75,8	…
MT	49,7	54,6	62,7	60,0	64,7	59,0	59,5	42,7	51,8	52,9	56,9	69,0	63,0	…	…	75,8	75,0
GO	39,2	39,2	45,4	42,5	39,4	45,8	39,2	31,8	33,8	37,3	56,9	63,9	56,9	54,0	60,0	64,0	…

Fontes: 1. Arquivo Capanema, FGV/CPDOC; 2. Relatórios do Ministério da Agricultura, Indústria e Comércio, 1911-1942: 3. *O ensino no Brasil*, IBGE, 1932-1934, e 1938-1942; *Sinopse estatítica do Brasil*, IBGE, 1935-1937.

O ensino de ofícios nos primórdios da industrialização

Tabela 2.17 – Taxa anual de evasão nas escolas de aprendizes artífices, 1913, 1914, 1916, 1917, 1935, 1936, 1937

Estados	Anos						
	1913	1914	1916	1917	1935	1936	1937
AM	...	–	2,2	–	15,7	–	17,1
PA	21,8	43,2	32,1	18,1	5,1	23,3	20,4
MA	9,9	26,6	55,4	35,8	–	8,0	–
PI	27,6	51,8	49,6	50,0	–	18,0	–
CE	79,8	1,0	0,3	38,0	48,6	13,1	23,8
RN	39,1	29,1	23,6	39,8	44,6	12,4	–
PB	10,9	0,4	–	0,5	–	18,1	...
PE	48,8	32,4	15,0	0,7	–	11,0	14,5
AL	18,5	9,9	33,7	55,6	36,5	–	11,7
SE	0,7	20,7	30,7	17,9	–	11,1	–
BA	15,0	34,3	17,7	20,6	–	26,0	–
MG	44,8	42,1	36,0	37,5	–	–	25,8
ES	15,7	21,8	34,2	24,0	38,0	–	–
RJ	26,5	21,2	30,3	40,9	–	32,6	13,9
SP	49,4	37,7	44,4	46,7	48,7	–	35,6
PR	2,6	9,2	34,9	0,6	–	21,6	–
SC	52,5	23,7	24,8	38,5	21,5	–	6,9
MT	20,3	42,8	27,5	32,0	–	–	–
GO	36,6	53,9	60,6	45,0	39,1	39,7	21,0

Fontes: 1. Relatórios do Ministério da Agricultura, Indústria e Comércio, 1913, 1914, 1916, 1917; 2. *Sinopse estatística dos estados*, IBGE, 1935, 1936, 1937.

São poucos os dados disponíveis para a avaliação das Escolas de Aprendizes Artífices no que diz respeito à sua produção final ao longo dos anos. Também aqui, os relatórios dos diretores das escolas foram falhos nas informações e, na maioria das vezes, omissos. A Tabela 2.18, que traz os dados disponíveis para os estados do Maranhão, da Paraíba e de Pernambuco, evidencia essa lamentável carência de informações, que nos impede a apreciação plena dessas escolas na realização dos objetivos para os quais foram criadas. Mesmo assim, é possível constatar o pequeno número de concluintes. Embora a Escola de Aprendizes Artífices da Paraíba tivesse sido apontada acima como a de maior contingente de alunos, o número de concluintes foi diminuto. Se, ao longo do período 1910-1942 teve cerca de 10.600 alunos, apenas 58 receberam certificado de conclusão no período 1914-1937, o que mostra uma eficiência irrisória. Ainda mais, em cinco anos do período não houve um só aluno a concluir o curso e, em oito anos, houve apenas um ou dois a receber certificado. Situação mais dramática pode ser constatada na escola maranhense, onde não houve concluintes por sete anos consecutivos (1923-1929). É interessante notar que, apesar de não ser das escolas mais populosas, a de Minas Gerais foi a que apresentou maior taxa de conclusões no período 1914-1917, com 10,5% dos alunos diplomados (Tabela 2.19).

Tabela 2.18 – Número de concluintes de curso nas escolas de aprendizes artífices em estados selecionados, 1914-1939

Anos	Estados			Anos	Estados		
	MA	PB	PE		MA	PB	PE
1914	4	–	–	1928	–	–	–
1915	4	3	2	1929	–	5	3
1916	6	–	–	1930	2	2	6
1917	10	4	–	1931	4	3	–
1918	–	–	5	1932	–	3	7
1919	9	2	1	1933	–	5	4
1920	3	4	2	1934	–	2	1
1921	9	3	1	1935	3	2	5
1922	6	1	–	1936	–	3	5
1923	–	1	1	1937	3	4	2
1924	–	2	–	1938	...	...	9
1925	–	8	–	1939	...	...	3
1926	–	1	–				
1927	–	–	–	Total	...	...	57

Fonte: Arquivo Gustavo Capanema, FGV/CPDOC.

O ensino de ofícios nos primórdios da industrialização

Procurando apresentar dados um pouco mais precisos, calculei a taxa de conclusões, isto é, a proporção de concluintes em um ano sobre o número de matrículas existentes cinco ou seis anos antes. A Tabela 2.19 apresenta essas taxas, calculadas para os períodos 1913-1916, 1914-1917, 1917-1920 e 1932-1937.

Os índices de concluintes das escolas, sempre muito baixos, passaram ao longo dos anos por uma sensível diminuição, de 3,4% (1913-1916) a 0,7% (1932-1937), no conjunto dos estados, a ponto de no Estado de São Paulo não se registrar nenhuma conclusão de curso no ano de 1937.

Tabela 2.19 – Taxa de conclusão de curso nas escolas de aprendizes artífices, 1913-1916, 1914-1917, 1917-1920, 1932-1937*

| Estados | Períodos | | | |
	1913-1916	1914-1917	1917-1920	1932-1937
AM	1,7	–	...	–
PA	2,2	2,0	...	...
MA	2,4	2,5	...	0,5
PI	1,6	3,0	–	2,0
CE	0,4	...	1,3	0,2
RN	4,1	4,1	2,4	...
PB	1,5	...	2,2	...
PE	2,3	...	0,7	...
AL	8,2	1,8	1,2	–
SE	5,3	3,4	...	1,9
BA	4,7	3,9	3,4	...
MG	7,6	10,5	2,1	...
ES	3,1	0,7	...	–
RJ	1,3	0,9	...	...
SP	6,1	5,2	...	–
PR	5,2	2,3	...	1,6
SC	2,5	2,8	6,4	–
MT	2,7	2,0	...	2,0
GO	1,1	1,5	...	0,6
Média	3,4	2,7	1,0	0,7

Fontes: 1. Relatórios do Ministério da Agricultura, Indústria e Comércio, 1913-1916, 1914-1917, 1917-1920; 2. *Sinopse estatística dos estados*, IBGE, 1932-1937.
* 1) A partir de 1920, os cursos das escolas de aprendizes artífices passam a ter duração de seis anos.
  2) Para a explicação da forma do cálculo, vide texto.

Considerando os dados da Tabela 2.19, vemos que a taxa de conclusão nunca ultrapassou os 10,5%, ocorrida na escola do Estado de Minas Gerais no período de 1914 a 1917.

A julgar pelos dados estatísticos disponíveis, fracassaram as providências tomadas, a partir de 1920, pelo Serviço de Remodelação do Ensino Profissional Técnico, no sentido de manter os aprendizes nas escolas até sua diplomação.

Como vimos anteriormente, a "industrialização" da aprendizagem constituiu um dos pontos básicos da reforma do ensino profissional técnico, promovida por aquele Serviço e regulamentada pela *Consolidação dos Dispositivos Concernentes às Escolas de Aprendizes Artífices* em 1926. O principal argumento de João Luderitz – chefe do Serviço de Remodelação – a favor da "industrialização" das escolas era de ordem econômica, por não se poder exigir dos pais dos alunos pobres, e mesmo dos remediados, consentirem aos filhos permanecerem na escola além dos 12 anos de idade, quando se esperava que estes começacem a "ganhar a vida", através de um trabalho remunerado.

Aparentemente, há uma contradição entre os dados da Tabela 2-16, que mostram existirem taxas elevadas de freqüência, e os das Tabelas 2-18 e 2-19 que apontam resultados baixíssimos em termos de conclusão de curso. O relatório do diretor da Escola de Aprendizes Artífices de Alagoas, de 1934, ajuda a resolver essa aparente contradição. Dizia ele sobre a "sua" escola:

> Nela tem ingresso uma leva de meninos de várias classes sociais; a maioria, entretanto, abandona este educandário quase sempre ao chegar ao 4º ano, concluindo o curso apenas 4 ou 5 alunos, no máximo. A saída destes alunos justifica-se pelo seguinte: adquirindo, ao chegar ao 4º ano, conhecimento que os habilita a ganhar uma diária compensadora, são eles procurados e disputados para trabalhar em oficinas particulares. Se, por um lado, lamenta-se a saída da maioria dos alunos sem ter concluído os cursos, por outro lado fica-se satisfeito por ter se arredado do mau caminho, tornando-se úteis à sociedade e à família, rapazes que sem a educação recebida se entregariam fatal e forçosamente, à vagabundagem, ao vício e ao crime.

Tudo somado, foi ineficaz a "industrialização" das oficinas e outras medidas similares, através das quais tentou-se, ao longo dos anos, diminuir as altas taxas de evasão e corrigir a baixíssima produtividade das escolas de aprendizes artífices.

Finalmente, vou procurar determinar a dimensão do sistema constituído pelas escolas de aprendizes artífices no conjunto do aparelho escolar do país. Esta não é uma tarefa simples, pois, embora já se disponha, para os anos posteriores a 1931, de dados agregados em nível nacional, as categorias utilizadas não são das mais claras.

A identificação das matrículas nas escolas de aprendizes artífices foi feita de modo indireto, consideradas coincidentes com os estabelecimentos de "ensino industrial semi-especializado e elementar comum", de dependência administrativa federal. Mesmo assim, só há estatísticas para o triênio 1935-1937. Há pequena diferença entre os dados da Tabela 2.6 e os da Tabela 2.20, inferiores a 2%, o que se deve às diferenças de fontes utilizadas e às diferenças de dados da mesma fonte, no caso o IBGE.

O ensino de ofícios nos primórdios da industrialização

Tabela 2.20 – Número de matrículas do sistema de ensino, dos diversos graus/ramos e das escolas de aprendizes artífices, 1935, 1936, 1937

Anos	Graus/ramos do ensino					
	Sistema de ensino	Ensino elementar	Ensino técnico profissional	Ensino industrial	Ensino industrial semi-especializado elementar	Escolas de aprendizes artífices
1935	2.862.616	2.654.461	109.056	15.034	11.256	5.736
1936	3.063.522	2.835.025	117.649	14.541	10.485	5.383
1937	3.250.296	3.006.015	125.328	13.928	10.190	5.398

Fonte: Anuário Estatístico do Brasil, IBGE, Ano IV, 1938, Ano V, 1939-1940, Ano VI, 1941-1945.

Pertencentes ao grau elementar comum do ramo de ensino técnico-profissional industrial semi-especializado, as escolas de aprendizes artífices – sempre em número de 19 – tiveram ligeiramente diminuída sua taxa de participação no conjunto das matrículas do sistema geral de ensino do país, entre 1935 e 1937. Isso ocorreu igualmente com relação ao ensino elementar como um todo, assim como no que diz respeito ao ensino elementar comum e ao ensino técnico-profissional (Tabela 2-20). Assim, em 1935, as escolas de aprendizes artífices, que tinham um total de 5.736 matrículas, abrangiam 0,2% do total de 2.862.616 alunos matriculados pelo conjunto do sistema de ensino. O ligeiro acréscimo no total das matrículas do sistema de ensino ocorrido em 1937 (3.250.296) – provavelmente por causa do aumento das unidades escolares (de 36.662, em 1935, para 42.627, em 1937) – reduziu para 0,16% a participação das escolas no cômputo geral das matrículas, as quais registraram um total de 5.398 alunos matriculados (Tabelas 2.20 e 2.21).

Tabela 2.21 – Participação porcentual das escolas de aprendizes artífices nas matrículas do sistema de ensino e nos diversos graus/ramos, 1935, 1936, 1937

Anos	Participação				
	Sistema de ensino	Ensino elementar	Ensino técnico profissional	Ensino industrial	Ensino industrial semi-especializado elementar
1935	0,2	0,2	5,2	38,1	50,9
1936	0,1	0,1	4,5	37,0	51,3
1937	0,1	0,1	4,3	38,7	52,9

Fonte: Anuário Estatístico do Brasil, IBGE, Ano IV, 1938, Ano V, 1939-1940, Ano VI, 1941-1945 – IBGE.

Por outro lado, a Tabela 2.21 mostra que a participação das escolas no total de matrículas do ramo de ensino industrial semi-especializado elementar apresentou, no mesmo período, uma taxa ligeiramente ascendente, compreendendo mais da metade do contingente de alunos daquele ramo de ensino,

Como parte do ramo industrial do ensino técnico-profissional, as escolas de aprendizes artífices tiveram sua participação diminuída no período, na medida do decréscimo no total das matrículas sofrido por aquele ramo de ensino como um todo. Assim, apesar do aumento do número de escolas industriais no período – de 143 para 157, em todo o país – suas matrículas decresceram de 15.034 (em 1935) para 13.928 (em 1937). Enquanto isso, movimento inverso ocorria, no mesmo período, com os demais ramos do ensino técnico-profissional: o ensino doméstico, o comercial, o artístico e o pedagógico.

Frente ao conjunto do ensino industrial – do ramo semi-especializado de graus elementar e médio – as escolas de aprendizes artífices participaram, no período considerado, com um pouco mais 1/3 do total das matrículas efetuadas, contando com aproximadamente 1/8 do conjunto dos estabelecimentos escolares dos dois graus.

O ensino de ofícios nos primórdios da industrialização

FOTO 2.1 – Oficina de Serralheria da Escola de Aprendizes Artífices do Pará, 1911. (Fonte: Foto gentilmente cedida pelo Prof. Péricles Antônio Barra Bastos, da Escola Técnica Federal do Pará.)

FOTO 2.2 – Oficina de Carpintaria da Escola de Aprendizes Artífices do Pará, 1927. (Fonte: Foto gentilmente cedida pelo Prof. Péricles Antônio Barra Bastos, da Escola Técnica Federal do Pará.)

3
São Paulo: oficina e escola

A articulação entre a formação profissional da força de trabalho e a produção foi, em São Paulo, mais do que uma expectativa industrialista ou uma justificativa para empreendimentos filantrópicos. Foi uma efetiva força produtiva, uma construção ideológica e um projeto pedagógico. Com tudo isso, as iniciativas paulistas foram amplamente reproduzidas no tempo e no espaço.

A formação profissional, como elemento de impulso da industrialização, desenvolveu-se nesse estado por existirem aí, ao contrário dos demais, certas condições indispensáveis: 1) capital acumulado na cafeicultura de exportação, disposto a transferir-se para a manufatura e a indústria; 2) capacidade empresarial, isto é, mentalidade burguesa voltada para a acumulação de capital; 3) mercado consumidor para produtos fabris, formado não só pela burguesia, como, também, pelas camadas médias e pelos trabalhadores assalariados; 4) um contingente de trabalhadores (notadamente os imigrantes e seus descendentes) dispostos a se transferirem da agricultura para a manufatura e a indústria, como operários e até mesmo como empreendedores; 5) oferta de energia elétrica para suprir as empresas de força motriz.

As estradas de ferro tiveram grande importância na introdução, no Brasil, em São Paulo, particularmente, do ensino de ofícios associando oficina e escola. Desde o início do século, as empresas ferroviárias mantinham escolas para a formação de operários destinados à manutenção de equipamentos, veículos e instalações. A primeira delas, a Escola Prática de Aprendizes das Oficinas foi fundada em 1906, no Rio de Janeiro, mantida pela Estrada de Ferro Central do Brasil. Mas foi a grande densidade de estradas de ferro no Estado de São Paulo, ligando as frentes de expansão cafeeira ao porto de Santos, que criou condições para que, na década de 1920, se unificassem as atividades de ensino de ofícios das empresas ferroviárias.

O estudo da articulação entre a expansão e a consolidação das ferrovias e o ensino profissional, realizado por Marluce Moura de Medeiros (1987), constitui uma referência essencial para este capítulo.

Na década de 1920 já não se construíram novas ferrovias no Estado de São Paulo porque elas já haviam atingido seu objetivo principal: a ligação de áreas produtoras com o porto exportador. As necessidades das empresas passaram a ser principalmente de natureza organizacional e administrativa, de modo a solucionar os problemas internos e garantir a obtenção de maiores lucros ou, então, reduzir seus prejuízos.[1]

Foi com o objetivo de solucionar os vários problemas de natureza técnica, administrativa e de formação e aperfeiçoamento de pessoal que a Estrada de Ferro Sorocabana introduziu, a partir de 1930, os princípios de Organização Racional do Trabalho (ORT).

Em suas diversas acepções, a ORT expressa o conjunto de teorias que surgiram a partir do século XIX inspiradas na doutrina de Frederick Taylor, que a chamou de Teoria de Administração Científica do Trabalho. Essa teoria tinha como objetivo final a obtenção do máximo de produtividade de cada trabalhador, apresentando a peculiaridade de poder ser utilizada com êxito em diferentes sistemas econômicos, como no capitalismo tardio e no socialismo nascente.[2]

No contexto do capitalismo concorrencial (e não no socialismo) a teoria de Taylor fundamentava-se, primeiramente, na idéia de que somente a máxima produtividade levaria à prosperidade da empresa e asseguraria ao empresário vencer a competição com seus concorrentes. Constatando que os trabalhadores apresentavam um padrão de rendimento sempre inferior às possibilidades individuais, Taylor concluiu que seria necessário substituir a administração tradicional, baseada em incentivo e iniciativa, pela administração científica, baseada na divisão de tarefas individuais previamente determinadas. Para isso, impunha-se a diminuição do esforço físico e o aumento da produtividade dos

---

1 Considerando-se apenas o Estado de São Paulo, a década de 1930 pode ser caracterizada como deficitária para as ferrovias, quando a prioridade conferida à construção de rodovias propiciou a concorrência dos caminhões no transporte de carga.

2 Logo após a revolução de 1917, Lenin recomendou a introdução dos procedimentos prescritos pela ORT com o objetivo de estabelecer a disciplina do trabalho e elevar a produtividade do sistema econômico soviético. A referência explícita aos princípios tayloristas na política de organização do trabalho marcou desde o início o sistema de produção soviético, encontrando-se vestígios de sua influência não só na estrutura do processo de trabalho como, também, na própria sociedade soviética como um todo (Linhart, 1976, p.77-8).

trabalhadores, mediante a fragmentação de tarefas e a cronometragem do tempo de execução de cada operação. Para que esses procedimentos fossem efetivados, seria necessária uma divisão de trabalho e de responsabilidades entre os empregados e a direção da empresa. A decorrência foi a instituição do "comando funcional" e a separação entre a ação de planejar e a de executar.

A aplicação dessa teoria representaria uma economia de recursos para a empresa, por reduzir o custo das operações, sobretudo por evitar o pagamento de salários altos a trabalhadores que realizassem, cada um, todas as tarefas necessárias à fabricação do produto, sendo substituídos por outros com salários inferiores. Estaria assim assegurado o aumento e o controle (regulagem) da produção e da produtividade dos trabalhadores e, também, da própria empresa. Havendo necessidade de maior produção, em vez de aumentar o número de trabalhadores, bastaria que fosse acelerado o ritmo de execução dos movimentos, baseado no estímulo de prêmios oferecidos pela direção a quem apresentasse maior produção no final da jornada de trabalho.

Conseqüentemente, não se valorizava o preparo profissional do trabalhador, como também não seria propiciado a nenhum deles um maior conhecimento do trabalho a realizar, além daquele correspondente à sua tarefa. *Quando um operário fosse capaz de executar corretamente as prescrições da lista de trabalho, sua formação profissional estaria terminada, qualquer que fosse sua idade.* A descrição minuciosa das fichas de instrução não exigia conhecimentos profissionais, qualificação ou iniciativa para sua compreensão. Por esse motivo, seria facilitada também a formação do trabalhador, que necessitaria apenas de alguns dias para a aprendizagem de suas tarefas específicas.

A grande aceitação das idéias tayloristas entre as empresas paulistas culminou com a fundação do Instituto de Organização Racional do Trabalho (Idort), em 23 de julho de 1931, em reunião na Associação Comercial de São Paulo, sob o patrocínio da Federação das Indústrias de São Paulo. Essa entidade veio a desempenhar um importante papel no ensino profissional paulista e, por via de conseqüência, também no plano nacional.

A Psicotécnica foi outra teoria e outra prática que acarretou inovações no ensino profissional. A aplicação de testes para a seleção dos candidatos às escolas profissionais, assim como a orientação dos aprendizes na escolha dos ofícios, implicaram o descarte da concepção (herdada do Brasil escravocrata) que definia o ensino profissional como intrinsecamente destinado aos órfãos, aos pobres e aos desvalidos. Um novo critério passou a se impor, em tudo distinto da miserabilidade – a aptidão e a vocação.

O estudo realizado por Carmen Sylvia Vidigal de Moraes (1990) sobre a instrução popular e a qualificação profissional no Estado de São Paulo, no período 1873-1934, destaca o lugar conferido pelas classes dominantes paulistas à escola como recurso estratégico na conformação da sociedade de classes. Ao lado da medicina social e da engenharia sanitária, a educação escolar, sobretudo o ensino primário e o ensino profissional, deveria desempenhar o papel insubstituível de moralizar e ajustar o trabalhador às novas condições da produção – o assalariamento e a fábrica.

No entanto, no início do período republicano, não havia unanimidade entre todos os setores das classes dominantes paulistas a respeito dos tipos e níveis de ensino que deveriam receber prioridade na ação governamental. Para uns, a escola dizia respeito apenas à formação das elites, nada tendo a ver com a questão do proletariado. Caberia ao Estado, portanto, o incentivo ao ensino secundário e ao superior. Para outros, todavia, os recursos públicos deveriam ser encaminhados para o ensino primário e o ensino profissional, de modo a evitar os riscos do socialismo e das lutas de classes. Outros, ainda, defendiam ambas as propostas, de modo que uma não excluísse a outra.

Essa tensão presidiu as primeiras iniciativas dos governos republicanos paulistas, o que não impediu que a Escola Politécnica fosse criada diretamente pelo Poder Público, e o Liceu de Artes e Ofícios, estabelecimento privado, recebesse importantes subsídios oficiais, nem que ambas as instituições fossem dirigidas pelas mesmas pessoas.

Um novo surto de interesse a respeito da educação popular ocorreu imediatamente após o movimento grevista que, em 1917, atingiu o nível mais alto de mobilização em toda a Primeira República. A Liga Nacionalista induziu a Liga Antianarquista, protagonista da mobilização contra o movimento operário, ao mesmo tempo que se retomou o debate a respeito da mão-de-obra nacional, em tom semelhante ao do fim do século XIX.

> O recrudescimento dos confrontos com a classe operária, composta predominantemente de trabalhadores estrangeiros, assim como a diminuição do fluxo imigratório, modificam a concepção dos setores dominantes a respeito do imigrante, que deixa de ser percebido como "agente civilizador" para ser colocado sob suspeição, portador de "sentimentos" estranhos ao "nosso" meio e responsável pelas "desordens" e pela anarquia social. Ao mesmo tempo, o trabalhador nacional – o pobre, livre e liberto, o jeca-tatu, na expressão de Monteiro Lobato – passa a ser consensualmente considerado como o mais adequado para compor a força de trabalho do país. Sempre o fora, mas, se isso não ocorrera, a responsabilidade cabia à "inconsciência, inércia e abandono" dos governos e, principalmente, "das classes dirigentes e intelectuais", que "nunca empregaram um esforço mínimo para o levantamento da raça cabocla". O jeca-tatu era o que era – indolente e ignorante –, "porque ninguém o havia levado à escola ou lhe dado instrução profissional e noções de cultura cívica". (Moraes, 1990, p.112-3)

Conseqüentemente, a propaganda da Liga Nacionalista/Antianarquista incidia sobre o emprego da educação escolar para a "construção da nacionalida-

O ensino de ofícios nos primórdios da industrialização

de", assim entendendo tanto a disciplinarização e a integração do imigrante e dos seus filhos, quanto a inserção do trabalhador nacional no mercado de trabalho e adequação a ele. Em plena guerra mundial, esse apelo ganhava tonalidade bélica, ao apresentar como de igual importância "os exércitos de operários instruídos e cientificamente organizados" e os exércitos de combatentes.

Moraes mostra ter havido identidade de propósitos e complementaridade na atuação do Estado e da iniciativa privada em São Paulo, em matéria de educação, desde os primeiros anos do período republicano até a implantação do Estado Novo, em 1937. No campo da educação popular, notadamente, a autora assinalou uma significativa expansão do número de escolas privadas e da rede oficial, a partir de 1890. Tal identidade resultou da ocupação dos cargos de direção no governo estadual pelo mesmo grupo político-ideológico, que tinha no grande capital cafeeiro sua base econômico-política e no jornal *O Estado de S. Paulo* seu órgão de veiculação ideológica. Em apenas duas gestões, uma ainda no século XIX, outra em 1925, esse grupo deixou de exercer a direção dos negócios do estado, em especial no campo educacional.[3] Nos demais governos, os "liberais ilustrados" mantiveram-se na liderança dos empreendimentos públicos na área educacional, complementando e apoiando suas próprias iniciativas no âmbito privado.

Em São Paulo houve uma interessante oposição entre os conceitos de *oficina-escola* e de *escola-oficina*. A primeira foi a tônica da pedagogia do Liceu de Artes e Ofícios e a segunda, das escolas profissionais da rede do governo estadual.

A *oficina-escola* formava o operário no próprio trabalho para o mercado, de modo que um aprendiz ia dominando as tarefas do seu ofício à medida que auxiliava um operário na produção. Nesse modelo, a educação geral (da alfabetização ao desenho geométrico) era-lhe ministrada apenas na medida das necessidades imediatas. Já na *escola-oficina*, os conhecimentos científicos, se não todo ao menos parte do ensino primário, assim como conhecimentos e práticas da "arte", sobressaíam no currículo, sem, contudo, descartar-se a prática de oficina. Esta, no entanto, familiarizava o aprendiz com seu ofício (ou com mais de um deles) num ritmo que não era o da produção efetiva, nem tinha a preocupação com a competição de seus produtos no mercado de bens manufaturados.

---

3 Foi seu afastamento do governo que resultou no famoso "Inquérito sobre a Situação Educacional no Estado de São Paulo", patrocinado por aquele jornal e dirigido por Fernando de Azevedo, como veremos no capítulo 5.

Os modelos da *oficina-escola* e da *escola-oficina* foram objeto de uma disputa surda em São Paulo, o que somente se explicitou, em 1925, pelo relatório de um gaúcho – João Luderitz – que atuava em cargo de organismo federal de ensino profissional.[4] Mas nenhum dos modelos prevaleceu nessa disputa. Uma pedagogia nova de ensino profissional – a aprendizagem racional, também chamada de aprendizagem metódica – nasceu na instituição modelar da *oficina-escola*, o Liceu de Artes e Ofícios de São Paulo, mas foi além do que aí se praticava, quando tomou forma acabada no Centro Ferroviário de Ensino e Seleção Profissional (CFESP). Nele, sem se confundir com a pedagogia da *escola-oficina*, as séries metódicas de ofício tinham na aprendizagem seu objetivo principal, aliando a prática de oficina (especificamente desenhada para efeitos de ensino profissional) com os conhecimentos científicos e tecnológicos.

Para acompanhar a montagem desses modelos de ensino profissional, este capítulo apresenta, primeiramente, o Liceu de Artes e Ofícios de São Paulo, depois o ensino ferroviário e, finalmente, a rede estadual paulista de escolas profissionais, que ofereciam ensino industrial e manufatureiro, deixando de lado, conseqüentemente, as escolas femininas e as seções femininas das escolas mistas, as quais estavam voltadas para atividades propriamente artesanais, no âmbito da economia doméstica.

O Liceu de Artes e Ofícios

O fato de a República ter sido proclamada com amplo apoio dos cafeicultores paulistas, para quem o centralismo imperial travava o livre curso de seus interesses, propiciou ao Liceu de Artes e Ofícios de São Paulo condições para um desenvolvimento inigualado por nenhum de seus congêneres em outras cidades brasileiras. Enquanto os demais liceus permaneciam oferecendo basicamente instrução primária e aulas de desenho, o de São Paulo acompanhou de perto o crescimento e a diversificação da produção industrial-manufatureira que aí se processava.

Com efeito, havia uma estreita conexão entre os sócios da Sociedade Propagadora da Instrução Popular, mantenedora do Liceu, e os membros do grande capital cafeeiro, evidência de que convergiam os interesses da agricultura de exportação e da formação da força de trabalho industrial e manufatureira, ao menos em São Paulo.

---

4 Esse relatório tinha como objeto principal as escolas de aprendizes artífices da rede federal, como mostrei no capítulo 2.

O minucioso levantamento do *status* dos fundadores do Liceu, realizado por Moraes (1990), mostrou que eles não pertenciam, exclusivamente, às diferentes categorias de intelectuais (jornalistas, professores, advogados, engenheiros, médicos) nem às de "homens de negócio", notadamente os representantes das diferentes frações do capital cafeeiro – freqüentemente pertenciam a mais de uma dessas categorias. Muitos dos fundadores e dirigentes do Liceu desempenharam papéis políticos e partidários, vindo a exercer funções públicas. Entre eles estavam os principais acionistas das companhias de capital predominantemente nacional, as empresas de serviços públicos (água e esgotos, eletricidade, telefone), bancos, companhias comerciais voltadas para a importação e empresas industriais. Além disso, vários dos membros da sociedade mantenedora e dirigentes do Liceu faziam parte de entidades de classe, a exemplo das Sociedades de Agricultura (Nacional e Paulista) e Associação Comercial.

A despeito dos conflitos entre os diversos projetos educacionais de membros das elites paulistas, houve uma excepcional articulação entre as atividades do ensino superior para engenheiros e do ensino profissional para operários, resultante da presença dos mesmos professores e até mesmo de diretores na Escola Politécnica e no Liceu de Artes e Ofícios. A identidade de pessoal dirigente e de quadro ideológico que orientava ambas as instituições não se repetiu em nenhum estado, tampouco no Distrito Federal.

O intento de criar uma escola para a formação de engenheiros construtores de estradas de ferro era, em São Paulo, bastante antigo. Com esse objetivo, foi criada por lei da Assembléia Provincial Legislativa, em 1835, um Gabinete Topográfico que, depois de catorze anos de atribulada existência, acabou por ser extinto. Esse fato, aliado ao insucesso de tentativas posteriores de criar na província uma escola de engenharia, era atribuído ao centralismo do regime imperial, de que se valia o corpo docente da Escola Politécnica do Rio de Janeiro para manter seu monopólio sobre um ensino de importância crescente.[5] Para a classe dirigente paulista, a importância do ensino de engenharia decorria da própria expansão da cafeicultura no estado. Estabelecendo a ligação entre o porto de Santos e a região produtora, primeiro, e propiciando a incorporação de áreas distantes à produção de café, depois, as estradas de ferro constituíram elemento-chave da economia cafeeira no período 1870-1890. Entretanto, as iniciativas de criação de uma escola de engenharia se frustravam por força daquele "regime de ficções e de enfezada centralização!" (D'Alessandro, 1943, v.1, p.59).

---

5 Nesse sentido, é ilustrativo o fato de que a Escola de Minas de Ouro Preto, criada em 1875, só conseguiu vencer a oposição dos professores da Escola Politécnica em razão do apoio recebido diretamente do imperador e das artimanhas de seu criador, Henri Gorceix (Carvalho, 1978).

Derrubado o centralismo imperial pela República federativa, a Escola Politécnica de São Paulo pôde, finalmente, ser inaugurada em 1894, com a festiva presença do presidente do estado, de secretários do governo, de cônsules de países europeus, de professores da Faculdade de Direito e de uma delegação do Liceu de Artes e Ofícios. Previa-se a formação de quatro especialidades de engenheiros (civis, arquitetos, industriais, agrônomos) em cursos de cinco anos de duração; e de condutores do trabalho, em duas especialidades (mecânicos e maquinistas), em cursos de dois anos.

A ideologia dos fundadores constituía um misto de industrialismo, positivismo, federalismo e liberalismo. O discurso do secretário do Interior Cesário Motta Júnior, na inauguração dessa instituição de ensino superior, permite apreender a maior parte desses aspectos. Vale a pena destacar, de sua fala, a passagem em que focaliza a necessidade de desenvolvimento das forças produtivas pela formação de uma força de trabalho dotada de alta qualificação. Dizia ele aos *cidadãos professores*:

> Possuímos o mais gigantesco sistema fluvial e quase não temos navegação interior; temos a lavoura e falta-nos o braço; temos a matéria-prima e não temos a fábrica; temos a mina e não possuímos o minério; cumpre-nos resolver tudo isso acumulando energias que nos tornem verdadeiramente senhores da nossa terra. Tudo nos convida, senhores, a nos aparelharmos para essa luta que nos dará o domínio de tantas forças perdidas, de tantas riquezas abandonadas e de tantos produtos naturais que o trabalho ainda não valorizou. E foi para isso que se criou a Escola Politécnica de São Paulo. Satisfação de uma necessidade inadiável é ela um dos frutos bons da federação sem a qual nada teríamos ainda conseguido; é ela uma das manifestações de pujança deste estado, é mais um caminho aberto à atividade inteligente da mocidade a cujos pais é devida a sua prosperidade econômica. (D'Alessandro, 1943, v.1, p.54-5)

Em um ponto, pelo menos, a ideologia dos fundadores da Escola Politécnica de São Paulo era tributária do pensamento longamente desenvolvido pelos intelectuais do Império a respeito da função disciplinadora do ensino profissional. No Império, assim como na República, essa função era destinada aos operários. Antônio Paula Souza, que veio a ser o diretor da Escola, generalizou-a, incluindo os engenheiros entre os destinatários. Dizia ele que "se fossem comezinhos ao nosso povo os conhecimentos técnicos", como resultado de um ensino técnico generalizado, teríamos "o hábito de método, o cumprimento de dever, a previdência calma e refletida, o espírito de ordem", qualidades essenciais para que qualquer indústria pudesse vingar e prosperar (Idem, p.60). Cesário Motta Júnior antevia essa função disciplinadora atuando fora da oficina, no plano propriamente político com uma clareza e uma explicitação que raros intelectuais do período imperial foram capazes de ter. Eis a missão que ele, por sua vez, atribuía aos *operários do pensamento*:

O ensino de ofícios nos primórdios da industrialização

nas convulsões políticas e sociais deste fim de século ninguém pode prever o dia de amanhã; novas doutrinas levantam-se em debate contra as velhas; as crenças subdividem-se; as igrejas vão perdendo autoridade moral para enlaçar as consciências; aos governos falta, em geral, a força para dominar os instintos individuais das massas inconscientes; o salário disputa com o capital e a anarquia interpõe-se como instrumento cego, nivelador, terrífico como a tormenta, feroz como o ódio, cruel como a inveja, voraz como a fome! Os embates que se deram no velho mundo hão de repercutir entre nós. A vós, como a todos os operários do pensamento, compete impedir as suas devastações. (Idem, p.56-7)

Além da sintonia ideológica, havia uma articulação institucional e técnica entre ambos os estabelecimentos de ensino. O resultado foi a complementaridade da força de trabalho formada em cada instituição. Com efeito, o Liceu surgiu como um complemento dos cursos de engenharia civil e arquitetura da Escola Politécnica. A ligação entre os dois estabelecimentos ocorreu, sobretudo, pelo corpo docente comum. Se os engenheiros e arquitetos eram qualificados no projeto das edificações, os mestres e operários formados no Liceu estavam capacitados a executá-los. Para Moraes (1990), o sucesso do Liceu foi tamanho porque ele já nasceu inserido na teia de negócios do mercado imobiliário, principalmente no escritório de Ramos de Azevedo, para o qual as oficinas do estabelecimento executaram inúmeros projetos mediante encomendas.

O arranco do processo de transformação do Liceu de Artes e Ofícios de São Paulo deu-se em 1896, dois anos após a inauguração da Escola Politécnica, quando doações significativas foram feitas pelo governo do estado, na forma de subsídios financeiros e bens imóveis. A Assembléia Legislativa (então denominada Congresso Legislativo) concedeu-lhe verba anual permanente, além de terreno e recursos para a construção de novo edifício. A instituição beneficiou-se, também, de recursos provenientes de loterias eventuais.

Em 1910, a empresa Light and Power tornou gratuito o fornecimento de energia elétrica para as oficinas e passou a cobrar o preço mínimo para o consumo de luz. No triênio 1906-1908, o Liceu recebeu 284 contos de verbas estaduais, 21 contos municipais e apenas cerca de 15 contos da contribuição dos sócios da Sociedade Propagadora da Instrução Popular, a entidade mantenedora.

Nessa articulação, desempenhou papel destacado o engenheiro-arquiteto Francisco de Paula Ramos de Azevedo,[6] também professor da Escola Politécnica,

---

6 Ramos de Azevedo iniciou os estudos de engenharia na Escola Militar, antes de ser criada a Escola Politécnica do Rio de Janeiro, e completou-os na universidade belga de Gand. Seu escritório técnico projetou numerosos e importantes edifícios na cidade de São Paulo, granjeando-lhe rapidamente notoriedade como arquiteto. Na Escola Politécnica paulista foi professor das cadeiras de geometria descritiva e suas aplicações à teoria das sombras; estereotomia e perspectiva; arquitetura civil e higiene das habitações.

desde sua instalação, onde ocupou o cargo de vice-diretor (1900 a 1917) e diretor (1917 a 1928), em substituição a Paula Souza. Nomeado diretor do Liceu em 1895, Ramos de Azevedo ocupou esse cargo durante trinta anos. Portanto, durante duas décadas e meia, ele foi dirigente de ambas as instituições.

Em terreno doado pelo governo do estado foi construído um amplo edifício para o Liceu (ocupado em 1900) com planta do próprio Ramos de Azevedo. Esse prédio permitiu a ampliação do número de alunos e a instalação de diversas oficinas, e abrigou, também, o Ginásio do Estado e a Pinacoteca Estadual.

Moraes (1990, p.92) transcreve informações que indicam a "adoção" dos primeiros mestres das oficinas do Liceu por membros da maçonaria, os quais teriam sido empregados, inicialmente, em construção ferroviária. Os cronistas do Liceu dão conta do empenho de seus dirigentes na contratação de mestres de ofício provenientes do estrangeiro, caso mostrassem especial qualificação e/ou gosto apurado.

Em 1905 o Liceu compreendia:

- 6 classes para o ensino de primeiras letras, língua portuguesa, aritmética e noções de álgebra, de geometria e de contabilidade;
- 5 classes para o ensino de desenho com aplicações às artes e às indústrias;
- 1 classe para o ensino de modelagem em barro, gesso etc.;
- 3 classes para a instrução profissional, abrangendo: o corte e a sambladura de madeiras para aplicação na carpintaria, na marcenaria e na ebanisteria; a talha de ornamentação em relevo sobre madeiras; a união e o curvamento do ferro para aplicação na caldeiraria, na forjaria e na serralheria.

Em 1910, foi montada uma oficina-escola de engenharia sanitária, sendo para isso contratado um técnico norte-americano que permaneceu por dois anos no Liceu.

O ingresso de alunos nas atividades especificamente escolares se dava no início de cada semestre, mas, nas oficinas, as vagas eram preenchidas em qualquer época do ano. O aluno era admitido na oficina como aprendiz, passando a receber as noções gerais sobre o ofício escolhido, no próprio trabalho. O aprendiz era colocado ao lado de um operário adulto a quem começava por auxiliar, terminando por se tornar um "operário efetivo" como ele. Começava a receber um pequeno salário, desde o início, o qual ia aumentando até alcançar o valor do salário de um operário comum. As oficinas foram montadas como verdadeiros estabelecimentos industriais, com sua contabilidade organizada à sua imagem. Procurava-se produzir mercadorias vendáveis, assim como aceitar encomendas remuneradoras, mas a intenção ia além da produção no nível da qualidade e do gosto vigentes no mercado: procurava-se elevá-los pelo efeito paradigmático de seus produtos.

O ensino de ofícios nos primórdios da industrialização

O nosso instituto presta neste campo um duplo serviço: a educação do pessoal operário próprio e a introdução no mercado de modelos de evidente bom gosto e acabamento, que são um estímulo para as indústrias similares e concorrentes. O nosso papel educativo tem pois toda a extensão que compete a uma oficina-escola, fornecendo os modelos e os artistas, com uma educação profissional completa. (Severo, 1934, p.178)

Assim, as oficinas do Liceu estavam organizadas como empresas líderes, de caráter privado, que atuavam no mercado. Nas palavras de um dos dirigentes da sociedade mantenedora, Reynaldo Porchat:

As oficinas são montadas como verdadeiros estabelecimentos industriais, destinados a produzir os artefatos utilizáveis no mercado: contratam obras, aceitam encomendas e fabricam manufaturas de comércio corrente ... O Liceu *não é*, portanto, uma *escola-oficina*, mas realiza as condições de um estabelecimento industrial completo e modelar: *é uma oficina-escola*. (Apud Severo, 1934, p.181-2, grifos meus)

Essa oposição entre a concepção da oficina-escola (o modelo do Liceu) e a da escola-oficina (o modelo das escolas federais de aprendizes artífices) é muito significativa. Ela era empregada tanto pelos dirigentes da instituição paulista, a exemplo de Reynaldo Porchat e Ricardo Severo, quanto por entusiastas propagandistas "externos", como Monteiro Lobato, em numerosos artigos publicados na imprensa, nos quais mostrava sua admiração pela *oficina-escola*.

Paralelamente à aprendizagem nas oficinas, os alunos recebiam no período noturno um curso de desenho geométrico e ornamental, culminando, no curso de aperfeiçoamento, com um programa especial de belas-artes.

Em 1906, as oficinas ocupavam uma área construída de 13.500 m² e passaram a aceitar encomendas de grande porte, como vagões ferroviários de luxo. Aí se fabricam móveis de todas as qualidades e estilos, além de peças para aviões.

Nas oficinas de "artes em ferro", em 1922, só para o Departamento de Correios e Telégrafos foram fabricadas 20 mil fechaduras, além de portões, grades e outros trabalhos artísticos de ferro batido para casas particulares e edifícios públicos.

A orientação impressa ao Liceu mostrou-se adequada ao que se esperava em relação à influência a ele atribuída na formação da força de trabalho e no padrão de qualidade e de gosto. Congruentemente a essa valorização dos produtos materiais e humanos do Liceu, a procura por seus cursos cresceu de maneira acentuada: em 1915, o número de candidatos aos diversos cursos chegou a 1.500, para um número de vagas de 1.200. A freqüência era da ordem de 75%, nos cursos especificamente escolares, e próxima de 100% nas oficinas. Pelo depoimento de Monteiro Lobato, o sucesso do Liceu se deve, também, a dois outros fatores. Primeiro, à grande procura por parte de filhos de imigrantes italianos, altamente motivados para o aprendizado de ofícios manufatureiros para utilizá-los na ascensão social.[7] Segundo, um mecanismo muito especial de reprodução do pessoal docente, de modo que, em 1917, não só o diretor do Liceu, Luiz Scattolin, como os mestres e operários das diversas oficinas, tinham sido antigos alunos do estabelecimento (Apud Severo, 1934, p.185).

Vejamos um quadro panorâmico das oficinas do Liceu de Artes e Ofícios de São Paulo. Para isso, contamos com a Tabela 3.1, que apresenta algumas características das oficinas nos anos de 1912 e 1934.

A primeira coisa que chama a atenção é a complexificação das oficinas nesse período. Das três existentes em 1912 – trabalhos em madeira, trabalhos em ferro e fundição –, o estabelecimento passou a dispor de sete. Aquelas permaneceram, com seções mais especializadas, e surgiram as oficinas de artefatos metálicos; artes plásticas; artes complementares; caldeiraria, canalização e instalações sanitárias.

A despeito da ampliação do número de oficinas e da especialização das respectivas seções, podemos verificar que elas mantiveram a construção civil e o mobiliário como atividade principal.

Lamentavelmente, os dados sobre pessoal em atividade nas oficinas são parciais para 1912, o que dificulta a comparação com a situação de 1934. Mesmo assim, é possível constatar que o número de operários, que era de 245 em 1912, subiu para 354 em 1934, e, para este ano, seria preciso acrescentar 67 mestres e contramestres, categoria não diferenciada ou possivelmente agregada a outra no início do período focalizado. Fazendo aquele acréscimo, podemos concluir que o número total de trabalhadores aumentou de 72%, a que correspondeu um aumento expressivo na divisão do trabalho.

Os aprendizes eram 489 em 1934, o que dava sentido ao segundo termo do binômio oficina-escola. Não dispomos do número de aprendizes em 1912. Mas, se aplicarmos ao pessoal de oficina desse ano a mesma relação entre o número total de trabalhadores adultos e o de aprendizes observado em 1934 (1 adulto para 1,2 aprendizes), podemos estimar em 294 o número de alunos aprendendo os diversos ofícios. Assim, comparando ambos os valores (294 aprendizes estimados em 1912 e 489 registrados em 1934), temos uma idéia aproximada do crescimento do número de pessoas aprendendo ofícios no Liceu, da ordem de 66%. A oficina de trabalhos em madeira, especialmente, aumentou bastante seu pessoal: de 204 operários em 1912 (e 245 aprendizes?), passou a 32 mestres e contramestres, 220 operários e 280 aprendizes.

---

7 Os nomes dos mestres dos diversos ofícios não deixam dúvida quanto à sua origem italiana: Zadig, Venturo, Pacifico, Catulo, Larocca, Ranzetti, Giusti, Garuti, Davani, Magnani, Zucca, en-

O ensino de ofícios nos primórdios da industrialização

Tabela 3.1 – Oficinas do Liceu de Artes e Ofícios de São Paulo – 1912 e 1934

1912			1934		
Oficinas	Seções	Pessoal	Oficinas	Seções	Pessoal
Trabalhos em madeira	Carpintaria Ebanisteria Mobiliário Torneara Entalhe Marchetaria Envernizamento Amplificação de desenhos	204 operários	Trabalhos em madeira	Preparação mecânica Folheados e compensados Marcenaria Escultura e entalhe Ebanisteria e plancheteria Acabamentos Encaixotamento	32 mestres e contramestres 220 operários 280 aprendizes
Trabalhos em ferro	Reparação de automóveis Soldas Montagem	35 operários	Trabalhos em ferro	Serralheria mecânica Serralheria civil Serralheria artística Forjeamento e soldagem Metalurgia	8 mestres e contramestres 54 operários 75 aprendizes
–	–	–	Artefatos metálicos	Metalurgia Mecânica de precisão Galvanoplastia	7 mestres e contramestres 28 operários 51 aprendizes
Fundição	Fundição	6 operários	Fundição metálica	Fundição estatuária monumental	5 mestres e contramestres 8 operários 14 aprendizes

Continuação

	1912			1934	
Oficinas	Seções	Pessoal	Oficinas	Seções	Pessoal
–	–	–	Artes plásticas	Preparação de matéria-prima Modelagem e formação Cerâmicas, terracotas e esmaltes "Terrazzo" e pedras artificiais	9 mestres e contramestres 19 operários 20 aprendizes
–	–	–	Artes complementares	Ornamentista Artes Gráficas	4 mestres e contramestres 16 operários 24 aprendizes
–	–	–	Caldeiraria e canalizações	Caldeiraria Canalização e instalações sanitárias	2 mestres 9 operários 25 aprendizes
Total do pessoal	–	245 operários	Total do pessoal	–	67 mestres e contramestres 354 operários 489 aprendizes

Fonte: Moraes, 1990, Anexos 3 e 4.

Mas a valorização da metodologia de ensino de ofícios do Liceu não foi compartilhada por todos.

A avaliação de João Luderitz, diretor do Serviço de Remodelação do Ensino Profissional, criado em 1921 no âmbito do Ministério da Agricultura, Indústria e Comércio, revelou a rejeição ao conceito de oficina-escola e ao regime de *aprendizagem espontânea*, a despeito do reconhecimento da qualidade da formação prática dos aprendizes em ofícios específicos.

> Dos liceus de artes e ofícios, salvou-se o de São Paulo, com a adoção da intensa industrialização de suas oficinas, que de escolares, de início, na acepção lata do termo, passaram a ser depois, exclusivamente de interesse fabril, mantendo apenas o ensino primário noturno para os aprendizes. Encaminhou-se essa instituição para um gênero único no país, e digno de um reparo todo especial. Existe ali o regime da aprendizagem espontânea: o aluno entra pequeno, analfabeto quase sempre; vai para uma oficina, percorrendo, em vários anos, as diversas especializações de um grupo de ofícios correlatos e feita, após cinco ou seis anos, sua prática na profissão, aprendeu também a ler e escrever e desenhar, um pouco: sai um homem feito, ótimo operário. (Luderitz, 1925, p.28)

Depois de prestar seu tributo ao liceu paulista, que teria se tornado uma empresa industrial sem rival na América do Sul, Luderitz perguntava-se da possibilidade de seu modelo servir para todo o país. Sua conclusão foi negativa, por três razões: 1) por não terem as demais capitais do país o mercado que São Paulo dispunha – o próprio e o da capital da República; 2) porque a formação do profissional pelo método do Liceu (a *aprendizagem espontânea*) era muito lenta, somente subsistindo à custa do pagamento de salário, o que seria impraticável em outras situações; e 3) porque a educação geral nele ministrada era incompleta do ponto de vista técnico, uma vez que não constava do seu currículo o ensino dos rudimentos das ciências elementares e da tecnologia das profissões. Para o crítico, este último fator seria o mais importante.

Luderitz defendia que o ideal de escola profissional, para o Brasil, seria organizá-las como uma verdadeira empresa industrial, produzindo para o mercado, como o Liceu, mas que, também, seguisse um programa de estudos preestabelecidos, com especial ênfase à educação geral.[8] Para tanto, ao lado da habilidade manual, seria imprescindível que o aprendiz dominasse os conhecimentos gerais dos ofícios correlativos, as noções básicas da tecnologia dos ofícios com os quais teria de se defrontar na vida prática, e que o habilitassem a fazer, por meio do desenho industrial, projetos e orçamentos dos artefatos que

---

8 Foi o que Luderitz recomendou em seu relatório para as escolas de aprendizes artífices da rede federal, mediante sua "industrialização".

iria confeccionar; que aprendesse os rudimentos das ciências físicas, químicas e naturais, pelos quais pudesse apreciar fenômenos condizentes à tecnologia de seu ofício; finalmente, seria imprescindível que o aprendiz adquirisse as bases indispensáveis das "letras", para que soubesse ler e escrever corretamente, assim como fazer os cálculos matemáticos corretamente, que implicassem seus projetos e orçamentos. Mais, ainda, se ele quisesse ser "artista", teria de conhecer alguma coisa de história da arte e estilização; se se preparasse para ser um "artífice", precisaria pelo menos ter uma idéia de eletrotécnica e de cinemática aplicada, de outra forma não poderia enfrentar a concorrência nem acompanhar o surto prodigioso da técnica que, dia a dia, despejava no mercado inovações que exigiam, para sua compreensão e aproveitamento, a base científica mencionada (Idem, p.42-3).

Talvez como resultado tardio dessas críticas, o Liceu enquadrou-se nas normas da Superintendência do Ensino Técnico-Profissional e Doméstico do Estado de São Paulo, na gestão do interventor Armando de Salles Oliveira, professor da Escola Politécnica e membro fundador do Instituto de Organização Racional do Trabalho.[9] Mas, para Moraes (1990), a reforma de 1934 do Liceu, promovida pelo diretor Ricardo Severo, expressou tanto as mudanças havidas nos processos de construção quanto a radicalização dos conflitos de classe.[10]

> Com o tempo a divisão de trabalho irá se acentuar, até o processo produtivo da construção civil atingir, conforme a designação de Sérgio Ferro, a forma atual da *manufatura serial*. O desenvolvimento do mercado imobiliário provoca a associação do saber técnico com o controle econômico do processo construtivo pelo escritório empresarial: começam a ser aplicados princípios científicos e técnicos na produção, através do estudo prévio e rigoroso de cada ato e de cada material utilizado no processo de construção; a produção vai se organizando cada vez mais com a cooperação de trabalhadores parciais, cujas tarefas se simplificam e diferenciam. A produção do edifício se despia do decorativo, alterando a situação de várias profissões, como a dos artistas profissionais da pintura de paredes e artistas amadores, e eliminando grande parte da tradição do artesanato; a desqualificação do trabalho acentua a exploração da mão-de-obra bruta e abre o caminho para o aparecimento de algumas especializações – eletricista, encanador e outras – e para a introdução de quadros técnicos destinados a realizar a mediação entre o canteiro e o escritório. E, neste processo de organização do trabalho de construção, a separação entre as atividades do canteiro de obras e as do escritório e o aprofundamento da divisão do trabalho – com a desqualificação do trabalhador do canteiro e sua perda do conhe-

---

9 No próximo item deste capítulo essa instituição será analisada, particularmente em seu papel no ensino ferroviário.

10 Em 1907, os próprios marceneiros do Liceu entraram em greve pela jornada de trabalho de 8 horas, e foram atendidos em sua reivindicação.

O ensino de ofícios nos primórdios da industrialização

cimento do processo construtivo – foram acompanhadas da substituição do trabalhador estrangeiro pelo migrante nacional. Tal mudança na constituição do mercado de trabalho não se restringiu a uma mera substituição de nacionalidade, mas foi marcada pela reorganização profunda do setor, na qual os trabalhadores de construção deixaram de ser um núcleo de forte resistência operária. (Moraes, 1990, p.199)

A orientação da reforma empreendida por Ricardo Severo, em 1934, foi por ele chamada de *método geometral*. O objetivo era formar, no menor tempo de aprendizagem, o operário competente e especializado, dotado da disciplina mental e social adequada ao organismo industrial e ao próprio operário. Nessa nova orientação, o ensino do desenho geométrico constituía a base do sistema que ele se propunha a implantar no Liceu, o que sugere a existência de uma função latente no novo currículo.

A reforma de 1934 dedicava especial atenção aos aspectos disciplinares, de modo que os alunos obedecessem aos preceitos de asseio, higiene e compostura moral. Pontualidade e operosidade eram tão valorizados quanto eram condenadas a conversa durante o trabalho e a danificação de máquinas, de materiais e de utensílios confiados aos aprendizes. Independentemente da idade, os alunos eram proibidos de beber e fumar no estabelecimento, assim como distribuir ou ler jornais, livros e outros textos durante o período de trabalho, nem mesmo discutir questões sociais, religiosas ou políticas.

As escolas ferroviárias

A iniciativa pioneira de ensino sistemático de ofícios, notadamente para as ferrovias, teve início em 1924, com a criação da Escola Profissional Mecânica no Liceu de Artes e Ofícios de São Paulo.

Seu objetivo estratégico seria dar uma "resposta técnica" à conquista operária da jornada de 8 horas de trabalho. Diante da diminuição do tempo de trabalho, impunha-se o encontro de meios para eliminar todo movimento inútil, produzindo-se mais e melhor num tempo mais curto – vale dizer, a aplicação do taylorismo na formação profissional (Moraes, 1990).

A Escola Profissional Mecânica resultou de acordo estabelecido entre o Liceu e a Estrada de Ferro Sorocabana, a São Paulo Railway, a Companhia Paulista de Estradas de Ferro e a Companhia Mogiana de Estradas de Ferro. Eram essas ferrovias que sustentavam o curso, que contava, também, com subsídios do Ministério da Agricultura, Indústria e Comércio.

Cada uma das empresas envolvidas enviou dois aprendizes para freqüentarem um curso com a duração de quatro anos. Para acompanhar o andamento do projeto conjunto e orientar a formação especializada dos aprendizes, havia sido designado um representante de cada uma das empresas interessadas. Além das atividades desenvolvidas no próprio Liceu de Artes e Ofícios, os estágios práticos eram realizados nas oficinas da São Paulo Railway, situadas na capital paulista, com a finalidade de manter os aprendizes em contato com a realidade ferroviária, especialmente a reparação de material rodante.

Duas inovações de grande relevância foram introduzidas nesse curso. Uma delas foi a utilização de séries metódicas de aprendizagem, consideradas por Roberto Mange,[11] idealizador e diretor do curso, muito mais do que um meio de aquisição de técnicas de trabalho, um instrumento disciplinador e formador do caráter dos jovens aprendizes.[12]

As séries metódicas ocupacionais resultaram da aplicação do método de ensino individual ao estudo dos ofícios industriais. As tarefas consideradas típicas de cada ofício eram decompostas em operações simples, compreendendo quatro fases, a saber: estudo da tarefa, demonstração das operações novas, execução da tarefa pelo educando e avaliação.[13] As tarefas eram atribuídas aos aprendizes de acordo com o grau crescente de complexidade e conforme o ritmo individual de aprendizado. Os conhecimentos de caráter geral (científicos e tecnológicos) eram ministrados na medida da necessidade das tarefas praticadas, e à medida que elas eram executadas. Como apoio ao aprendiz, produzia-se material didático específico, compreendendo, principalmente: folhas de tarefa, que diziam *o que* fazer; folhas de operação, que diziam *como* fazer; e folhas de informação tecnológica, com a indicação dos conhecimentos de matemática, física, química e outros, necessários à realização de cada tarefa.

---

11 Engenheiro suíço diplomado pela Escola Politécnica de Zurich, em 1910, Roberto Mange havia feito o ensino secundário em Portugal e na Alemanha. Em 1913 veio para o Brasil, contratado para lecionar mecânica aplicada às máquinas na Escola Politécnica de São Paulo. Em 1929 realizou viagem à Alemanha, para estudar o processo de aprendizagem dos operários das ferrovias desse país, aplicando os conhecimentos adquiridos nas experiências que posteriormente orientou nas estradas de ferro de São Paulo. Desde a criação da Escola Profissional Mecânica, em 1924, até os anos 50, Mange esteve em posição de liderança no ensino profissional brasileiro, tendo dirigido o Departamento Regional de São Paulo do Senai, entidade sobre a qual exerceu profunda influência.

12 As séries metódicas foram desenvolvidas por Victor Della Vos, diretor da Escola Técnica Imperial de Moscou, a partir de 1875, para enfrentar a necessidade de formação de grande quantidade de trabalhadores qualificados para apoiar a expansão das ferrovias da Rússia. Embora concebidas num país economicamente atrasado, as séries metódicas vieram a substituir os padrões artesanais de aprendizagem de ofícios, e eram perfeitamente compatíveis com o taylorismo, concebido no país economicamente mais avançado.

13 Permitindo-me o anacronismo, utilizarei aqui a seqüência e a denominação utilizadas duas décadas mais tarde pelo Senai.

A outra inovação foi a aplicação de testes psicológicos para seleção e orientação dos candidatos aos diversos cursos, da mesma maneira como já se fazia para seleção e ingresso no curso de mecânica prática do Liceu. Combinadamente com o taylorismo, a Psicotécnica foi sistematicamente utilizada na Escola para a seleção e a orientação profissionais. Para eliminar os desperdícios e obter o rendimento máximo, era indispensável encontrar-se o trabalhador certo para o trabalho certo, o que exigia o estudo das aptidões físicas e psíquicas dos operários, o que valia, também, para o encaminhamento dos aprendizes para os ofícios tidos como os mais adequados a cada um.

Para os exames psicotécnicos, foram adotados os procedimentos desenvolvidos por Henri Pieron, do Instituto de Psicologia da Universidade de Paris e Léon Walter, do Instituto Rousseau, da Universidade de Genebra, que deram cursos em São Paulo e tiveram suas obras traduzidas. Os exames psicotécnicos serviriam, também, para evitar a contratação de "agitadores", medida convergente com a adoção de fichas de identificação datiloscópica destinadas a evitar a reentrada, nos quadros das empresas, de trabalhadores despedidos por razões políticas ou outras.

Desde então, mediante a utilização da Psicotécnica, o ensino de ofícios não se destinava apenas a dar instrução aos pobres, mas cuidava de aproveitar os mais aptos, deixando em segundo plano sua antiga dimensão assistencial.

> A introdução do exame psicotécnico dos candiatos à matrícula nas escolas ferroviárias vinha causar uma verdadeira revolução no espírito que presidia ao encaminhamento de jovens para o ensino profissional. Até então não se procuravam os mais aptos, os mais indicados, aqueles que por suas tendências inatas teriam maior garantia de sucesso no exercício da profissão. Indicavam-se os mais pobres, os mais humildes, os desprotegidos da fortuna, sem a mais leve consideração às qualidades pessoais de cada adolescente. Não se pode, pois, negar que o fato representava um extraordinário avanço na filosofia do ensino industrial, que passava, assim, a ser olhado como um ramo da educação para onde fossem encaminhados somente aqueles possuidores das aptidões indispensáveis ao bom desempenho das tarefas industriais. A seleção psicotécnica dos candidatos às escolas profissionais, conjugando-se ao ensino de ofícios, e com ele formando um só todo, tirava-lhe o aspecto assistencial, que sempre o acompanhara, para lhe dar uma feição nova, mais consentânea com a realidade e que lhe assegurava uma eficiência jamais conseguida. (Fonseca, 1961, v.1, p.452-3)

Além da seleção dos candidatos pela Psicotécnica, a substituição, no ensino de ofícios, do método tradicional pela aprendizagem metódica era vantajosa porque exigia apenas um instrutor para orientar todo um grupo de aprendizes, o que possibilitava o preparo de maior número de profissionais em menor período de tempo. As oficinas, então criadas para fins específicos de aprendizagem, proporcionavam, também, ambiente propício ao menor dispêndio de energia e maior aproveitamento da força de trabalho disponível.

O sistema tradicional de aprendizagem, até então utilizado nas ferrovias do país, consistia na admissão de um jovem menor de idade como praticante ou como aprendiz, escolhido por recomendação pessoal ou por outro motivo estranho à eventual capacidade do candidato. O preparo desse jovem processava-se em geral sem o necessário aperfeiçoamento cultural e técnico-científico, dependendo de uma improvisação técnico-didática dos mestres de oficina, da boa ou má vontade de oficiais e resultava em aquisição de vícios e defeitos.

Completando as séries metódicas, foi adotado o "método moderno" no ensino do desenho, desenvolvido pelo educador belga Omer Buyse.[14] Em vez de partir do ensino de conceitos abstratos, como ponto, reta etc. para construir, progressivamente, toda a geometria, iniciava-se o ensino justamente da direção oposta, a dos desenhos de peças industriais, nos quais se identificavam os elementos geométricos.

Em 1924, ano em que se inaugurava a Escola Profissional Mecânica, no Liceu de Artes e Ofícios de São Paulo, a Companhia Paulista de Estradas de Ferro iniciou estudos para a criação de uma escola própria de aprendizes. Enquanto aguardava a concretização dessa idéia, foram instituídos Cursos de Preparo Técnico, por correspondência, organizados pelos engenheiros da empresa.

A experiência da Escola Profissional Mecânica teve efeitos multiplicadores na Estrada de Ferro Sorocabana, cuja direção encontrava-se empenhada em melhorar os resultados econômicos da empresa e enfrentar a concorrência do transporte rodoviário, conforme a doutrina taylorista. Não lhe bastando o envio de alguns aprendizes ao Liceu de Artes e Ofícios de São Paulo, essa empresa organizou um Serviço de Ensino e Seleção Profissional (SESP), em 1930, incorporando as práticas pedagógicas e psicotécnicas que se divulgavam e se aplicavam, antes mesmo da criação do Idort.

Como a EF Sorocabana tinha sido, à época, estatizada, o governo do estado tomou a decisão, junto com a empresa, de que deveria haver uma estreita colaboração entre o SESP e uma escola profissional da rede estadual. Inicialmente, as aulas teóricas do curso seriam ministradas na Escola Profissional de Sorocaba e os trabalhos práticos realizados em oficina de aprendizagem, que foi construída para esse fim, na mesma cidade.[15]

---

14 Esse educador belga era conhecido no Brasil pelo menos desde 1926, quando o deputado Fidelis Reis apresentou seu projeto sobre o ensino profissional, e o sugeriu ao presidente da República como um dos três nomes para integrar a comissão encarregada de regulamentar a lei.

15 No próximo item tratarei das escolas profissionais da rede estadual paulista. Adianto que a Escola Profissional de Sorocaba havia sido criada em 1929.

Os cursos organizados pelo SESP destinavam-se, principalmente, ao preparo profissional dos ferroviários, em cursos de quatro anos de duração, nas oficinas de mecânica, de telegrafia e de iluminação. Na oficina de mecânica eram oferecidos cursos de aprendizagem nas seguintes especialidades: ajustador, torneiro-fresador, caldeireiro, ferreiro, caldeireiro-ferreiro, eletricista, operador mecânico.

As aulas teóricas eram ministradas no período da manhã, distribuídas num total de 10 horas semanais para as duas primeiras séries, de 8 e de 5 horas para a 3ª e a 4ª séries, respectivamente. O período da tarde era reservado para a realização de trabalhos práticos, distribuindo-se a carga horária em 28 horas para as duas primeiras séries, 32 e 40 para as seguintes. Em resumo, os alunos estariam ocupados pelo menos 40 horas semanais entre aulas teóricas, trabalhos práticos e exercícios físicos. A 1ª série do curso de aprendizagem tinha capacidade para receber trinta alunos.

Os trabalhos práticos eram realizados mediante a aplicação de séries metódicas de aprendizagem, compostas de desenhos de peças, obedecendo a uma ordem de dificuldade progressiva, como foi apresentado mais acima. Os alunos trabalhavam seguindo as indicações completas, de ordem tecnológica e de execução, constantes de cada desenho.

Como incentivo ao interesse do aprendiz e com o objetivo de dar uma feição prática aos trabalhos, a maioria das peças das séries metódicas eram aproveitadas na construção ou reparação de material rodante. Pela mesma razão, os alunos recebiam pagamento em dinheiro pelo trabalho realizado nas oficinas de aprendizagem.

O SESP oferecia um *curso de ferroviários*, com quatro anos de duração, para as seguintes especialidades: ajustador, torneiro-fresador, caldeireiro, ferreiro, eletricista, operador mecânico. Um *curso de aperfeiçoamento* para o pessoal das oficinas, compreendendo disciplinas como português, matemática, desenho técnico, higiene, prevenção de acidentes, e outras. Um *curso de tração*, para foguistas e para maquinistas. Um *curso de telégrafo e iluminação*, para os aprendizes que já possuíssem formação profissional mecânica equivalente à 3ª série do curso de ferroviários, completando-a com mais um ano de aprendizagem. Um *curso de tráfego*, visando à especialização do pessoal dos departamentos de movimento e telégrafo, ensinando desenho e matemática. Nos seus dez anos de existência, o SESP ministrou ensino profissional a 2.400 trabalhadores, em seus diversos cursos.

Para a avaliação da eficiência dos métodos empregados na aprendizagem, foi elaborado um instrumento para verificação objetiva dos resultados, chamado *peça de prova*, que constava de um dos desenhos utilizados na formação profissional dos alunos da primeira série do curso de ferroviários. A diferença da série metódica era que o diagrama da *peça de prova* não continha as indicações para sua realização. O desenho escolhido era o de uma das peças efetuadas no curso para ajustadores, por oferecer as condições necessárias para averiguar a realização de operações básicas em dificuldade crescente. Oferecia, também, a possibilidade de apresentação de resultados semelhantes à curva de Gauss, de distribuição simétrica e atribuição de freqüência máxima nos valores médios. Os dados assim expressos eram necessários ao tratamento estatístico, realizado posteriormente, de correlação de notas obtidas no exame e na prova psicotécnica.

Essa *peça de prova* foi utilizada para classificação dos alunos da primeira turma do Curso de Ferroviários, em 1931, e para comparação com outros métodos de ensino. Foram submetidos à mesma prova mais dois grupos de alunos com características diferentes, tendo os responsáveis pela experiência procurado uniformizar, na medida do possível, as condições gerais de trabalho, o ferramental e o tempo máximo concedido para execução da prova (Mange, 1932).

Os três grupos então formados eram constituídos de aprendizes e futuros aprendizes assim distribuídos: alunos da 1ª série do Curso de Ferroviários da EF Sorocabana (CF), que aprendiam o ofício pela aprendizagem metódica; aprendizes ajustadores das oficinas da EF Sorocabana (EFS), que aprendiam pelo antigo método da aprendizagem espontânea; alunos da 1ª série do Curso de Mecânica Prática do Liceu de Artes e Ofícios de São Paulo (LAO), que eram submetidos às séries metódicas, mas não tinham a aprendizagem totalmente racionalizada. Submeteram-se à prova 28 alunos do CF, 21 aprendizes da EFS e 23 alunos do Liceu. Os três grupos apresentaram as características sintetizadas na Tabela 3.2.

Tabela 3.2 – Características dos aprendizes em três experiências no ensino de ofícios

Especificações	CF	EFS	LAO
Idade média	15,8 anos	18 anos	16 anos
Forma de instrução prática	racional	comum	racional
Tempo médio de aprendizagem	6 meses	3 anos e 6 meses	9 meses
Tempo diário de instrução prática	4 horas	8 horas	6 horas
Tempo semanal de instrução teórica	10 horas diurnas	6 horas noturnas	10 horas noturnas

Fonte: Mange, 1932.

Nota: CF = curso de ferroviários; EFS = Estrada de Ferro Sorocabana; LAO = Liceu de Artes e Ofícios, Escola Profissional Mecânica.

Levando em conta as diferenças entre os grupos em comparação, os dados obtidos no experimento foram suficientes para comprovar que a aprendizagem racional era significativamente superior à aprendizagem comum, no que dizia respeito à rapidez e à eficiência do processo de formação profissional, assim como a que implicava menores custos. A aprendizagem racional tinha um custo médio por aluno de 300 mil-réis, enquanto a aprendizagem comum, de 4 contos de réis.

A expansão dos padrões de aprendizagem industrial, nos moldes do desenvolvido na EF Sorocabana, foi proposta pela diretoria da própria empresa, num conjunto de medidas destinadas a reduzir os custos do transporte ferroviário e combater a concorrência com o transporte rodoviário. Essa foi, aliás, a única medida aprovada pelo governo estadual, de que resultou a criação do Centro Ferroviário de Ensino e Seleção Profissional (CFESP).

No sentido de viabilizar a idéia do CFESP, o Idort elaborou um projeto detalhado, em 1934, segundo o qual, no caso de uma ferrovia não possuir condições de manter um curso próprio de ferroviários, ela recorreria a uma organização, da qual poderiam participar a municipalidade e outras empresas industriais. Os artífices formados pela organização seriam distribuídos entre as estradas de ferro dela participantes, as seções industriais das empresas conveniadas e as pequenas indústrias da região.

O CFESP foi formado pelas ferrovias do Estado de São Paulo, com fundos próprios e vida autônoma. O governo do estado colaborou com o aparelhamento especializado existente na EF Sorocabana que, por sua vez, passou a funcionar com rendimento máximo. Além disso, o governo contribuiu com professores para as aulas de instrução geral e preparatória, instalações materiais de estabelecimentos existentes e assistência das Diretorias de Ensino e Serviço Sanitário. Para normatizar o apoio governamental, foi baixado o Decreto (SP) n.6.537, em 4 de julho de 1934. Um elemento característico da concepção do CFESP, contido no próprio decreto estadual, era a possibilidade de adesão de empresas ferroviárias situadas fora do Estado de São Paulo.

O decreto fixava, também, a forma de participação das empresas ferroviárias conveniadas, na forma de uma contribuição financeira, e o compromisso de, uma vez aderido ao CFESP, dele só se desligarem após aviso prévio de um ano.

A administração do CFESP era realizada por uma Comissão Superior, composta de representantes do governo estadual e das companhias ferroviárias participantes, e tinha como presidente nato o diretor de Viação.

A quantia paga pelas ferrovias filiadas para a manutenção do CFESP correspondia a uma cota proporcional ao número de empregados de cada empresa, sendo maior para as que se situassem fora do Estado de São Paulo. As empresas paulistas receberiam do CFESP orientação técnica, execução e controle direto de todos os trabalhos referentes ao ensino profissional e à seleção do pessoal. As ferrovias dos outros estados teriam direito à orientação dos trabalhos e recebimento de documentação necessária ao funcionamento dos cursos. A aplicação e o controle dos processos de ensino ficariam sob a responsabilidade de técnicos da própria ferrovia, mantendo contato freqüente com os serviços especializados do Centro.

O CFESP foi sediado nas instalações da EF Sorocabana, e foi-lhe incorporado o serviço de formação profissional dessa ferrovia – o SESP – dando prosseguimento aos cursos e às pesquisas psicotécnicas em andamento. Da mesma maneira, foram aproveitadas as séries metódicas já existentes e os estudos psicotécnicos.

As primeiras ferrovias a participarem do CFESP, públicas e privadas, foram a EF Sorocabana, a Companhia Paulista de Estradas de Ferro, a EF Tramway da Cantareira, a EF Noroeste do Brasil, a EF Araraquarense, a Companhia Mogiana de Estradas de Ferro e a EF Campos do Jordão. A EF Araraquarense e a EF Noroeste do Brasil adotaram o sistema de colaboração com as respectivas municipalidades, além de encaminharem para empresas da região parte dos aprendizes por elas formados, de acordo com os padrões do Centro.

A divulgação dos trabalhos do CFESP foi facilitada pela Associação Brasileira de Engenharia Ferroviária, cuja Comissão de Psicotécnica era presidida por Roberto Mange, e tinha como participante Italo Bologna.[16] Após a divulgação no 1º Congresso de Engenharia e Legislação Ferroviárias (Campinas, 1935) dos resultados obtidos na aprendizagem racional no SESP, agora núcleo do CFESP, novas empresas ferroviárias aderiram ao Centro:

EF Central do Brasil – 1935 (RJ)
Rede de Viação Paraná-Santa Catarina – 1938 (PR)
Rede Mineira de Viação – 1940 (MG)
The Great Western of Brazil Railway – 1942 (PE)
Rede de Viação Cearense – 1938 (CE)
EF Goiás – 1942 (GO)
Viação Férrea Federal Leste Brasileiro – 1942 (BA)
EF Nazaré – 1942 (BA)
Viação Férrea do Rio Grande do Sul – 1942 (RS)

Com isso, o atendimento do CFESP atingiu, em 1942, a 83% do total da força de trabalho ferroviária do país, correspondente a 73% da extensão das vias

---

16 Engenheiro da EF Sorocabana, e membro do corpo técnico do SESP, Italo Bologna veio a ser diretor do CFESP, diretor de ensino industrial do Ministério da Educação e diretor-geral do Senai, de 1964 a 1975.

O ensino de ofícios nos primórdios da industrialização

férreas. Nesse ano havia dezesseis escolas profissionais nas ferrovias paulistas, todas ligadas ao Centro.

A ampliação do número de empresas participantes fez que o CFESP deixasse de ministrar cursos diretamente, passando a exercer um papel de orientação, assistência técnica e padronização dos cursos oferecidos pelas próprias empresas. Esses cursos eram os seguintes:

LINHA – cursos para feitores e mestres, realizados nos momentos fixados, em determinados centros de instrução. Esses centros deveriam ser aparelhados com os materiais da linha e dispositivos completos para demonstrações práticas. Nesses locais seriam dadas noções práticas e objetivas sobre os métodos de construção e conservação da via permanente e de organização dos serviços. A duração dos cursos, bem como as épocas de seu funcionamento, dependiam das conveniências locais de serviço.

TRAÇÃO – cursos para pessoal de locomotiva, nas funções de maquinistas e foguistas, que deveriam ser ministrados nos núcleos mais importantes de concentração do pessoal da carreira. As aulas seriam adaptadas à natureza do material rodante de cada ferrovia, concretizadas, na medida do possível, por demonstrações feitas com material e aparelhagem reais. As horas de ensino eram intercaladas nas escalas de serviço, para efeito de freqüência obrigatória, sem prejuízo dos períodos de repouso. Eventualmente, os cursos de tração poderiam ser ambulantes, desde que as ferrovias dispusessem de carros adaptados para tal finalidade.

TRÁFEGO – cursos realizados para as atividades que demandassem preparo especializado e metódico, como as de:

Telegrafistas – formação que merecia atenção especial para os candidatos julgados aptos para as funções de comunicação. Eles seguiriam esses cursos nos principais centros da rede ferroviária, com preparo metódico, mediante exercícios de dificuldade crescente, para práticas de transmissão e recepção telegráficas, em instalações destinadas unicamente à aprendizagem. Haveria estágios de observação e, posteriormente, de trabalho real, para completar o desenvolvimento da aprendizagem. A parte teórica do curso constaria de noções técnicas indispensáveis à compreensão do funcionamento de aparelhos telegráficos usuais e de conhecimentos gerais de utilidade para o cargo.

Pessoal de estação – cursos de duração limitada destinados ao preparo das funções de conferentes e despachantes, com funcionamento adaptado às circunstâncias locais.

Pessoal de trem – para o preparo dessa categoria, que maior contato tinha com o público, diretamente ou zelando pelo transporte de mercadorias, previa-se a organização de cursos fixos e ambulantes, onde seriam estudados a utilização do material rodante e de seu aparelhamento; os serviços normais das composições de cargas e de passageiros; as relações do pessoal com o público. Essas aulas eram de caráter prático e demonstrativo.

Pessoal de movimento e sinalização – destinado ao grupo de despachadores, cabineiros e guarda-chaves, visava proporcionar o conhecimento da profissão a funcionários julgados aptos pelas provas seletivas. Seriam estabelecidos métodos de aprendizagem sistemática e evolutiva em instalações-modelo destinadas a esse fim, ministrando-se noções teóricas necessárias ao desempenho eficiente do cargo.

As escolas da rede CFESP distinguiam-se, substancialmente, das escolas de aprendizes artífices da rede federal, em vários aspectos. Primeiro, a clientela restrita (filhos de ferroviários, principalmente) e formação para utilização também restrita (as estradas de ferro). Nas escolas de aprendizes artífices, os alunos eram, invariavelmente, órfãos e outros "desvalidos", oriundos do lumpemproletariado, mais interessados na comida gratuita do que no aprendizado propriamente. Segundo, a associação do Estado com as empresas, a fim de formar pessoal para todas elas. O Estado era útil às empresas como fornecedor de recursos e garantidor das regras do jogo. Nas escolas de aprendizes artífices, mantidas totalmente pelo Estado para a formação de operários para as empresas, era difícil para aquele perceber as demandas destas. As empresas, por sua vez, tinham dificuldades de influir sobre o ensino em razão da interveniência da burocracia educacional e dos padrões rígidos, quase uniformes. Enquanto as escolas de aprendizes artífices não possuíam uma pedagogia própria para o ensino de ofícios, procurando apenas sistematizar os padrões artesanais da praticagem, a Escola Profissional Mecânica, do Liceu de Artes e Ofícios de São Paulo, o SESP e o CFESP tinham nas séries metódicas a espinha dorsal de uma pedagogia que se mostrou eficaz no alcance dos objetivos almejados.

Criado em 1934, o CFESP foi extinto dez anos depois, em proveito do Senai, entidade à qual veio a se incorporar, além de fornecer quadros dirigentes e a tecnologia de aprendizagem sistemática. Com efeito, Roberto Mange, primeiro diretor do CFESP, foi o primeiro diretor do Departamento Regional de São Paulo do Senai, além de esta instituição ter incorporado as séries metódicas para o ensino dos diversos ofícios.

A rede estadual

O governo estadual paulista fez aprovar, já em 1892, uma lei de reforma do ensino público, de acordo com os ideais divulgados pela propaganda republicana. Considerando a "urgente necessidade" de dar educação aos menores de 16 anos que, pelo fato de já trabalharem, não podiam freqüentar escola durante o dia, a Lei n.88, de 8 de setembro, mandava criar cursos noturnos para os jovens trabalhadores do sexo masculino.

Em 1907 havia 22 desses cursos em funcionamento em todo o estado, nos quais lecionavam os professores das escolas diurnas, que recebiam uma gratificação para neles atuarem. A Lei n.1.184, de 3 de dezembro de 1909, determinou a criação de mais escolas noturnas, na capital e no interior, especificando que elas deveriam localizar-se nas proximidades das fábricas e atenderem, exclusivamente, aos meninos operários ou filhos de operários. A prioridade de instalação dessas escolas seria daquelas que tivessem acomodações oferecidas pelas empresas, e o professor seria sempre provido pelo governo estadual.[17] A articulação com as fábricas deveria se dar, também, na definição do horário escolar.

Em 1917, era ministrado ensino às crianças e jovens operários ou oriundos da classe operária em 139 cursos noturnos, 47 na capital e 92 no interior, que atendiam a 7.763 alunos. Em 1920, os cursos noturnos eram 130 na capital e 1.453 no interior do estado, somando 51.056 alunos, de ambos os sexos (Moraes, 1990, p.143 e 147).

Esses cursos funcionavam das 18h 30 às 21h, exceto nos domingos e feriados, e compreendiam o ensino das seguintes matérias: leitura, escrita, linguagem, aritmética e lições gerais de geometria, de desenho, de higiene, de educação moral e cívica, e das principais aplicações das ciências físico-naturais. O ensino deveria levar em conta os destinatários específicos, isto é, a população operária, assim como a necessidade de despertar sua motivação pelo emprego de exemplos ligados à aplicação prática dos conhecimentos que se pretendia transmitir.

O sentido dessa pedagogia seria a inculcação de uma ética puritana do trabalho:

> O imaginário dos dominantes a respeito de qual deveria ser a vida e a moral operárias, seu desejo de propiciar a reprodução passiva da força de trabalho por meio da inculcação de valores dignificadores do trabalho e da moral burguesa compatíveis com a sociedade industrial perpassam o programa escolar como um todo. É aconselhado, por exemplo, que algumas aulas por semana sejam destinadas à leitura suplementar, sendo escolhidos para tal fim "livros que contribuam para a edu-

---

17 O oferecimento de instalações para as escolas operárias aumentava o poder de barganha do empresariado por ocasião dos movimentos grevistas, quando a ameaça de despejo de professores e alunos constituía um desestímulo para a continuação das paralisações (Costa, 1982, p.6).

cação da vontade, onde são narrados os triunfos da perseverança e exaltadas as alegrias da vida ativa, fecunda e tranqüila do trabalhador honesto". Com idêntico objetivo, é enfatizado, como item especial nas "lições de cousas", o trabalho como fonte de saúde física e moral e, portanto, como base da felicidade. Da mesma forma, a educação moral e cívica deveria estar baseada em "palestras e leituras tendentes a desenvolver nos alunos o sentimento de dignidade pessoal e de amor ao trabalho" e tomar como ponto de referência os "exemplos de homens que foram de condições humildes e que conseguiram celebridade e fortuna pela energia da vontade e pelo trabalho". (Moraes, 1990, p.145)

Além dos cursos noturnos para crianças e jovens da classe operária, o governo estadual instalou escolas profissionais para os mesmos destinatários, mediante contratos com o setor privado. O texto da Lei (SP) n.1.192, de 22 de dezembro de 1909, expressava a persistência da idéia do ensino profissional como algo destinado aos desvalidos, em consonância, aliás, com a exposição de motivos do decreto do presidente da República, desse mesmo ano:

> Fica o Governo autorizado a contratar com estabelecimentos industriais, agrícolas ou beneficentes de reconhecida idoneidade, a educação profissional de menores pobres, não criminosos de ambos os sexos, que tenham mais de 11 anos de idade e que, por falta de proteção paterna ou tutelar, estiverem abandonados.

Em vez da contratação de educação profissional com instituições privadas, o que caracterizou a iniciativa do governo paulista foi a criação de uma rede estadual, sem similar nas demais unidades da Federação.

Autorizado pelo Congresso Legislativo a criar escolas próprias, em 1910 (Leis n.1.214 e 1.245), já no ano seguinte começaram a funcionar duas delas na capital, uma de "artes industriais" para o sexo masculino, outra de "economia doméstica e prendas manuais" para o feminino, ao mesmo tempo que o Governo Federal criava a rede de escolas de aprendizes artífices. No fim dos anos 20, a rede estadual paulista dispunha de mais seis dessas escolas, situadas em cidades do interior do estado.

É esse o momento em que ocorre um aumento da indústria paulista, sem precedentes, a que correspondia a criação das escolas profissionais como resposta do Estado à formação do mercado de trabalho (Tabela 3.3).

Passemos, agora, a focalizar duas escolas profissionais da rede estadual, sobre as quais se dispõe de maiores informações. Primeiro, a Escola Profissional Masculina, da capital, depois a Escola Profissional de São Carlos. Para a escola da capital, vali-me de Moraes (1990, p.218 ss.) e, para a do interior, de Buffa & Nosella (1998).

O ensino de ofícios nos primórdios da industrialização

Tabela 3.3 – Matrícula geral nas escolas profissionais oficiais do Estado de São Paulo, 1912-1930

Ano	Matrícula masculina	Matrícula feminina	Total
1912	344	267	611
1913	571	293	864
1914	651	253	904
1915	731	292	1.023
1916	883	366	1.249
1917	889	613	1.502
1918	909	593	1.502
1919	1.241	580	1.821
1920	1.146	536	1.682
1921	1.698	622	2.320
1922	1.556	601	2.157
1923	1.563	656	2.219
1924	1.585	1.021	2.606
1925	1.589	1.120	2.709
1926	2.040	1.052	3.092
1927	2.130	1.602	3.732
1928	2.096	2.054	4.150
1929	2.554	2.683	5.237
1930	3.125	3.095	6.220

Fonte: Moraes, 1990, Anexo 21.

A Lei (SP) n.1.711, de 27 de dezembro de 1919, que baixou o regulamento das escolas profissionais da rede estadual, determinou que o número e o tipo de oficinas de cada uma das unidades dependeria de decisão do governo, em comum acordo com as direções de cada estabelecimento. Para isso, deveriam ser levadas em conta "as necessidades da vida operária e o desenvolvimento do meio industrial" onde a escola se localizasse. No caso das escolas do interior do estado, estava prevista a existência de uma seção destinada ao conserto e ao estudo das máquinas agrícolas usadas na lavoura da região. Além de constituir uma fonte de renda para a escola, esperava-se que o emprego dos ex-alunos nessa seção fixasse o operário na região, evitando o êxodo para a capital, por causa da inexistência de aplicação para os ofícios aprendidos.

Os cursos teriam três anos de duração, compreendendo conteúdos teóricos e práticos. As disciplinas teóricas – português, aritmética e desenho técnico – deveriam ser ensinadas, sempre que possível, simultaneamente às suas aplicações práticas.[18]

Na Escola Profissional Masculina, visava-se à *educação integral do trabalhador*, evitando-se a especialização num ofício limitado. O aluno deveria passar por todas as oficinas. No caso do curso de mecânica, por exemplo, o aluno deveria atuar nas oficinas de serraria, de fundição e de ferraria, depois às de ajustagem em tornos, de construções e de montagens. No dizer de Aprígio Gonzaga,[19]

> mesmo na execução das lições, nunca especializamos, ensinamos a iniciar e a concluir uma obra completa. Baseadas no desenho, onde, após uma ligeira preparação geométrica, os alunos enfrentam o desenho profissional, sempre do natural, em escalas exatas, todas as construções são apoiadas em plantas e moldes executados pelos alunos que, desse modo, aprendem a ver a necessidade e a aplicação do desenho, cuja leitura lhes facilita a construção e evita a contínua presença do mestre. (Apud Moraes, 1990, p.222)

Além das vantagens pedagógicas, esse sistema era adotado por possibilitar ao egresso aperfeiçoar-se em qualquer ramo do seu ofício e, caso necessitasse, deslocar-se sem dificuldade de um ramo para outro de sua profissão.

Para o diretor Aprígio Gonzaga, a rejeição da especialização na escola era uma resistência ao que considerava o "determinismo industrial", o "cativeiro do homem à fábrica". Para ele, seria vergonhoso que o Estado predestinasse os jovens a determinadas tarefas limitadas. Se inevitável, que isso fosse feito pelas próprias fábricas, nunca pelas escolas oficiais.

Na educação profissional ministrada na escola da capital, o *slojd* era o método adotado. Desenvolvido na Dinamarca por Axel Mikkelsen, o trabalho manual era considerado o principal meio educativo na escola, para disciplinar moralmente o educando e desenvolver nele o amor ao trabalho. O ensino profissional deveria ir ao encontro do futuro operário, assim como a escola primária vai ao encontro da criança. A matéria do ensino profissional era dividida em seus elementos constituintes, de modo que os exercícios fossem realizados em ordem de dificuldade crescente. Os alunos deveriam produzir diversos objetos, tais como brinquedos, utensílios domésticos, aparelhos escolares de física. Eles deveriam empregar, alternadamente, ambas as mãos no manejo

---

18 Na escola da capital, em 1924, os alunos aprendiam, também, noções de física e de química.

19 Professor normalista, Aprígio Gonzaga foi diretor da Escola Profissional Masculina, de 1911, quando de sua criação, até 1934, portanto durante 23 anos.

dos instrumentos, os quais deveriam ser adequados a sua força (Moraes, 1990, p.219)

Para o diretor da Escola Profissional Masculina da capital paulista, a proposta de "educação pelo trabalho para o trabalho" não poderia esgotar-se no adestramento técnico do aluno, mas, isto sim, visar sua "formação moral":

> na era atual, o obreiro educado e consciente de seus deveres e direitos, unido ao patrão, no trabalho comum, será a base do progresso e da prosperidade em que assentará a Pátria a grandeza de suas instituições. (Apud Moraes, 1990, p.222)

Para dar sustentação a tais práticas socializadoras, foi criada a Associação Beneficente e Educadora dos Alunos da Escola Profissional Masculina. Considerada pelo diretor a substância do *Estado Escola*, ela deveria se aproximar, tanto quanto possível, das práticas estatais, de modo que os alunos pudessem aprender a exercer os direitos e deveres da cidadania.

Assim, além da comemoração das festas cívicas, da promoção do escotismo e de competições esportivas, os alunos associados eram beneficiados com assistência médica e dentária, além de receberem a "sopa escolar". Os recursos para financiar essas práticas eram provenientes do trabalho dos próprios alunos nas oficinas. A renda proveniente da venda dos produtos era convertida em bônus, apropriados pelos alunos, individualmente, e pela Associação. Para completar a dimensão formativa propiciada pelo *Estado Escola*, os alunos participavam da escolha da direção da Associação, além de desempenharem nela diversas "funções públicas".

Passemos, agora, à Escola Profissional de São Carlos.

O projeto de criação de uma instituição desse tipo em São Carlos era uma aspiração antiga. Mas a instalação no município da fábrica de lápis J. Faber e a crise de 1929-1930 reforçaram a idéia do desenvolvimento industrial, para o que se impunha a formação de operários na região. Quando foi aprovada a Lei Estadual n.1.709/19, autorizando a criação de escolas profissionais no interior, as lideranças políticas de São Carlos pretenderam trazer uma delas para sua cidade. Todavia, não bastava a solicitação ao governador. Precisavam obedecer a um dispositivo dessa lei, que encarregava a prefeitura municipal de prover um prédio adequado ao funcionamento da escola pretendida, e doá-lo ao governo estadual. Para tanto, os políticos são-carlenses pretenderam utilizar um prédio construído por um grupo de médicos, para abrigar uma casa de saúde. O empreendimento não havia se concretizado e o prédio estava inacabado. Parte das ações da empresa foi doada à prefeitura, que, por sua vez, adquiriu outra parte. Pôde-se, então, concluir a construção do prédio e doá-lo ao governo estadual, com aquela finalidade educacional.

Concluídos os trâmites políticos, o Decreto n.4.694 do governador do estado, de 13 de dezembro de 1930, determinou a localização em São Carlos de uma das escolas profissionais que a lei de 1919 havia autorizado. Como contrapartida política, ela foi denominada Escola Profissional "Dr. Júlio Prestes", nome do então presidente do Estado de São Paulo.[20]

Para a instalação do projeto pedagógico, foi enviado a São Carlos o diretor da Escola Profissional Feminina da capital, Horácio da Silveira, que viria a ser por muitos anos o superintendente do Ensino Profissional. Ele foi auxiliado por um professor da escola profissional já instalada em Amparo.

Mas o início do funcionamento da escola demorou dois anos. Embora Júlio Prestes tivesse vencido as eleições presidenciais em 1930, as acusações de fraude, o assassinato de João Pessoa e outros importantes fatores levaram ao movimento armado que acabou por depor o presidente Washington Luiz e levar Getúlio Vargas (o candidato derrotado) à Presidência da República.

Por tudo isso, foi só em março de 1932 que a Escola Profissional de São Carlos começou a funcionar, depois de dotações de verbas do próprio orçamento municipal e da nomeação de um diretor pelo interventor estadual.[21] Contava, então, com duzentos alunos.

Desde o início, a Escola Profissional de São Carlos foi concebida como um estabelecimento misto, destinado a alunos de ambos os sexos. No primeiro ano de seu funcionamento, eram oferecidos os cursos de mecânica e de marcenaria, para os homens; e confecções e corte, para as mulheres, todos com três anos de duração. Além de pelo menos 12 anos de idade, os alunos precisavam ter concluído o curso primário para poderem ingressar em qualquer curso.

Em decorrência do Código de Educação do Estado de São Paulo, de 1933, o estabelecimento foi classificado como escola profissional secundária mista. Em conseqüência, ela introduziu um curso vocacional, de um ano de duração, no qual os alunos faziam um rodízio pelas oficinas, e eram os candidatos preferenciais ao curso profissional secundário.[22] A partir de 1934, a escola passou a oferecer, também, o curso noturno de aprendizado e aperfeiçoamento, que funcionava às segundas, quartas e sextas-feiras, das 19h às 21h.

---

20 Buffa & Nosela (1998) mostraram as mudanças de denominação da escola profissional. Significativamente, a fotografia que registra a visita do Coronel Mendonça Lima e sua comitiva da Legião Revolucionária a São Carlos, em setembro de 1931, mostra a fachada do prédio ostentando o nome de Escola Profissional "João Pessoa". Quando entrou em funcionamento, em 1932, ela se chamava apenas Escola Profissional Secundária Mista, sem o nome de nenhum homenageado. A partir de 1949, já em outro enquadramento político-institucional, o nome da escola passou a homenagear outras pessoas, predominantemente Paulino Botelho.

21 Silveira (1935) registra o ano de 1933 como o de fundação da Escola Profissional de São Carlos.

22 Mais adiante serão apresentados maiores esclarecimentos sobre essa nova organização do ensino profissional paulista.

O ensino de ofícios nos primórdios da industrialização

Em 1933, o leque de cursos oferecidos foi ampliado. No que diz respeito à seção masculina, onde o ensino profissional orientava-se para a produção industrial e manufatureira, as oficinas e as respectivas seções eram as seguintes:

- Mecânica: tornearia; ajustagem e fresamento; ferraria e serralheria; fundição de ferro, bronze e latão;
- Marcenaria: tornearia; entalhação.

A pesquisa de Buffa & Nosela nos permite traçar um perfil do alunado da Escola Profissional de São Carlos. Vejamos os dados relativos aos alunos do sexo masculino. No período de 1932 a 1940, passaram por ela 822 alunos no curso diurno e 785 no noturno, uma média de 91 alunos/ano no diurno e 87 no noturno. A idade dos alunos do diurno variava dos 13 aos 30 anos, com maior freqüência na faixa dos 13 aos 17. A preferência dos alunos era para o curso de mecânica, que tinha, em média, o dobro do efetivo da marcenaria. Como não havia vagas para todos os que preferiam o curso de mecânica, os próprios professores tinham de reorientar os alunos para as demais oficinas, à medida que iam sendo criadas. A maioria dos alunos tinha pais comerciantes (pequenos e médios), operários, lavradores e funcionários públicos. A partir de 1935, cresceu a participação de filhos de ferroviários, lavradores e comerciantes.

> Em síntese, os alunos e alunas da Escola Profissional/Industrial [de São Carlos] não eram propriamente pobres e desvalidos. Como vimos, eram filhos de trabalhadores manuais, em sua maioria. Havia alguns (poucos) alunos filhos de profissionais liberais e de proprietários. O que mais surpreende é que todos os depoimentos, quando se referem ao perfil do aluno dessa escola, de um lado constatam, com pesar, a existência de um estigma (escola destinada a pobres) e, de outro, esforçam-se por afastar qualquer depreciação da Escola. A clientela, naturalmente, procurava uma profissão, não necessariamente cultura. Essa profissionalização era feita com seriedade e disciplina e por isso seus professores esforçavam-se para demonstrar que essa escola não era inferior à acadêmica. (Buffa & Nosela, 1998, p.99)

Os documentos colhidos pelos autores aqui mencionados revelaram que parte dos alunos das primeiras turmas da escola profissional procuravam-na como meio de continuar os estudos em nível pós-primário, por não terem sido bem-sucedidos nos exames de admissão ao ginásio ou ao primeiro ciclo da escola normal, que era o estabelecimento de ensino de elite na cidade.

A maioria dos professores das disciplinas de caráter geral tinha se formado em curso normal, sobretudo na própria cidade de São Carlos. Já os primeiros mestres para as oficinas foram contratados em São Paulo, às vezes procurados diretamente nas empresas industriais.

As normas disciplinares eram bem severas, em especial nas duas primeiras décadas de funcionamento da escola. Por ser uma escola mista, houve a preocupação de separar os alunos de cada sexo. Para isso, as entradas eram separadas, assim como o pátio de recreio tinha um muro que separava rapazes e moças. Depois que esse muro foi derrubado, o controle se fazia pelo horário diferente no recreio e até mesmo de saída da escola.

Conforme anunciado anteriormente, vou apresentar um panorama da organização do ensino profissional em São Paulo, conforme o Código de Educação baixado pelo Decreto n.5.884 do interventor estadual, em 21 de abril de 1933.[23] Tratarei exclusivamente do ensino ministrado aos alunos do sexo masculino (seja em escola exclusivamente para eles, seja nas seções das escolas mistas), já que o ensino ministrado às alunas estava mais voltado para o artesanato (vestuário, bordados, flores etc.) e a economia doméstica.

Em 1935, a rede estadual paulista de ensino profissional compreendia dez estabelecimentos de ensino que ofereciam cursos na área manufatureira e industrial, criados de 1911 até 1933, quando foi incorporada uma antiga instituição privada de Santos. A Tabela 3.4 apresenta as datas de inauguração das escolas dessa rede, assim como as matrículas das seções masculinas. Vemos aí que, além do Instituto Profissional Masculino, situado na capital, a rede estadual paulista contava com estabelecimentos onde se ensinavam ofícios industriais e manufatureiros nas cidades de Amparo, Rio Claro, Franca, Campinas, Ribeirão Preto, Sorocaba, Mococa, São Carlos e Santos.

Entre os estabelecimentos de ensino mencionados acima, havia três tipos:

- a escola profissional primária, que ministrava o curso vocacional e as duas primeiras séries do curso profissional;
- a escola profissional secundária, que ministrava também a 3ª série;
- o instituto profissional, que ministrava mais duas séries de aperfeiçoamento.

O curso vocacional consistia num estágio preliminar de um ano para os candidatos aos cursos profissionais. Depois de um mês de observação, o aluno deveria escolher o ofício que desejava aprender. No segundo semestre, ele poderia mudar sua escolha, por indicação do professor ou do mestre do ofício, ou, ainda, por decisão baseada em "provas clínicas e antropométricas". Como cultura geral, os alunos recebiam aulas de português, geografia e história do Brasil, aritmética, geometria, desenho e plástica. Os candidatos a esses cursos deveriam ter entre 12 e 16 anos, e 70% das vagas seriam preenchidas com os egressos de cursos pré-vocacionais. As vagas restantes, pelos aprovados em exame das matérias do programa do 4º ano primário.

---

23 Esse panorama foi elaborado com base em Silveira (1935).

O ensino de ofícios nos primórdios da industrialização

Tabela 3.4 – Rede Estadual Paulista de Ensino Industrial, 1935

Escolas profissionais	Ano de inauguração	Nº de alunos
Instituto Profissional Masculino (capital)	1911	788
Escola Profissional Masculina (Amparo)	1913	340
Escola Profissional Masculina Secundária de Rio Claro	1919	440
Escola Profissional Secundária Mista "Dr. Júlio Cardoso" (Franca)	1924	294
Escola Profissional Secundária Mista "Bento Quirino" (Campinas)	1927	342
Escola Profissional Secundária Mista de Ribeirão Preto	1927	176
Escola Profissional Secundária Mista "Cel. Fernando Prestes" (Sorocaba)	1929	460
Escola Profissional Secundária Mista "Cel. Francisco Garcia" (Mococa)	1931	136
Escola Profissional Secundária Mista de São Carlos	1933	221
Instituto "D. Escolástica Rosa" (Santos)	1933	370
Todas as escolas		3.567

Fonte: Silveira (1935).
Nota: Estão computados apenas os alunos do sexo masculino das escolas mistas.

As escolas profissionais primárias destinavam-se à preparação elementar para o exercício de profissões manuais e para a continuação dos estudos nas escolas profissionais secundárias, em cursos de dois anos de duração. Os cursos oferecidos eram os de tornearia; entalhação, tapeçaria e empalhação; pintura e decoração; laticínios; estenografia, mecanografia e correspondência comercial; instalações elétricas e aparelhos de rádio; douração e niquelagem; fiação e tecelagem; artes gráficas e serralheria; marcenaria e entalhe. Como disciplinas de conteúdo geral, os alunos tinham português, geografia e matemática elementar. Poderiam ser matriculados em seus cursos os candidatos com mais de 12 anos e concluintes do curso primário. Quem tivesse feito o curso pré-vocacional poderia matricular-se no 2º ano.

As escolas profissionais secundárias ministravam um curso de três anos de duração para alunos maiores de 13 anos. As disciplinas de caráter geral eram as seguintes: português, geografia, história do Brasil, aritmética, geometria, noções de álgebra e trigonometria, plástica aplicada às profissões, desenho profissional. A formação profissional propriamente dita compreendia o ensino dos ofícios com trabalhos em mecânica: fundição; ferraria e caldeiraria; ajustagem e

149

serralheria; tornearia e fresagem. Os trabalhos com madeira compreendiam os ofícios de tornearia; entalhação; ebanisteria artística. Outros cursos poderiam ser acrescentados a essa lista, conforme as necessidades locais de força de trabalho, sendo listados os seguintes: eletrotécnico, ferroviário, laticínios, tecelagem, artes gráficas, segeria, selaria e trançagem, construções navais, serviços portuários e outros. Os candidatos a esses cursos não tinham restrição de idade, mas seu ingresso estava condicionado à aprovação no curso vocacional. Poderiam se matricular diretamente no 2º ano os que tivessem feito cursos equivalentes nas escolas profissionais primárias.

Anexas aos institutos e às escolas profissionais secundárias funcionavam escolas norturnas de aprendizado e aperfeiçoamento, para trabalhadores que já atuassem na indústria, ou que desejassem aprender um ofício, em cursos de dois ou três anos de duração. Os candidatos aos cursos de aperfeiçoamento e aprendizado deveriam ter pelo menos 12 anos de idade (de preferência, mais de 15) e curso primário completo.

Em 1934 foram criados os núcleos de ensino profissional, com o fim de apoiar cursos especiais para ferroviários[24] onde não existissem escolas profissionais, assim como auxiliar o ensino profissional em outros ramos, promovidos por prefeituras municipais e empresas privadas. A expectativa era a de que no caso de um núcleo se desenvolver, poderia ser transformado em escola profissional – primária ou secundária. Foram criados núcleos na capital, e nas cidades de Jundiaí, Araraquara, Bauru, Bebedouro, Cruzeiro e Pindamonhangaba.

Para o aperfeiçoamento de mestres das oficinas das escolas profissionais, foram criados cursos de dois anos de duração, anexos a cada um dos institutos da capital. O curso de aperfeiçoamento da Escola Profissional Masculina tinha, como conteúdo geral, as seguintes disciplinas: português; inglês; matemática aplicada às profissões e contabilidade industrial; geografia econômica e higiene industrial; organização de oficinas e direção de trabalho; desenho profissional; plástica; história das artes e elementos de economia política. As opções disponíveis para os mestres eram nas oficinas de mecânica em geral (tornearia, ajustagem e fresagem), ebanisteria artística, entalhação, pintura artística, desenho profissional mecânico, escultura, eletrotécnica.

Depois dos dois anos de curso, os alunos deveriam fazer um estágio de seis meses em oficina de sua especialidade em escola profissional da rede estadual ou, então, no próprio instituto freqüentado.

Nos cursos de aperfeiçoamento poderiam se inscrever os diplomados pelas escolas profissionais secundárias, mediante concurso de notas, podendo concorrer a um terço das vagas os alunos diplomados pelas escolas secundárias co-

---

24 Justamente nesse ano foi criado o CFESP, como vimos no item anterior.

O ensino de ofícios nos primórdios da industrialização

muns dos municípios do interior, mesmo que não tivessem feito cursos profissionais. Um quinto das vagas estava reservado aos candidatos não diplomados, mas que comprovassem, em provas de admissão, conhecimento geral e técnico equivalente ao dos egressos das escolas secundárias, profissionais e não.

O provimento do pessoal de oficina das escolas profissionais da rede estadual deveria ser feito dentre os diplomados nos cursos de aperfeiçoamento – os ajudantes, pelas notas obtidas e os mestres, mediante concurso de provas técnicas.

A rede estadual paulista de ensino profissional contou, assim, com uma peculiar modalidade de formação de formadores, inaugurada justamente quando a rede federal de escolas de aprendizes artífices da rede federal tinha a sua extinta. Com efeito, se os cursos de aperfeiçoamento começaram a funcionar em São Paulo, em 1936, a Escola Normal de Artes e Ofícios "Venceslau Brás", criada em 1917 e incorporada à rede federal dois anos depois, foi extinta em 1937 para dar lugar a uma instituição similar às demais da rede, perdendo aquela especificidade.

4
Rio de Janeiro: laboratório de reformas

O fato de ser a capital do país dava ao Rio de Janeiro uma posição especial em se tratando de experimentação sociopolítica. Saneamento, urbanismo e educação eram matéria para os reformadores que tinham no prefeito do Distrito Federal o apoio indispensável, respaldado pelo presidente da República, quem, aliás, nomeava o prefeito.

Ex-seminarista e professor de língua e literatura latina na Escola Normal de São Paulo, Fernando de Azevedo era, em 1926, crítico literário de *O Estado de S. Paulo*. Dez anos antes, havia se preocupado com a educação física nas escolas, tema sobre o qual publicou um livro. Mas seu envolvimento com problemas educacionais, num plano mais amplo, resultou da missão recebida de Júlio de Mesquita Filho, diretor do jornal, para realizar uma pesquisa sobre os problemas da instrução pública em São Paulo, nos moldes da que tinha realizado, no mesmo ano, sobre arquitetura colonial.

Foi com esses antecedentes que Fernando de Azevedo chegou ao Rio de Janeiro, em 1927. Destituído da posição hegemônica que seu grupo político-ideológico desfrutava no Estado de São Paulo, pelas eleições de 1926 para o governo estadual, Azevedo destacou-se com o famoso "inquérito" sobre a situação educacional paulista, realizado naquele ano, sob os auspícios de *O Estado de S. Paulo*, que publicou em capítulos toda a pesquisa.[1]

A passagem de Azevedo do ambiente paulista para o carioca foi propiciada pelo prefeito do Distrito Federal, Antônio Prado Junior, nomeado pelo presi-

---

1 No capítulo 5, o "inquérito" de Fernando de Azevedo será focalizado no que concerne ao ensino profissional.

dente da República, o também paulista Washington Luiz Pereira de Souza, ambos ligados ao grupo político-ideológico de que Azevedo participava. Assim, a destituição do educador, no plano estadual, correspondeu a sua promoção no plano federal.

Fernando de Azevedo dedicou grande parte de sua gestão (1927-1930) a desenvolver uma profunda reforma conceitual da rede escolar do Distrito Federal, compreendendo o ensino primário, o ensino normal e o ensino técnico-profissional, com amplas repercussões na organização e na gestão da Diretoria Geral de Instrução Pública.

Alinhado com a estratégia da reforma paulista de Sampaio Dória, de 1920, ele optou pela redução da duração do ensino primário, de sete para cinco anos, e pelo estabelecimento do regime de turnos, para aumentar o número de crianças atendidas numa escola que deveria ser efetivamente obrigatória.

Apenas nove prédios escolares foram construídos, num esmero arquitetônico que valorizava o partido do claustro e a fachada barroca, de que é exemplo notável o edifício da Escola Normal (depois Instituto de Educação).

De Fernando de Azevedo, Paschoal Lemme tem palavras muito elogiosas em suas *Memórias* (1988): a capacidade de delegar, a escolha dos auxiliares, a inflexibilidade na recusa das influências político-partidárias no preenchimento dos cargos administrativos e pedagógicos, estão entre as qualidades mencionadas.

A solicitação do prefeito Prado Junior de autorização ao Conselho Municipal para a contratação de cem novas professoras primárias levou os conselheiros a desenvolverem uma espécie de chantagem política: em troca da indicação de pessoas para esses cargos, a reforma seria aprovada, caso contrário sua tramitação seria obstruída e, no limite, rejeitada.

A recusa do nepotismo retardou muito a tramitação da reforma, que só foi aprovada em fins de 1927, mesmo assim com muitas emendas. O prefeito vetou numerosos artigos e parágrafos, produto do clientelismo parlamentar e de interesses particularistas, como o que introduzia o ensino religioso nos internatos mantidos pela prefeitura. Os vetos do prefeito foram mantidos pelo Senado Federal, resultando daí o Decreto n.3.281, de 23 de janeiro de 1928.

A vitória de Prado Junior/Azevedo nas disputas com o clientelismo e o nepotismo parlamentares suscitou ácidas críticas da imprensa contra os "especialistas da Paulicéia" – além do diretor-geral, Sud Menucci, dirigente do primeiro censo escolar da capital do país.[2]

---

2 Piletti (1982) fez um apurado inventário dos artigos publicados nos principais órgãos da imprensa carioca durante os quatro anos da gestão de Fernando de Azevedo, assim como um levantamento dos trâmites do projeto de reforma no Conselho Municipal.

O ensino de ofícios nos primórdios da industrialização

A Revolução de 1930 levou à destituição do presidente Washington Luiz, do prefeito Prado Junior e de seu diretor de Instrução Pública, Fernando de Azevedo. Enquanto o ex-presidente partia para o exílio, os demais retornavam a São Paulo.

Paschoal Lemme relata em suas *Memórias* episódios marcantes que definiram a tomada do poder pelos opositores da "República Velha". No que dizia respeito à instrução pública, o novo diretor era um dos mais ferrenhos adversários da reforma de Fernando de Azevedo, e iniciou uma verdadeira caçada aos membros de sua equipe:

> Procurava-se incriminar os antigos colaboradores, até em problemas como o desvio de dinheiro público, para que pudessem ser atingidos em sua honorabilidade pessoal e diminuir assim a importância de suas atividades técnicas, pedagógicas e administrativas. Na realidade, era uma reação contra a moralização da administração pública ou, pelo menos, contra os esforços para modificar velhos hábitos no trato dos problemas de educação e ensino, tirando-os do âmbito do proveito pessoal para um terreno impessoal, que tivesse por objetivo atender aos interesses mais gerais para os quais os serviços públicos são organizados. E essa era, como sempre, uma manifestação do velho espírito contra as reformas inovadoras, de caráter progressista. (Lemme, 1988, v.2, p.76)

No entanto, Paschoal Lemme admitiu que, ao mesmo tempo que se empenhavam em demolir a obra de Fernando de Azevedo no Distrito Federal, os revolucionários de 1930 adotaram iniciativas de grande alcance no plano federal, que imprimiram profundas mudanças na educação brasileira, particularmente com a organização do Ministério da Educação.[3]

Logo outro reformador veio a se ocupar do Rio de Janeiro.

Anísio Spínola Teixeira teve uma ascensão política realmente meteórica. Com apenas 31 anos de idade, ele foi nomeado diretor-geral de Instrução Pública do Distrito Federal. Mas a trajetória de Caitité ao Rio de Janeiro não foi direta. Teve pelo menos três escalas entremeadas: a) Salvador, onde esse filho de oligarca do sertão foi ginasiano e inspetor-geral do Ensino, cargo no qual propôs uma reforma educacional que lhe valeu um lugar entre os reformadores dos anos 20; b) Rio de Janeiro, onde graduou-se em Direito; e c) Nova York,

---

3 Lemme relata, ainda, sua nomeação para uma comissão, no âmbito do Ministério da Educação, para apresentar sugestões para a regulamentação do departamento que deveria se encarregar do ensino técnico-profissional. Entre eles estavam Edgar Sussekind de Mendonça, também integrante da equipe de Fernando de Azevedo, e Francisco Montojos, gaúcho indicado pelos revolucionários, que veio a ser nomeado para dirigir o referido departamento, cargo que ocupou por muitos anos.

sede da Universidade Colúmbia, onde fez sua pós-graduação em Educação, durante o ano letivo 1928-1929.

Tampouco foi direta sua passagem da administração estadual para a federal. Entre uma e outra, a nomeação para um posto técnico na Diretoria do Ensino Secundário do recém-criado Ministério da Educação e Saúde, e a militância na Associação Brasileira de Educação, num dos momentos mais turbulentos da história política do Brasil.

Indicado pelo jurista Temístocles Cavalcanti, seu colega de turma na Faculdade de Direito, ao interventor Pedro Ernesto Batista para a Diretoria de Instrução Pública, Anísio Teixeira foi recebido, desde a nomeação, com hostilidade pelo professorado carioca, por ser baiano (talvez mais difícil de assimilar do que a proveniência paulista do diretor que o antecedeu) e pela pecha de "americanizado", o que, aliás, Pachoal Lemme endossou, a despeito do reconhecimento dos seus méritos.[4]

> Apesar dos possíveis "pecados" da "americanização", estou convencido de que a administração Anísio Teixeira representou o ponto mais alto atingido entre nós no esforço de oferecer ao povo uma organização de ensino público, de inspiração democrática, limitada apenas pelas próprias limitações do regime econômico, político e social em que vivíamos e continuamos a viver, até os dias de hoje. Interrompida pela onda reacionária que começou a se elevar no país, resultante da crise geral da democracia liberal que se estendia pelo mundo todo e que, naturalmente, deveria chegar até nós, nunca mais foi possível repetir uma experiência semelhante, com as características de organicidade e integração em que a quantidade e a qualidade de ensino procuraram ser plenamente atingidas. (Lemme, 1988, v.2, p.134)

Além de associar as escolas técnicas secundárias, concebidas por Anísio Teixeira, às "escolas compreensivas" norte-americanas,[5] Lemme mostrou sua insatisfação para com a mania do educador baiano pelos testes psicológicos

---

4 Quando se comparam as menções de Paschoal Lemme a Fernando de Azevedo e a Anísio Teixeira, constata-se que o memorialista foi bastante benevolente com o primeiro, de quem só menciona as qualidades no trato direto com a matéria de sua diretoria. O educador baiano, contudo, teve suas idéias submetidas a uma análise contextual, na qual a limitação de suas propostas ficou explicitada. Ao leitor das memórias de Lemme resta a interrogação sobre seu pensamento a respeito da articulação entre a educação e o trabalho na reforma Azevedo – questão cara a um marxista! – sobre o que ele não escreveu uma só palavra. Sobre tal articulação versará o item 1 deste capítulo.

5 Clarice Nunes precisou melhor essa inspiração norte-americana das escolas técnicas secundárias. Para a autora, tais escolas incorporaram a idéia de que o ensino secundário deve ser uma continuação do ensino primário, "orientado no sentido de possibilitar ao adolescente uma formação básica da qual fariam parte as práticas do trabalho" (Nunes, 1980, p.22).

O ensino de ofícios nos primórdios da industrialização

em moda nos EUA, mas o que sobressai mais fortemente de suas memórias é o indisfarçado ressentimento por ter sido preterido, na ocupação de cargos de direção, por "pessoas de fora do magistério carioca", principalmente os conterrâneos do diretor-geral, especialmente Joaquim Faria Góes Filho, de quem tratarei mais adiante.

A Escola Normal foi transformada no Instituto de Educação, com a ampliação de suas atribuições no âmbito do sistema de ensino.[6] Foram construídas 25 novas escolas e empreendeu-se a criação das escolas técnicas secundárias (que serão objeto de um item deste capítulo) e chegou-se a criar a Universidade do Distrito Federal (UDF), extinta em 1939, após intervenção do Governo Federal, já em pleno Estado Novo.

A obra reformadora desse jovem educador não poderia ser realizada sem o especial respaldo político do prefeito Pedro Ernesto Batista.

Ligado aos "tenentes" desde 1922, o médico pernambucano Pedro Ernesto Batista foi um dos criadores do Clube 3 de Outubro, organismo político que deu sustentação ao governo provisório, especialmente a Getúlio Vargas. Ele foi um dos organizadores e dirigentes do Partido Autonomista do Distrito Federal, cuja principal meta era a defesa da participação popular na escolha do prefeito dessa unidade da Federação. Em setembro de 1931, Pedro Ernesto foi nomeado interventor na prefeitura do Distrito Federal, e, em abril de 1935, após a promulgação da Constituição de 1934, foi eleito para o cargo, o primeiro a ocupá-lo pelo voto popular. Todavia, se Anísio Teixeira foi sustentado por Pedro Ernesto, acabou por ser o bode expiatório de seus adversários políticos.

O apoio que o prefeito deu à Aliança Libertadora Nacional, sua obra de forte apelo popular (especialmente nas áreas de educação e saúde), sua pronta reação diante da repressão político-ideológica que se seguiu ao levante de 1935, fizeram cair sobre si forte pressão. Ele teve de aceitar a demissão de Anísio Teixeira, alvo da campanha anti-comunista liderada por Alceu de Amoroso Lima, assim como foi obrigado a demitir o reitor da UDF, Afrânio Peixoto, juntamente com diretores de faculdades e numerosos professores. Apesar dessas concessões, o prefeito foi preso em abril de 1932 e condenado por envolvimento no levante de 1935, do que foi posteriormente inocentado.

Para o tema que interessa diretamente a este livro, vale a pena ligar a atuação de Anísio Teixeira no Distrito Federal com a de outro baiano, Joaquim Faria Góes Filho, seu colega de ginásio em Salvador e colaborador, na Bahia como no Rio de Janeiro.

---

6 Além de uma escola de formação de professores primários, o Instituto de Educação compreendia um jardim de infância, uma escola primária e uma escola secundária, assim como laboratórios para pesquisas educacionais.

Em 1931, os dois colegas se transferiram para o Rio de Janeiro, onde se processava a renovação da administração pública no campo educacional, especialmente pela criação do Ministério da Educação e Saúde Pública. Enquanto Anísio Teixeira foi convidado por Francisco Campos para superintender o Serviço-Geral de Inspeção dos estabelecimentos de ensino secundário no novo ministério (agosto de 1931), Faria Góes foi nomeado inspetor federal no mesmo setor. Em outubro de 1931, quando Anísio Teixeira assumiu a Diretoria-Geral de Instrução Pública do Distrito Federal, Faria Góes o acompanhou, vindo a dirigir a Escola Técnica Visconde de Mauá para, em seguida, ocupar a estratégica Superintendência da Educação Secundária Geral, Técnica e do Ensino de Extensão do então Departamento de Educação, cargo em que esteve, com breve intervalo, até 1940. Deste ano até 1942, dirigiu a Superintendência do Ensino Elementar da agora Secretaria-Geral de Educação e Cultura do Distrito Federal, que só deixou para ocupar posições de direção no recém-criado Serviço Nacional de Aprendizagem dos Industriários (depois, Industrial) – Senai.

A repressão política desencadeada pelo Governo Federal, desde os últimos meses de 1935, que levou à exoneração de Anísio Teixeira e à demissão e prisão do prefeito Pedro Ernesto, não atingiu Faria Góes. Beneficiando-se de uma licença, ele se matriculou no curso de mestrado em Educação do Teacher's College da Universidade Colúmbia, em Nova York, em 1936, onde seu colega e patrono havia obtido o mesmo grau, sete anos antes.

No processo de retomada do dualismo escolar no Distrito Federal, acionado desde a demissão de Anísio Teixeira, a atuação de Faria Góes esteve marcada pelo realismo. Sem confrontar-se com a orientação impressa por Francisco Campos e Gustavo Capanema, contribuiu para inserir na política educacional ao menos alguns dos princípios educacionais deweyanos, que os pioneiros da educação nova compartilhavam. Primeiramente, o adiamento do ensino profissional para os jovens, pois, segundo pensavam, quanto mais cedo se iniciasse a separação desse ensino da educação geral, mais fortemente discriminatória e antidemocrática seria a escola. Em seguida, a retirada do ensino profissional da destinação exclusiva aos desvalidos, incluindo-se um elemento vocacional na seleção dos seus destinatários.

Na desmontagem da obra educacional de Anísio Teixeira no Distrito Federal, desempenhou um papel fundamental Francisco de Oliveira Campos, o primeiro ministro da Educação, em cuja equipe o educador baiano ingressara em 1931.

Professor da Faculdade de Direito de Belo Horizonte, Francisco Campos foi deputado estadual e secretário da Justiça e Negócios Interiores de Antônio Carlos de Andrada (1926-1930). Foi nesse cargo que criou a Universidade de Minas Gerais (1927), mediante a reunião de instituições de ensino superior mantidas pelo governo estadual. Com a colaboração direta de Mário Casasanta,

O ensino de ofícios nos primórdios da industrialização

Campos empreendeu importante obra de reforma do ensino primário, assim como a mais importante redefinição do ensino normal de toda a Primeira República (Nagle, 1974, p.222).

Para Anamaria Casasanta Peixoto (1983), a reforma educacional mineira teve um nítido objetivo de recomposição do poder político. Daí a preocupação principal com o ensino primário e a formação de professores: o aumento da oferta de ensino primário resultaria na ampliação do número de eleitores. Mas não se esperava que a escola provocasse nenhuma mudança substancial na ordem política. Ao contrário, a escola era entendida como um prolongamento da vida social, cabendo-lhe socializar as crianças de modo a inseri-las na sociedade existente, "sem choques e desarmonias".

Diferentemente dos demais reformadores da educação nos anos 20, a reforma mineira foi deslanchada com a mobilização de professores. Em maio de 1927, foi realizado em Belo Horizonte, convocado pelo governo estadual, o Congresso de Instrução Pública, que contou com a participação de 450 professores da rede estadual de ensino.

Também incomum foi a preocupação com a formação de professores e técnicos em educação para apoiar a reforma projetada. Um grupo de professores da rede estadual de ensino foi enviado ao Teacher's College da Universidade de Colúmbia, em Nova York, para cursos, seminários e observação direta do ensino público norte-americano. De volta ao Brasil, em 1929, esse grupo constituiu o núcleo da Escola de Aperfeiçoamento, reforçado pela missão pedagógica européia, contratada pelo governo mineiro. Essa missão era formada de professores francofônicos (franceses, belgas e suíços).[7]

A Escola de Aperfeiçoamento foi inaugurada ainda em 1929, com 142 professoras-alunas do interior do estado, para um curso de dois anos de duração, em regime de tempo integral, onde estudaram psicologia e psicologia experimental, metodologia, desenho e modelagem, legislação escolar de Minas Gerais, noções de direito constitucional e educação física. Para a obtenção de efeitos mais imediatos, a instituição oferecia cursos intensivos e palestras.

A dimensão quantitativa da gestão de Francisco Campos à frente da Secretaria do Interior de Minas Gerais é realmente expressiva: de 1926 a 1930, o número de escolas primárias públicas quase duplicou. No mesmo período, o número de escolas secundárias foi multiplicado por três e o de escolas normais, por dez (Peixoto, 1983, p.153).

A participação do presidente (governador) Antônio Carlos de Andrada na direção da Revolução de 1930 propiciou a passagem de Francisco Campos

---

7 A mais famosa dos integrantes dessa missão era Hélène Antipoff, russa de nascimento, que trabalhava no Instituto Jean-Jacques Rousseau, em Genebra, acabou por se radicar em Belo Horizonte.

para o plano político federal, tornando-o o primeiro titular do Ministério da Educação e Saúde, cargo que ocupou com alguns intervalos até 1932, quando da Revolução Constitucionalista, a qual foi acusado de apoiar.

Em 1935, Francisco Campos retornou ao centro do poder e foi nomeado para a Secretaria de Educação do Distrito Federal, quando passou a ocupar posição destacada no campo ideológico da direita de caráter fascista. Em janeiro de 1937, ele assumiu o Ministério da Justiça (até 1943), onde elaborou o projeto da Constituição que veio a ser outorgada por Vargas, inaugurando o Estado Novo.

A escola do trabalho (1928)

Logo depois de nomeado para dirigir a Diretoria-Geral de Instrução Pública do Distrito Federal, Fernando de Azevedo dedicou-se a elaborar um projeto de lei para a reforma do ensino público no Distrito Federal, um texto longo, minucioso e complexo, com 403 artigos.[8] Estavam aí contemplados os principais pontos do "inquérito", no que dizia respeito ao ensino primário, ao ensino normal e ao ensino técnico-profissional.[9]

Mais do que inserir no projeto de lei os principais pontos do "inquérito", Fernando de Azevedo produziu, pela primeira vez no Brasil, o que ele preconizava para nossa legislação educacional: em vez de ser elaborado "de afogadilho", esse projeto de lei teria sido resultado de longas reflexões, realizadas após consulta às lideranças educacionais do Distrito Federal; a política educacional nele preconizada não teria resultado de suas preferências pessoais, mas, sim, de princípios de filosofia educacional, dos quais decorreram normas para cada um dos segmentos do ensino, num desenvolvimento lógico-dedutivo. Em especial, estavam articulados o ensino normal ao ensino primário, assim como este ao ensino profissional.

À imagem do órgão colegiado existente no plano federal, o Distrito Federal contaria com um Conselho de Educação, dotado de competência consultiva e deliberativa, presidido pelo diretor-geral de Instrução Pública, composto dos dois subdiretores (o administrativo e o técnico), de dois inspetores escolares,

---

8 A regulamentação desses dispositivos foi ainda mais longa e minuciosa, comportando 704 artigos, além de 18 tabelas anexas de vencimentos dos funcionários. Em escrito posterior sobre a reforma, Fernando de Azevedo (1958, p.62) defende-se da possível acusação de prolixidade, comparando a extensão desses decretos (100 páginas em corpo 10) com a legislação então vigente, que consumia 960 páginas no mesmo corpo.

9 O ensino secundário só veio a integrar o sistema de ensino do Distrito Federal na gestão Anísio Teixeira, a partir de 1932, assim como o ensino superior, este por apenas sete anos.

de dois inspetores médicos, de um diretor de escola normal, de dois diretores de escola profissional (um de escola masculina, outro de escola feminina) e de um representante do magistério primário,[10] todos nomeados pelo prefeito, mediante proposta do diretor-geral. As principais atribuições deliberativas desse conselho eram a aprovação dos programas do ensino primário, do normal e do técnico-profissional; a aprovação dos livros didáticos, da literatura infantil e demais materiais escolares; e o julgamento de processos disciplinares.

A escola primária deveria ser animada, em todos os sentidos, "de um sentido claro de finalidade social". Como instituição, ela deveria enquadrar-se "no sistema social geral", mantendo contato íntimo com a sociedade a que se propunha servir. Vejamos como isso foi especificado.[11]

> A escola primária se organizará dentro desse espírito de finalidade social:
>
> a) como vestíbulo do meio social, para influir sobre ele, integrando as gerações na comunidade pela adaptação crescente da escola às necessidades do meio, prolongando sobre o lar a sua ação educativa, e aparelhando-se para reagir sobre o ambiente, por um programa de educação moral que tenda ao desenvolvimento de qualidades e à reação de defeitos dominantes no meio social;
>
> b) Como verdadeira escola de trabalho para fim educativo, ou escola-comunidade, em que se desenvolva o sentido da ação, o gosto pelo trabalho manual, o sentimento de cooperação e o espírito de solidariedade social;
>
> c) para atrair e acolher, sem distinção alguma, crianças de todas as proveniências e contribuir eficazmente para atenuar e quebrar o sentimento isolador de diferenças sociais, criadas pelas diferenças de situação econômica.

Não sei se Fernando de Azevedo tinha consciência, nesse momento, de que esses ambiciosos objetivos para um sistema educacional do Brasil da Primeira República (e até mesmo depois) somente poderiam ser atribuídos à escola pública. A escola privada, principalmente a que atendia a destinatários exclusivos em termos culturais e econômicos, não poderia, de jeito nenhum, atender à letra "c" das finalidades acima, e, dificilmente, a de letra "b", quando muitos pais de alunos tinham sido educados durante o regime escravagista.

---

10 Este seria escolhido dentre os diretores de escola que tivessem mais de 12 anos no exercício do magistério.

11 Os comentários que se seguem serão feitos com base na lei aprovada pelo Conselho Municipal, parcialmente sancionada pelo prefeito, de que resultou o Decreto n.3.281, de 23 de janeiro de 1928, assim como no Decreto n.2.940, de 22 de novembro de 1928, que regulamentou os dispositivos do primeiro.

Para os objetivos deste texto, a finalidade expressa na letra "b" é central. Vejamos como Fernando de Azevedo entendia a escola primária enquanto "escola de trabalho".

Com a duração de cinco anos, a escola primária seria aparelhada com "oficinas de pequenas indústrias", nas zonas urbana e suburbana, de campos de experiência agrícolas na zona rural e de pequenos museus de aparelhos de pesca na zona marítima. O quinto ano dessa escola constituiria um "curso prevocacional técnico, elementar de ensino agrícola ou agrícola-doméstico na zona rural e industrial ou doméstico profissional na zona urbana". Não se sabe quem e como ministraria esse tipo de ensino.

A concepção da escola primária que, sem ser propriamente profissional, deveria preparar os alunos para seu papel social, além de fornecer os elementos para os cursos profissionais, estava já na apresentação do "inquérito" de 1926, até mesmo a evocação do termo alemão *arbeitschule*.[12] Nesse sentido, a escola primária seria um "instrumento de educação moral e cívica das massas e um aparelho capaz de dotá-las de elementos de valor para a luta pela vida" (Azevedo, 1958, p.48), concepção que incorporava o princípio da atividade da escola nova, que foi exposta com mais detalhe na seguinte passagem:

> A sociedade atual apóia-se na organização do trabalho; daí o princípio econômico da escola do trabalho. É outra face da mesma questão: outro princípio adotado na lei do ensino. A escola do trabalho é a escola em que a atividade é aproveitada como um instrumento ou meio de educação. Nada se aprende, senão fazendo: trabalhando. O trabalho manual é empregado não somente como meio de expressão mas como um instrumento de aquisições. A escola do trabalho, na técnica alemã, concorda, a este aspecto, com a escola ativa. Mas é mais do que esta, porque, além de aproveitar a atividade como um meio de ensinar, além de fazer trabalhar para "aprender" (ensinar pelo trabalho), ensina a trabalhar, procura despertar e desenvolver o hábito e a técnica geral do trabalho. A escola, de um auditório que era, passou a ser um laboratório, em que o mestre ensina os alunos pelo trabalho, de que participa, estimulando, orientando e praticando com eles todas as atividades escolares, meramente educativas ou de finalidade utilitária. Assim, a tarefa da escola, além de criar e desenvolver o sentimento democrático (escola única), poderá transformar-se num instrumento de reorganização econômica pela escola do trabalho. A reforma baseou toda a educação na atividade criadora e pesquisadora do aluno, estimulada pelo "interesse", que, permitindo desenvolver-se o trabalho com prazer, lhe dá o caráter educativo de que deve revestir-se na escola primária. (Azevedo, 1958, p.73)

---

12 Nos textos da reforma de 1928 e nos comentários posteriores, Fernando de Azevedo contentou-se com a tradução para o português, passando a falar da escola primária como *escola do trabalho*.

O ensino de ofícios nos primórdios da industrialização

A reforma do ensino técnico-profissional deveria começar pela escola primária, exigência pedagógica e organizacional que jamais teria sido compreendida no Brasil, onde a legislação resultava de iniciativas isoladas e arbitrárias. Essas duas instâncias escolares deveriam estar articuladas como degraus de uma hierarquia, ou, na imagem que Fernando de Azevedo utilizava com mais freqüência, como "elos de uma mesma cadeia, que se apresentam visceralmente ligados". A escola primária de letras, "com caráter marcadamente livresco", só poderia acentuar as atividades intelectuais, não poderia preparar para o trabalho, em termos vocacionais nem disciplinares.

Além de conceber a escola primária em função do ensino técnico-profissional, a reforma de 1928 procurou retirar desse segmento a conotação que o acompanhava de destinado aos desvalidos.

> Esses institutos [de ensino profissional, LAC] não podiam continuar a ser apenas a sombra a cujo abrigo recolhia os menores de ambos os sexos, uma política acessível à piedade e ao amor do próximo, mas estreita e imprevidente, incapaz de compreender a necessidade de acrescentar ao conforto do acolhimento o tirocínio do trabalho, completando, por uma educação profissional, sólida e eficaz, a assistência devida pelo Estado aos menores abandonados. (Azevedo, 1958, p.163)

Assim, a escola profissional teria finalidades muito mais amplas do que qualificar os pobres para serem operários. Se a qualificação num ofício era procurada, as finalidades se ampliaram, como mostra o dispositivo do decreto:

> O ensino técnico-profissional terá por fim:
>
> a) ministrar o conhecimento e a prática de um ofício;
>
> b) elevar o nível moral e intelectual do operário;
>
> c) despertar e desenvolver-lhe a consciência de suas responsabilidades, como a consciência das bases científicas e da significação social de sua arte;
>
> d) alargar-lhe a visão técnica e artística;
>
> e) aperfeiçoar-lhe a técnica no sentido do maior rendimento do trabalho; e
>
> f) transformá-lo por esta maneira num elemento de progresso técnico nas oficinas e nas indústrias nacionais.

Os cursos teriam a duração de quatro anos, dos quais os dois primeiros seriam comuns, e o último ano seria de aperfeiçoamento.

No terceiro e no quarto anos seria ministrado o ensino intensivo de matérias especiais, conforme os fins de cada estabelecimento de ensino profissional. Para os cursos de Obras em Madeira, Madeira Artística e Obras Anexas, as matérias seriam as seguintes: desenho de estilização; modelagem; história das artes. Para os cursos de Artes Gráficas: desenho de estilização; modelagem;

história das artes; química industrial; e arte de composição e encadernação. Para os cursos de Construções Metálicas e Eletromecânicas: modelagem; mecânica aplicada; noções de resistência dos materiais; manejo e instalação de máquinas e eletrotécnica. Para os cursos profissionais de Pesca e Indústrias Derivadas do Mar: noções de oceanografia; noções de navegação estimada; legislação da pesca, socorro naval e polícia da costa; noções de construção naval.[13]

Levando em conta todas as condições, para ingressar num curso profissional um candidato deveria ter pelo menos 13 anos de idade, concluído a escola primária de cinco anos e, também, o curso complementar vocacional, de dois anos.

Em cada escola profissional haveria uma seção industrial, de acordo com a especialidade de cada uma, destinada aos "trabalhos de execução completa", feitos para o público ou para os governos municipal ou federal, mediante encomenda e contrato. Essa seção deveria "produzir como indústrias", de modo que os "alunos-operários" do terceiro e do quarto anos dos cursos profissionais recebessem um salário como retribuição ao trabalho de até seis horas diárias nas oficinas. Os alunos internos receberiam os salários mensalmente, mas os internos teriam seus rendimentos depositados na Caixa Econômica, que seriam disponibilizados quando terminassem o curso, de modo que pudessem adquirir imediatamente os instrumentos de trabalho. Mas, se um aluno fosse desligado do estabelecimento por medida disciplinar ou por abandono do curso, ele perderia o direito aos depósitos, que reverteriam ao patrimônio da escola.

De todo modo, o recebimento de salário pelos alunos, medida que pode ter sido inspirada nas práticas do Liceu de Artes e Ofícios de São Paulo, foi justificada como para evitar o mesmo destino das escolas profissionais oficiais para os alunos pobres: elas permaneciam "desertas de alunos", que as abandonavam tão logo conseguiam um emprego em empresa disposta a aproveitar seu aprendizado incompleto.

Essa diretiva de "industrialização" das escolas profissionais mostrou-se menos radical do que a exposta por Fernando de Azevedo na introdução ao "inquérito" de 1926, onde ele defendeu o regime de *self-supporting* para os estabelecimentos oficiais. Mas, em texto posterior, ele preferiu evocar o exemplo de Henry Ford, nas escolas profissionais mantidas por suas empresas. Na reforma de 1928, a fórmula resultante foi a seguinte:

---

13 Além desses cursos, havia mais dois para os jovens do sexo masculino: Agrícola e de Indústrias Rurais; e Comerciais. E o ensino doméstico para jovens do sexo feminino.

As escolas profissionais, sem prejuízo de seus programas de ensino, produzirão como indústrias, nos dois últimos anos de curso, senão para se bastarem a si mesmas, ao menos para formarem um patrimônio para assistência aos alunos e desenvolvimento das oficinas.

Os orçamentos deveriam ser feitos de modo que o lucro líquido estimado permitisse que a produção fosse vendida a um preço igual ou inferior ao médio de mercado, caso contrário as encomendas não poderiam ser aceitas. O resultado das vendas seria dividido em duas partes: 60% para o patrimônio da escola e 40% para o salário dos alunos-operários e dos mestres e contramestres, no caso de horas adicionais às contratadas.

Anexo a cada uma das escolas profissionais, funcionaria um curso complementar de dois anos de duração, um "curso primário superior", de caráter vocacional, cujo programa de estudos teria maior desenvolvimento na matemática elementar e nas ciências físicas e naturais, além da predominância de desenho, trabalhos manuais e modelagem. Esse curso seria um prolongamento do curso primário, servindo para desenvolver a habilitação técnica geral dos alunos que se destinassem aos cursos propriamente profissionais.

Conforme idéia exposta no "inquérito" de 1926 (sobre o qual Fernando de Azevedo havia sido desestimulado por Roberto Mange), a reforma de 1928 mandava criar uma Escola Tecnológica de Mestres e Contramestres, para a formação do professorado técnico dos cursos profissionais, assim como para a indústria em geral.[14]

O curso teria um caráter teórico-prático, de quatro anos, dos quais os dois primeiros ensinariam, nos cursos profissionais masculinos, as seguintes matérias: português; matemática elementar; física e química; higiene industrial; mecânica geral; geometria descritiva; desenho geométrico e industrial; modelagem; e tecnologia da profissão, de acordo com a especialidade visada.

Teriam preferência de matrícula na Escola Tecnológica de Mestres e Contramestres os jovens com pelo menos 17 anos de idade, que tivessem concluído um curso técnico nas escolas profissionais municipais. Se houvesse vagas não aproveitadas, seriam aceitos outros candidatos sem terem feito aqueles

---

14 Vale a pena chamar a atenção para o fato de que essa seria a segunda tentativa de se manter uma instituição para a formação de formadores no Distrito Federal. A primeira foi a Escola Normal de Artes e Ofícios "Venceslau Brás", criada em 1917, pela prefeitura, e transferida para o Governo Federal dois anos depois, vindo a integrar, desde então, a rede de escolas de aprendizes artífices. Conforme foi dito no capítulo 2, em 1928 já era possível conhecer as dificuldades de funcionamento de uma escola desse tipo, para o que os dispositivos da reforma de Fernando de Azevedo não indicavam soluções adequadas. A propósito, essa escola jamais foi criada no Distrito Federal, na gestão desse reformador nem dos seus sucessores.

cursos, desde que demonstrassem prática industrial, mediante exame que apuraria a capacidade profissional correspondente.

Outro elemento importante do "inquérito" de 1926, inserido no decreto de 1928, foi o Laboratório de Psicotécnica e Orientação Profissional, que seria criado no Distrito Federal. Além da aplicação de testes nos alunos, visando à "verificação de suas aptidões naturais" para os diversos ofícios, ele prestaria serviços às indústrias, especialmente para as profissões ligadas à mecânica.

Tanto a Escola Tecnológica de Mestres e Contramestres quanto o Laboratório de Psicotécnica e Orientação Profissional seriam criados depois de formada a primeira turma das escolas profissionais, conforme os dispositivos que se aprovavam. Portanto, somente depois de 1932.[15]

Enquanto a Escola Tecnológica não tivesse formado um número suficiente de mestres e contramestres para as escolas profissionais, as vagas existentes para essa categoria docente seriam providas mediante concurso público, sendo os aprovados contratados por um período de três anos, a título de experiência, podendo ser efetivados após avaliação. Para o ingresso nesse quadro, teriam preferência os candidatos que tivessem demonstrado "profundo conhecimento do trabalho da profissão adquirido em eficiente prática industrial".

O concurso para o cargo de mestre ou contramestre deveria constar de três provas de habilitação técnica, além dos conhecimentos gerais. Na primeira prova, o candidato deveria desenhar um objeto, aparelho ou peça de máquina, sorteado um ponto por uma comissão examinadora. Na segunda, deveria executar um projeto a partir de um desenho, na oficina do ofício correspondente. A terceira prova constaria de um relatório descritivo do projeto e da maneira de o executar, além do orçamento detalhado do trabalho feito. Para completar, o candidato deveria fazer a justificação oral do projeto e da execução.

Cada estabelecimento de ensino profissional masculino teria um Conselho Escolar, de caráter consultivo, de que fariam parte, por nomeação do diretor-geral de Instrução Pública (que seria o presidente desse órgão colegiado), o diretor da escola, um representante da indústria e um do comércio, da especialidade da escola, um mestre ou contramestre e, conforme a natureza do estabelecimento, "um artista representante de escola, centro ou círculo de belas artes".[16]

---

15 Como veremos no terceiro item, em 1936 apareceram propostas de criação de um órgão de psicotécnica e orientação profissional, o que sugere que aquele dispositivo permanecia ainda sem efeito.

16 O primeiro decreto continha uma pequena parte dedicada à educação musical nas escolas públicas, o que, na regulamentação, estendeu-se para abranger uma escola de arte dramática e escolas anexas de bailados e canto coral.

O ensino de ofícios nos primórdios da industrialização

Esse dispositivo mostrava a presença do diretor-geral na direção de cada escola profissional, assumindo ele a presidência do conselho, por determinação legal, embora pudesse delegá-la ao subdiretor técnico.

Com o mesmo objetivo de estreitar as relações entre o ensino técnico-profissional e a produção industrial e comercial, as escolas deveriam promover visitas de todos os alunos aos principais estabelecimentos afins (bancos, oficinas, fábricas e laboratórios). Convergente com essa determinação foi traçado o perfil do diretor de escola, que deveria ser pessoa que tivesse se dedicado ao ensino profissional ou engenheiro (civil, arquiteto, industrial, eletrotécnico, mecânico, agrônomo) ou, ainda, técnico especialista, conforme a atividade de cada escola.

O decreto de 1928 apresentou, também, o esboço do currículo de cada uma das escolas profissionais existentes na rede da prefeitura do Distrito Federal, além das que seriam criadas. Vou transcrever os das escolas que dizem respeito diretamente aos objetivos deste texto.

Instituto João Alfredo, que se especializaria em eletrotécnica e em mecânica, passaria a oferecer os seguintes cursos:

Eletrotécnica e eletromecânica (estudo de geradores, motores, transformadores de corrente contínua e alternativa [sic]; aplicações de eletricidade à iluminação, à indústria, à tração e à metalurgia; reparação, montagem e desmontagem de motores e aparelhos elétricos; telegrafia, telefonia, radiotelegrafia e radiotelefonia e outras aplicações da eletricidade)
Ferraria e serralheria
Ajustagem e tornearia
Fundição e moldagem
Mecânica aplicada a motores de explosão (oficinas de reparação, montagem e desmontagem de motores).

Escola Visconde de Cairu, que se especializaria em obras de madeira e madeira artística e obras anexas, para a instalação de interiores. Os cursos oferecidos seriam os seguintes:

Carpintaria
Marcenaria
Tornearia
Escultura em madeira ou entalhação
Lustração
Empalhação
Tapeçaria
Cerâmica.

Escola Álvaro Baptista, depois de instalada definitivamente em instalações apropriadas, se dedicaria a ministrar o ensino de Artes Gráficas, compreendendo os seguintes cursos:

Composição tipográfica ou em caixa
Composição a teclado (linotipos e monotipos)
Impressão
Litografia
Fototécnica
Zincografia
Tricromia
Galvanoplastia
Encadernação (comum, em couro e em madeira).

Escola Profissional de Construção, seria ainda criada, em zona suburbana ou rural, para oferecer os seguintes cursos:

Tijolo, pedra e cimento
Pedreiros
Frentistas
Estucadores
Ferreiros
Latoeiros e funileiros
Carpintaria e marcenaria
Pintura e decoração.

Em razão das afinidades com a indústria e a manufatura, vou apresentar os cursos práticos previstos para a vindoura *Escola Profissional de Pesca*:

Manobras dos barcos de pesca, sinais e prática da costa
Processos de pescar
Fabricação de aparelhos de pesca
Transporte de conservação do pescado
Aproveitamento industrial e máquinas de aproveitamento dos produtos de pesca
Motores marítimos e seu funcionamento
Prática de construção naval elementar e oficina de construção e reparos de barcos
Emprego militar dos barcos e instrumentos de pesca (minagem e contraminagem).[17]

---

17 O decreto de regulamentação excluiu esse item da lista de cursos práticos.

Como Fernando de Azevedo havia apresentado na introdução às questões formuladas no seu "inquérito", o ensino técnico-profissional seria completado pelos *cursos populares noturnos* em três anos de duração, que teriam três horas diárias de aulas. Eles teriam a finalidade de ministrar o ensino correspondente às duas primeiras séries da escola primária, a jovens e adultos analfabetos (a partir dos 13 anos), acrescido do ensino técnico também elementar. Esses cursos seriam localizados onde a população proletária fosse mais densa, divididos em masculinos e femininos, por causa do conteúdo (para as mulheres, a economia doméstica). O corpo docente desses cursos seria constituído de professores normalistas que, sem prejuízo do ensino diurno, seriam comissionados por um período máximo de três anos.

Pelo que foi exposto acima, vimos que o fulcro da reforma de 1928 foi a articulação entre a escola primária – *a escola do trabalho educativo* – e a escola profissional – *a escola do trabalho profissional*. Tal articulação seria feita:

a) pela orientação do último ano do curso primário, no sentido vocacional (curso pré-vocacional), com predominância de trabalhos manuais e desenho;

b) pela feição marcadamente vocacional dos cursos complementares que, funcionando obrigatoriamente nos próprios estabelecimentos de ensino profissional a que estão anexos, serão dados por professores do quadro, designados em comissão;

c) pela orientação dos seus programas ou planos de estudos projetados e realizados sempre em vista dessa interdependência;

d) pelo desenvolvimento, na escola primária, dos testes de escolaridade e de orientação profissional;

e) por meio de reuniões periódicas de inspetores escolares e diretores de escolas e institutos profissionais, sob a presidência do sub-diretor técnico, para o exame e concerto de medidas tendentes a desenvolver, na escola primária, o interesse pela educação técnico-profissional;

f) por visitas freqüentes de alunos da escola primária às oficinas em atividade e às exposições permanentes das escolas e institutos profissionais.

No entanto, o conceito de trabalho era pouco claro. Nos diversos escritos que serviram de suporte à divulgação da reforma, Fernando de Azevedo ora nos faz crer que tinha um conceito de trabalho produtivo, aquele que se faz em troca de salário, necessário para o trabalhador viver. É o que se depreende, por exemplo, de passagem de entrevista a jornal carioca, que diz: "a criança pobre aprenderá a trabalhar, a criança rica, trabalhando igualmente, aprenderá a respeitar o trabalho alheio" (apud Penna, 1987, p.35). Em outras passagens dos documentos, o conceito de trabalho parece assumir uma conotação muito lata, podendo ter a ver com a produção ou não, podendo ser entendido até mesmo em termos exclusivamente intra-escolares.[18]

Outra dificuldade que a arquitetura da reforma de 1928 acarreta para o analista é a persistência de desarticulações – na verdade, discriminações –, apesar de todo o esforço teórico-doutrinário de Fernando de Azevedo para mostrar o contrário. Apesar da articulação entre o ensino normal e o primário, e entre este e o profissional, nenhuma palavra é dita nos mais de mil artigos dos dois decretos sobre a articulação do ensino primário com o secundário (federal ou privado), nem do profissional com o secundário e com o superior. Resulta, assim, parcial a articulação proclamada no "inquérito" de 1926 e nos textos justificativos da reforma de 1928: a articulação vertical é parcial, assim como a horizontal.

Efetivar a diretiva da articulação de todos os segmentos do ensino no Distrito Federal será o propósito da reforma de 1932, já na gestão de Anísio Teixeira, de que tratarei no próximo item.

A escola técnica secundária (1932)

Nomeado diretor-geral de Instrução Pública do Distrito Federal em outubro de 1931, quatro meses depois Anísio Teixeira já tinha prontas as normas da reforma educacional que pretendia empreender. Sua efetivação seria mais fácil do que a de Fernando de Azevedo, já que este dependeu do Conselho Municipal (Câmara de Vereadores) para a aprovação do projeto de lei enviado pelo prefeito. No caso de Anísio Teixeira, esse tipo de problema não existiu, pelo menos da mesma forma, já que o Poder Legislativo tinha sido fechado pelo movimento revolucionário, em todos os níveis. Portanto, em vez de submeter um projeto de lei ao Poder Legislativo, o prefeito baixou logo dois decretos.

O Decreto (DF) n.3.763, de 1º de fevereiro de 1932, não pretendeu revogar a reforma Fernando de Azevedo. Ao contrário, propôs-se a completar o que aquela iniciara. Além de um novo enquadramento institucional para o magistério e o pessoal técnico-administrativo, o decreto assumiu como tarefa da prefeitura do Distrito Federal o oferecimento do ensino secundário. Até então, essa instância do Poder Público ocupava-se apenas do ensino primário e da formação de professores (ensino normal).

---

18 Em razão da grande quantidade de referências francesas nos textos de Fernando de Azevedo, não seria descabido associar-se o seu conceito de trabalho ao empregado nas escolas francesas, onde os estudantes dizem que "trabalham", não que "estudam", sem nenhuma conotação produtiva, em sentido estrito.

Um mês depois foi baixado outro Decreto – (DF) n.3.864, de 30 de abril de 1932 –, que completou o primeiro. Passo a tratar dos dois decretos em conjunto.[19]

Tendo em vista a valorização da reforma de 1928, a de 1932 endossou, especialmente, a articulação entre o ensino primário e o ensino profissional. O salto que se pretendia dar, agora, era a promoção de todo o ensino profissional para o nível pós-primário, além de uma especial articulação do ensino profissional com o ensino secundário. Isso contrariava frontalmente a reforma federal do ensino secundário do ano anterior.

Pela reforma de 1931, concebida pelo ministro da Educação Francisco Campos, o ensino secundário teve sua duração estendida para sete anos, divididos em dois ciclos. O primeiro, de cinco anos, era o ensino secundário fundamental, cujo conteúdo enciclopédico revelava o objetivo de "formação do homem para todos os grandes setores da atividade nacional". O outro objetivo, o de preparar candidatos para o ensino superior, seria inerente ao segundo ciclo – o curso secundário complementar, de três anos, dividido por sua vez em três seções, cada uma correspondente a um grupo de cursos superiores: engenharia e agronomia; medicina, odontologia, farmácia e veterinária; direito e educação (depois filosofia), ciências e letras.

Como disse Silva (1969, p.288), Francisco Campos retomou o sonho da reforma do ensino secundário de 1890, de Benjamin Constant, ao pretender oferecer ao jovem "uma súmula de todo o acervo do saber humano", o que, no segundo ciclo, transformava-se numa espécie de "enciclopedismo especializado". Para Anísio Teixeira, o elemento mais repulsivo ao decreto de 1931 era a ênfase na formação das elites intelectuais. O objetivo real, não explicitado, seria a "formação do homem de certas classes sociais para todos os grandes setores da atividade intelectual nacional". Foi justamente contra essa concepção de ensino secundário que a reforma do Distrito Federal, de 1932, veio a conceber a escola técnica secundária.

A contenda desencadeada por Anísio Teixeira contra o Ministério da Educação foi além dessa concepção geral. Estribando-se no princípio federativo, ele defendia que os estados e os municípios (até mesmo o Distrito Federal) tinham condições para oferecer uma organização educacional mais rica, mais flexível e mais prática às escolas secundárias do que o ministério podia prever. Por isso, reivindicava para as instâncias inferiores do Estado maiores competências do que o governo provisório de Getúlio Vargas, com sua orientação centralista e padronizadora, estava disposto a admitir.

---

19 Além das referências diretas aos textos dos decretos, vou buscar as justificativas da reforma em Teixeira (1998). Ao fim deste item apresento as circunstâncias políticas da produção desse livro.

Para o educador baiano, não teria mais cabimento que o sistema educacional fosse estruturado com uma escola primária e profissional, para o povo, e uma escola secundária e superior, para a elite.

> Ora, o chamado ensino secundário, no Brasil, vem cogitando simplesmente da preparação para esse tipo intelectual de trabalho, o que eu julgo uma solução incompleta do problema e de certo modo perigosa, porque contribui para manter a velha concepção dualista, inconscientemente alimentada, de uma *educação profissional* para o povo, expressão em que, de regra, só se compreendem os elementos menos ambiciosos ou menos afortunados da sociedade – e uma *educação acadêmica* para os que presumem não ser povo ou não o querem ser (Teixeira, 1998, p.107)

O que acontecia era que o Brasil mantinha um dualismo essencial em todas as suas iniciativas educacionais. A partir de um modelo transplantado da Europa, havia uma educação para o povo – uma educação para o trabalho –, e uma educação para a elite – uma educação para a cultura. A escola primária e as escolas profissionais eram instituições do primeiro grupo e a escola secundária e as escolas superiores, instituições do segundo grupo. Em conseqüência desse dualismo, tanto a escola primária quanto a escola profissional, por melhores que fossem, estiveram sempre relegadas no julgamento público, não sendo consideradas prestigiadas.

Nas condições da ciência que Anísio Teixeira divisava, com o desenvolvimento do método experimental, não se poderia mais separar cultura e trabalho, nem laboratório e oficina. Analogamente, não teria cabimento a separação entre a legislação federal para o ensino secundário "acadêmico" e a legislação estadual ou municipal para o ensino profissional. Em contrapartida, seria preciso acabar com o erro da organização do ensino profissional primário, que tomava crianças de 9 e 10 anos, e até menos, para ensinar artes, ofícios e ocupações agrícolas.

Para a formação dos técnicos que o desenvolvimento independente do país estava a demandar, não haveria outro meio senão a articulação entre o ensino secundário e o ensino profissional. Se nosso mercado interno era dominado pelo estrangeiro, isso se justificava por não termos ainda condições de substituir os "elementos alienígenas", que ocupavam os lugares "deixados vagos pela nossa ignorância".

Em vez de pretender revogar tudo o que antes se fizera, o teor da reforma de 1932 era o de unificar os propósitos educativos existentes, isto é, o de criar instituições de ensino com os objetivos tanto das escolas secundárias quanto das escolas profissionais.

Importantes vantagens eram esperadas desse novo tipo de escolas. Em primeiro lugar, o prestígio das escolas secundárias seria transferido para as profissionais. Em segundo lugar, a vantagem econômica proveniente do fato de que várias matérias poderiam ser cursadas conjuntamente pelos alunos de cursos diferentes. Em terceiro lugar (outra vantagem econômica), todo o prédio e toda a aparelhagem teriam utilização plena, com os múltiplos programas ministrados conjuntamente. Mas a vantagem que mais interesse despertava era a de atenuar a discriminação social e pedagógica, razão pela qual Anísio Teixeira se perguntava:

> Será preciso ainda repetir que o convívio de estudantes com diferentes objetivos sociais contribuirá para desfazer possíveis sentimentos de isolamento social, e, ainda, que os próprios cursos lucrarão com o enriquecimento mútuo, que lhes traz já o espírito prático dos cursos vocacionais e semi-vocacionais, já o espírito cultural do curso acadêmico? (Teixeira, 1998, p.110)

O ensino secundário deveria deixar de ser definido como um segmento seletivo, rígido e padronizado, destinado a alguns indivíduos apenas, para se transformar em algo funcionalmente adaptado aos adolescentes em geral. Ao contrário do ensino primário, que deveria continuar a ser único, o secundário deveria oferecer uma ampla rede de programas variados, para se adaptar às diferenças individuais.

Dentro da finalidade geral de ser a escola dos adolescentes, o ensino secundário deveria manter o objetivo social de preparar os quadros médios de cultura técnica e geral para todos os tipos de trabalho – até mesmo o trabalho intelectual. Assim diversificado o ensino, Anísio Teixeira entendia que a dualidade da educação brasileira deixaria de existir.

Em termos propriamente organizacionais, ele defendia a constituição de instituições educativas mistas, mantidos os objetivos de ambas as legislações – a federal e a estadual/municipal. Seriam as *escolas técnicas secundárias*, juntando duas categorias que estiveram desde sempre separadas pelo currículo, pelos destinatários e até pelos ministérios a que estavam afetas.[20] Coerente com a defesa de um ensino primário único, ele sustentava que todo o ensino profissional deveria "subir" ao nível secundário. Neste nível, os cursos profissionais seriam ministrados nos mesmos estabelecimentos que o ensino secundário "acadêmico". O objetivo não era a introdução de disciplinas "práticas" no currículo do ensino secundário propedêutico, como já se havia proposto no Brasil. O curso secundário, conforme o modelo da reforma Campos de 1931, continua-

---

20 Até 1930, o ensino secundário e o superior estavam afetos ao Ministério da Justiça e Negócios Interiores, enquanto o ensino profissional era atribuição do Ministério da Agricultura, Indústria e Comércio. Após sua criação em novembro de 1930, o Ministério da Educação e Saúde reuniu sob sua alçada ambos os segmentos educacionais.

ria a existir. Ao lado dele, haveria "programas laterais", contando com matérias comuns, de modo a se alcançar unidade e coesão.

As matérias e disciplinas das *escolas técnicas secundárias* passaram a ser as seguintes:

Português, latim e literatura;
Línguas estrangeiras (francês, inglês e alemão);
Geografia e história (geografia e corografia do Brasil; história da civilização e do Brasil, do comércio, da indústria e agricultura);
Matemática e matemática aplicada (matemática; mecânica e mecânica aplicada; noções de resistência dos materiais; matemática comercial e financeira);
Ciências físicas e naturais e higiene (introdução às ciências; física e química; eletricidade; história natural; agricultura e zootecnia; higiene geral, individual e industrial e puericultura; química aplicada; merceologia e tecnologia merceológica);
Economia política, direito e legislação (economia política e finanças; seminário econômico; noções de direito constitucional e civil; noções de direito comercial, terrestre e industrial; prática do processo civil e comercial; legislação fiscal);
Contabilidade, técnica comercial e estatística (contabilidade; contabilidade bancária; contabilidade mercantil; contabilidade industrial e agrícola; técnica comercial e processo de propaganda; estatística);
Caligrafia, estenografia, mecanografia e datilografia;
Artes (desenho artístico e industrial; modelagem; música e canto orfeônico;
Educação física.

Foram extintas as cadeiras instituídas pela reforma de 1928,[21] e seu conteúdo passou a ser contemplado pelos programas previstos pela reforma de 1932, nas diversas oficinas e ateliês, com os professores sendo aproveitados nas disciplinas afins.

As seções e os respectivos ofícios ensinados nas *escolas técnicas secundárias* eram os seguintes:

Trabalhos em madeira (carpintaria, marcenaria, tornearia, entalhação, lustração, empalhação, estofaria, trabalhos em vime e bambu)

---

21 Nessa época, o currículo do ensino secundário estava organizado em cadeiras ou cátedras, à imagem do ensino superior. As cadeiras extintas foram as seguintes: Agrimensura; Mecânica Geral; Higiene Industrial; Geometria Descritiva; Desenho de Estilização; História da Arte; Física e Química Industrial; Artes de Composição e Encadernação; Mecânica Aplicada; Noções de Resistência dos Materiais; Manejo e Instalação de Máquinas; Eletrotécnica; Anatomia e Fisiologia; Química Agrícola e Alimentar; Higiene e Profilaxia Rural; Economia Agrícola e Indústrias Agrícolas; Química Industrial; História das Artes Decorativas; Química e Higiene da Alimentação e Puericultura; Aritmética Comercial; Correspondência Comercial.

O ensino de ofícios nos primórdios da industrialização

Trabalhos em metal e mecânica (modelação, fundição, latoaria, funilaria e estamparia, tornearia e ajustagem, ferraria, serralheria, caldeiraria, montagem de máquinas, motores de explosão)

Eletricidade (instalação e máquinas elétricas, telegrafia e telefonia, radiotelegrafia e radiotelefonia, e eletroquímica)

Artes gráficas (composição, impressão, encadernação e gravura)

Agricultura e zootecnica (horticultura, jardinagem, pomicultura, avicultura, apicultura, sericicultura, zootecnia)

Construção civil (alvenaria e cantaria, estucaria, instalações sanitárias, carpintaria e marcenaria, pintura e decorações)

Artes domésticas (administração doméstica e arte culinária)

Artes do vestuário (corte e costura, chapéus, rendas e bordados, tecidos de malha e flores)

Essa organização das oficinas representou uma ampliação da área abrangida pelos ofícios, o que a reforma de 1928 definia de modo mais restrito. Assim, foram extintas as denominações de ofícios previstos anteriormente: zincografia; pautação e douração; fototécnica; composição em teclados; composição em caixa; litografia; tricromia; cerâmica; tapeçaria; trabalhos em tijolo, pedra e cimento; motocultura e mecânica agrícola; laticínios; veterinária; frentistas;[22] costuras e confecções; cintas e artigos congêneres. Do mesmo modo como se previu para os professores das cadeiras extintas, os mestres e contramestres desses ofícios foram aproveitados nas oficinas afins, a critério do diretor de cada instituição.

Os ofícios que seriam cultivados em cada uma das oficinas eram predominantemente artesanais, embora as de metal e mecânica, e de eletricidade estivessem voltadas, mais do que as outras, para a produção manufatureira ou fabril. Em todos os casos, o que se buscava era a ligação entre a educação geral e os trabalhos de oficina, de modo que se evitasse a separação entre o trabalho manual e o trabalho intelectual.

A reforma educacional, de modo a evitar a reprodução escolar entre o trabalho manual e o trabalho intelectual, foi um dos pontos de convergência entre as exposições de motivos escritas por Anísio Teixeira aos decretos que definiram sua gestão no Distrito Federal e o "Manifesto dos Pioneiros da Educação Nova", que ele subscreveu.[23] Como aqueles foram concebidos antes deste, fui levado a atribuir ao educador baiano a identidade, não revelada no "Manifes-

---

22 Para fachadas dos prédios.

23 Outros pontos de convergência foram a autonomização das administrações educacionais, a laicidade do ensino nas escolas públicas, a obrigatoriedade e a gratuidade do ensino primário, assim como a prioridade do ensino público nos sistemas educacionais.

to", de um de seus signatários que teria chamado a atenção para esse problema (Cunha, 1994).

Na prática, haveria dois ciclos nas *escolas técnicas secundárias*: o primeiro ciclo, comum a todos os alunos, com dois anos de duração,[24] e o segundo, de cinco ou seis anos, ramificado. Um ramo seria o curso secundário equiparado ao do Colégio Pedro II – conforme a legislação federal; outro, o curso técnico industrial;[25] e outro, ainda, o curso técnico de comércio. Este último seria oferecido em duas modalidades, uma conforme a legislação federal, outra distinta dela.

Os cursos técnicos, em seu terceiro ano, tinham uma espécie de preparatório com as mesmas disciplinas do primeiro ciclo, somente adicionada a matéria tecnologia para o curso industrial masculino. Este em seus últimos três anos oferecia: português; francês ou inglês; matemática; física; química; história natural; higiene geral; desenho; educação física; higiene industrial; matemática (modalidade mecânica); física (modalidade eletricidade e máquinas); física (luz, frio e calor); tecnologia; química aplicada à indústria; e outras matérias e oficinas de livre escolha do aluno.

Dois anos depois de deslanchada a reforma, as escolas técnicas secundárias foram objeto de importantes modificações (Decreto n.4.779, de 16 de maio de 1934).

As condições de ingresso nessas escolas foram mais especificadas. Além da idade mínima de 11 anos e a conclusão do curso primário de cinco anos, o decreto de 1934 previu a seleção dos candidatos, quando seu número superasse o de vagas, mediante concurso.[26]

A articulação (mais do que a justaposição entre o ensino profissional e o secundário (este conforme a legislação federal) foi estreitada. Apesar da advertência de Anísio Teixeira, em 1932, de que a grande novidade da escola técnica secundária era mais social do que curricular, de que não se tratava de inserir disciplinas "práticas" no currículo do ensino propedêutico, o decreto de 1934 veio justamente abrir esse caminho. Os cursos secundários propedêuticos pas-

---

24 No primeiro ciclo de dois anos, geral para todos os cursos, eram ministradas as seguintes disciplinas: português; francês; geografia e história; ciências; desenho; modelagem; música; educação física; matemática; além das oficinas, à escolha de cada aluno. Sem mencionar disciplinas, o "Manifesto dos Pioneiros da Educação Nova" queria esse ciclo geral com três anos de duração.

25 Este não era um curso técnico no sentido próprio do termo, já que não se destinava a formar trabalhadores intelectuais, dirigentes da produção, mas, sim, operários e trabalhadores por conta própria, embora com educação geral mais aprimorada do que os das escolas de aprendizes artífices, que tinham apenas o primário.

26 Havendo candidatos sem o certificado de curso primário de cinco anos, eles seriam submetidos a exame de admissão.

saram a ter seu currículo *ampliado com trabalhos de oficina*, a fim de "proporcionar uma benéfica penetração da educação técnica no ensino humanístico".

Os cursos profissionais, por sua vez, foram alterados pela supressão das oficinas de artes gráficas, por razões que não consegui identificar.

O decreto previu, também, que os trabalhos executados pelos alunos nas oficinas, "como exercícios", pudessem ser vendidos, sendo dois terços da receita aplicados na aquisição ou na realização de serviços úteis à escola, e um terço distribuído aos alunos, depositado em contas individuais na Caixa Econômica, que só podiam ser movimentadas com a autorização do diretor da escola, enquanto o aluno nela permanecesse.

Não previstos em 1932, as escolas técnicas secundárias passaram a contar com *cursos intensivos*, de dois a três anos de duração, destinados a alunos de mais de 12 anos de idade, "que não tiveram tempo suficiente de permanência em escola primária e que, pela idade, não possam seguir os cursos regulares da escola".

Esses cursos seriam organizados "com o mínimo suficiente de instrução teórica e o máximo de educação prática", de modo que eles pudessem receber "um ciclo completo de aprendizagem que os habilite a ganhar a vida com o seu trabalho".

Os concluintes desses cursos poderiam ingressar num curso técnico secundário, desde que fossem aprovados em exames que os posicionassem nas séries correspondentes ao seu preparo.

A maioria dos artigos do decreto de 1934 tratava mesmo era dos professores e dos instrutores das escolas técnicas secundárias: sua formação, remuneração, seleção e condições de trabalho. No caso do instrutores técnicos, previa-se um curso de "professores de ofício", mantido pela própria rede municipal, para sua adequada formação. Enquanto esse curso não fosse criado, os instrutores técnicos deveriam ser contratados por dois anos, a título de experiência, depois de selecionados em concurso público. Supunha-se, assim, que sua qualificação profissional tivesse sido adquirida em outra escola profissional, mesmo fora da rede municipal, ou, então, na prática industrial.

Os instrutores técnicos estariam obrigados a quatro horas diárias de trabalho, em uma ou mais oficinas, nos cursos profissionais ou em atividades extraclasse. Eles poderiam receber o encargo de mais quatro horas diárias de trabalho, se fosse conveniente ao serviço, para o que receberiam uma gratificação, além do salário adicional.

A projeção nacional da reforma do ensino que se delineava no Distrito Federal fez que Anísio Teixeira fosse eleito presidente da Associação Brasileira de Educação, onde liderou a corrente que apoiava a destinação exclusiva dos recursos públicos para a escola pública, o caráter laico do ensino nas escolas oficiais, além de outros pontos que dividiam o campo educacional naquele período.

Em conseqüência, o educador baiano ficou muito exposto aos ataques de seus oponentes, justamente os que queriam, também, o fechamento do sistema político. O protelamento da regulamentação do ensino religioso nas escolas públicas do Distrito Federal, dispositivo inserido na Constituição de 1934, foi apontado como "prova" de sua orientação comunista. Num processo de intensa radicalização política, isso não tinha apenas caráter simbólico. A orquestração de católicos e/ou integralistas (como o padre Helder Câmara, Alceu de Amoroso Lima e Severino Sombra), na imprensa partidária e geral, mostrava a convergência da pedagogia de Dewey com o comunismo na administração educacional do Distrito Federal, o que teria ficado ainda mais "evidente" na criação da universidade. Com efeito, a Universidade do Distrito Federal recrutou professores de diversas orientações políticas, até mesmo alguns notórios socialistas e comunistas. Sua organização sem similar no país conferia à formação de professores e à pesquisa científica um lugar prioritário. Na visão de seu criador, a UDF deveria constituir, ademais, um espaço aberto à liberdade de pensamento, justamente num momento em que ele estava se estreitando (Mendonça, 1993).

Se, até então, Anísio Teixeira manteve-se apartidário, com a promulgação da Constituição de 1934 e o acirramento das críticas destrutivas que vinha recebendo, pensou seriamente em estabelecer uma base política partidária. Ela lhe daria uma sustentação imediata contra os católicos, os integralistas e o governo federal – e até mesmo contra o Governo Provisório, então ungido da legitimidade constitucional. Para tanto, pensou em juntar-se aos que, como seu amigo e conterrâneo Hermes Lima, pretendiam transformar o Partido Autonomista do Distrito Federal no Partido Revolucionário, mantida a liderança de Pedro Ernesto, agora eleito prefeito pelo voto direto. Seria um partido para unir a plataforma socialista com a prática democrática. Contra os que, à direita e à esquerda, vaticinavam o fim da democracia e do individualismo, o educador baiano proclamava que

> a crise moderna de democracia não é uma crise de excesso de democracia, mas de falta de democracia. A crise de individualismo não é uma crise de excesso de individualismo, mas de falta de verdadeiro individualismo. (Teixeira, 1998, p.234)

A radicalização do processo político impediu que a experiência universitária frutificasse. Quando a Aliança Nacional Libertadora insurgiu-se, sem sucesso, em novembro de 1935, a sorte de Anísio Teixeira foi decidida pela via mais desalentadora para um homem de ação: a demissão.

A feroz repressão que se seguiu aos aliancistas, em geral, e aos comunistas, em particular, alcançou os liberais e os social-democratas. Percebendo não ter condições de se manter no cargo, Anísio Teixeira demitiu-se, em dezembro, e partiu para o interior do país, num exílio interno que durou até a deposição de Vargas, em 1945 – toda uma década.

Ele foi substituído por ninguém menos do que Francisco Campos, o primeiro ministro da Educação. A reitoria da Universidade do Distrito Federal foi ocupada por ninguém menos do que Alceu de Amoroso Lima, que acabou por ser o liquidante da instituição. Uma parte da UDF foi incorporada à Universidade do Brasil, outra parte foi simplesmente extinta.[27]

As *escolas técnicas secundárias* do Distrito Federal foram alteradas em 1937, revertendo-se praticamente ao "divórcio" da situação anterior, como será mostrado no próximo item. No entanto, elas permaneceram como um paradigma altamente valorizado pelos educadores liberais. Para Clarice Nunes (1980), por terem sido inspiradas na tradição norte-americana, elas foram retomadas, nos anos 60, como modelos para os ginásios polivalentes, e, na década seguinte, inspiraram os elaboradores da Lei n.5.692/71, no segundo segmento do ensino de 1º grau. Sem se restringir a esse aspecto específico, a autora fez o seguinte balanço:

> A reforma do Distrito Federal na gestão de Anísio constituiu um processo de reinvenção do espaço escolar (e social) cuja direção se fez no sentido de empurrar a escola para fora de si mesma, ampliando sua área de influência na cidade; atravessar o espelho da cultura européia e norte-americana para elaborar um conhecimento instrumental sobre a realidade e a educação brasileiras; retirar o problema do governo da educação da tutela da Igreja e do Estado; construir representações sobre a escola e a sociedade, criando saberes e definindo prioridades; lutar contra os "destinos escolares", procurando quebrar as barreiras hierárquicas impostas por uma rígida divisão social, o que criou conflitos em vários níveis: no nível governamental, entre as iniciativas do governo municipal e as exigências do governo central; no nível ideológico, entre as propostas do governo municipal e as provenientes de grupos católicos e esquerdistas; e ao nível das próprias escolas em funcionamento, o que é indicativo do caráter polêmico dessa gestão. (Nunes, 1991, p.230-1)

Para o objetivo específico deste texto, cumpre destacar a receptividade social das escolas técnicas secundárias, cujas matrículas aumentaram de 2.310 para 5.026, crescimento de praticamente 100% no período 1931-1934.

---

27 Trinta anos depois, Anísio Teixeira viria a ser destituído da reitoria de outra universidade no Distrito Federal, por outro golpe de Estado, desta vez da Universidade de Brasília, que ajudara a criar.

As vicissitudes de sua passagem pela Secretaria de Educação do Distrito Federal foram elencadas por Anísio Teixeira em livro publicado em 1936 (republicado só em 1998), intitulado *Educação para a democracia*, que tem no subtítulo "introdução à administração educacional", um complemento indispensável. O título principal evoca o tema mais importante tratado pelos diversos capítulos, enquanto o complemento mostra que se trata de política prática, não de um discurso abstrato, em qualquer sentido do termo.

Nas notas preliminares, o autor esclareceu que o livro estava escrito desde meados de 1935 e, em novembro (portanto um mês antes de sua demissão), já se encontrava "quase todo composto". Esclareceu, também, que ele não continha mais do que se pregou e se fez durante sua gestão (1931-1935). O conteúdo não o satisfez de todo, tanto assim que lamenta não ter tratado de certos temas, suficientemente, ou nem mesmo tê-los abordado, a exemplo da universidade recém-criada e do ensino religioso.

Com efeito, o livro foi calcado num volume impresso em 1935 pelo então Departamento de Educação do Distrito Federal, contendo o relatório da pasta em dezembro de 1934, que recebeu o sugestivo subtítulo "Educação pública, administração e desenvolvimento". O relatório continha catorze capítulos e cinco anexos. A maioria deles foi incluída no livro, na íntegra ou com alguma modificação no título e/ou no texto, a exemplo de "O problema brasileiro de educação", "A educação secundária", "O financiamento da educação pública", "Os prédios e o aparelhamento escolar". Feitas as contas, o livro resultou com o mesmo número de capítulos e dois anexos a menos.

Dos textos retirados do relatório de 1934, chama a atenção "O ensino particular" e "A consolidação da organização técnico-administrativa do sistema escolar". O primeiro continha um posicionamento ostensivo contra o caráter mercantil do ensino privado e explicava o mecanismo de avaliação indicativa das escolas e cursos particulares; o segundo texto trazia a íntegra do Decreto (DF) n.4.387, de 8 setembro de 1933, que organizava o sistema escolar como um todo, e previa a tal avaliação.

Em contrapartida, no livro de 1935 foram incluídos capítulos que não se encontravam no relatório de 1934. Em "A educação na Constituição Federal", resultado de uma entrevista a *O Jornal*, em junho de 1934, o autor comentou o fato de que a competência das instâncias do Estado em matéria de educação foi o "problema primordial" discutido nas vésperas da votação final. Denunciou aí a "defesa desabalada de prerrogativas da União" no tocante ao ensino secundário, descendo do plano constitucional "para se tornar problema local e pessoal do professorado e da burocracia federal na Capital da República". De fato, a pretensão de Anísio Teixeira em controlar o ensino secundário, fosse pela jun-

O ensino de ofícios nos primórdios da industrialização

ção deste com o ensino técnico, fosse pela avaliação das escolas privadas, foi cortada pela Constituição, representando um sério golpe em seu ímpeto reformador. Outro texto incluído no livro de 1935 foi "A universidade e a sua função", veemente discurso proferido na abertura dos cursos da Universidade do Distrito Federal.

De todo modo, tanto o relatório de 1934 quanto o livro de 1935 contêm textos elaborados para finalidades específicas da administração, o que justifica plenamente o título do primeiro – *Educação pública, sua organização e administração* – e o subtítulo do segundo – "introdução à administração educacional". A carga política e evocativa do título do livro – *Educação para a democracia* – termo que não aparece nem mesmo nos títulos dos capítulos e dos anexos – deve-se ao seu propósito: um manifesto contra as medidas repressivas – antidemocráticas, em suma – tomadas pelo Governo Federal em 1935, no ascenso do processo de radicalização política, ensaio bem-sucedido do golpe de Estado que viria a ser dado pelos mesmos protagonistas, dois anos depois.

A fragmentação vertical e horizontal (1937)

Tendo retornado de Nova York e reassumido a Superintendência do Ensino Secundário, Joaquim Faria Góes Filho redigiu um ambicioso texto cujo subtítulo dizia de seu propósito: "Situação do ensino técnico secundário da Prefeitura do Distrito Federal em 1936 e sugestões para o seu reajustamento". Tratava-se de um relatório-projeto elaborado para efeito interno, dirigido ao diretor do Departamento de Educação, em novembro desse ano, pedindo que fosse encaminhado ao secretário da pasta, Francisco Campos.

Pelo que se pode presumir, a receptividade do diagnóstico e das sugestões foi tanta que, no ano seguinte, saiu impresso pela secretaria, sendo-lhe anexado o decreto do prefeito, que determinava mudanças na direção sugerida. Ademais os *consideranda* do decreto estavam todos calcados naquele texto. Por isso, vale a pena apresentar essas sugestões e, posteriormente, o decreto em questão.

Faria Góes não se contentou com um diagnóstico imediato da situação educacional do Distrito Federal. Mais do que isso, fez um retrospecto das reformas anteriores e até mesmo da persistência de certos problemas do ensino profissional.

O apelo à multiplicação das escolas profissionais teria sido feito, no Brasil, "misturado a uma fé mística de que a sua criação operaria o milagre de uma nova aurora de riqueza e de progresso". Daí os programas políticos, os discursos parlamentares, as matérias jornalísticas e outras manifestações dessa importância, que eram unânimes na afirmação da necessidade do ensino profissional, que se tornou lugar-comum.

Mas o "desapreço e a desestima pelo trabalho manual", agravados pelo trabalho escravo, fizeram que as escolas profissionais só fossem toleradas porque destinadas aos menores abandonados, aos "transviados", aos órfãos, aos desajustados sociais e aos delinqüentes. Mesmo que as escolas profissionais não se destinassem especificamente a tal grupo de crianças, elas só conseguiam recrutar alunos provenientes de "gente reputada de nível social inferior", que tinham baixíssimo coeficiente de inteligência, por causa do meio social de onde provinham.

Assim, enquanto se concebia o ensino primário como o ensino popular para todos, o ensino profissional permaneceu como um corpo à parte. Não estava incluído na educação primária nem com ela se articulava. Menos ainda com a educação secundária.

A reforma de 1928 teria tido o mérito de tentar a articulação do ensino primário com o ensino profissional, fazendo dele, assim, uma parte do sistema escolar. Mas essa reforma não teria sido capaz de reduzir a "idiossincrasia brasileira" pelo trabalho manual e os preconceitos sociais criados por fatores econômicos e históricos. Com efeito, as escolas profissionais continuavam a receber quase somente alunos de baixo coeficiente intelectual e de reduzida possibilidade de permanência nos cursos, em conseqüência das condições econômicas dos pais. Para piorar tal situação, o currículo das escolas profissionais foi sobrecarregado de matérias, algumas delas de caráter muito específico.

"Do outro lado" do sistema educacional, a situação não era melhor. Os cursos "secundários acadêmicos" estavam repletos de alunos, dos quais só uma parte apresentava coeficiente intelectual que autorizava prever o ingresso no ensino superior. Os demais não encontravam condições de preparação para atividades compatíveis com a sua capacidade e com as necessidades do meio social.

A reforma de 1932, por sua vez, tentou articular as escolas profissionais com as escolas secundárias. Com isso, "abrandar-se-ia a dualidade, de conseqüências tão chocantes em nosso meio das atividades intelectuais e manuais".

Assim, a escola para adolescentes se organizaria sem a atitude de selecionar alunos *a priori*, por um processo unicamente dirigido pelos preconceitos sociais e condições econômicas dos pais. Ela passaria a atrair grandes massas de adolescentes, vindos de todas as classes e de todos os níveis de inteligência. A existência de ensino equiparado, tão apetecido, se encarregaria dessa tarefa. Obtida essa massa de alunos, gabinetes de orientação educacional e vocacional e a aplicação generalizada de testes de inteligência a serviço desses gabinetes responderiam pela distribuição deles pelos cursos técnicos ou acadêmicos. Entre as tarefas da escola se incluiria a de esclarecer e obter a adesão dos pais, por métodos suasórios, para a aceitação da idéia de que nem todos os adolescentes são aptos para realizar cursos acadêmicos, e, nesses casos, o insistir representa uma violência à inteligência e à vocação do jovem, de perniciosas conseqüências para ele e para a sociedade. Outros cursos do mesmo nível lhe seriam oferecidos, guiando-o para o comércio, para as artes ou para a indústria, onde o seu sucesso seria bem mais provável. (Góes Filho, 1937, p.10-1)

Todo o esforço da reforma não teria sido com vistas à "bacharelização" do ensino profissional, crítica que se teria feito, nem à sua substituição pelo ensino "acadêmico", mas um estímulo para que ele se "alevantasse no conceito social", tivesse maior número de alunos, acolhesse também "inteligências seletas" e contasse com um corpo docente de qualidade.

Os pontos positivos da reforma de 1932 foram elencados por Faria Góes, que coincidiam com um balanço de sua gestão à frente da Superintendência do Ensino Secundário:

1 – apreciável aumento de matrícula nas escolas técnicas secundárias;

2 – afluência de alunos vindos das classes médias em cursos não só "acadêmicos" mas técnicos;

3 – elevação gradual do nível de exame de admissão dos candidatos;

4 – aumento na porcentagem de alunos que permaneciam na escola além do 3º ano dos cursos;

5 – instalação de algumas peças fundamentais ao funcionamento de cursos de nível secundário, como laboratórios e salas especiais em certas escolas;

6 – adaptação de áreas e campos para vida esportiva em algumas escolas;

7 – revisão de programas do curso para melhor articulação das matérias entre si e orientação do ensino com a finalidade de o tornar mais objetivo e mais ligado às necessidades e interesses dos educandos;

8 – criação de um ambiente de gradativa cooperação entre a administração, os professores e os instrutores técnicos;

9 – estabelecimento de condições para a existência da carreira de professor de ensino secundário, pela exigência de curso de formação profissional que lhe dava privilégio de nomeação, aumentos progressivos de vencimentos e promoções dependentes de esforço próprio e de aperfeiçoamento pessoal;

10 – início de estudo do problema de nutrição racional dos alunos interessados nas escolas da rede municipal e conseqüente melhoria do tipo de alimentação fornecida.

Dentre esses, Faria Góes destacou os quatro primeiros como os mais marcantes. Como contraponto, ele mencionou dezessete pontos problemáticos, que passo a elencar de modo sumário:

1 – ainda estava longe do resultado desejado a permanência da maioria dos alunos além do 3º ano, sobretudo nas escolas masculinas;

2 – o ensino em classe era em grande escala ministrado por processos não objetivos, dado em função dos exames e não das necessidades e dos interesses dos estudantes;

3 – os programas não se articulavam com o efetivamente ensinado no ensino primário, o que fazia que as lições não pudessem ser acompanhadas proveitosamente pelos alunos;

4 – o currículo estava excessivamente cheio de matérias; todos os alunos estudavam as mesmas matérias, independentemente de suas diferenças individuais;

5 – os alunos não tinham recursos para comprar livros-texto, não tinham ambiente em casa para prepararem as lições, nem as escolas tinham condições para lhes assegurar esse período de estudo;

6 – a ausência de gabinetes de orientação educacional deixava os alunos entregues a si mesmos, sem alguém que se encarregasse de dar tratamento individual às suas dificuldades de estudo;

7 – a ausência de gabinetes de orientação educacional deixava todos os casos de disciplina e de correção de defeitos morais e formação de caráter à ação mecânica e puramente compressora de funcionários subalternos e incientes;

8 – o estado de subnutrição dos alunos, principalmente os do sexos masculino e os externos, era grave diante do esforço exigido pelo regime de tempo integral, com aulas, oficinas, educação física e instrução militar;

9 – as oficinas não foram instaladas e providas de ferramentas para um ensino sistemático nem comportavam o número de alunos que às mesmas era enviado;

10 – fazia-se necessário o estudo de novos programas de trabalho em oficinas que previssem a seriação de operações fundamentais à aprendizagem de cada ofício e de feitura de objetos úteis em que fossem aplicadas com dificuldade crescente aquelas operações;

11 – as oficinas não estavam instaladas nem com o mínimo de material necessário (máquinas, bancos, ferramentas, armários) nem com material perfeitamente apropriado aos objetivos de ensino;

12 – a ausência de gabinetes de orientação educacional e profissional fazia que a distribuição dos alunos pelas oficinas fosse feita por processos empíricos e arbitrários;

13 – a ausência de uma instalação de escolas apropriadas e de um serviço de conservação dos prédios e do material roubava uma grande parte do tempo dos instrutores e até dos alunos na confecção e no reparo do material escolar e dos edifícios, com prejuízo dos planos regulares de ensino;

O ensino de ofícios nos primórdios da industrialização

14 – a organização do currículo de oficinas masculinas, buscando fugir a um excesso de especialização precoce, em meio não intensamente industrializado como era o do Rio de Janeiro, situou-se em plano possivelmente além do meio-termo aconselhável;

15 – o fato de a maioria dos alunos abandonar as escolas em busca de um emprego no meio do curso, no 2º e no 3º anos, concorria enormemente para que não se efetivasse a desejada coordenação entre aulas e oficinas. Essa coordenação seria sobretudo possível no 4º, 5º e 6º anos, nos quais os conhecimentos deveriam ser ministrados de um ponto de vista de aplicação prática. Isso porque os poucos alunos restantes se distribuíam pelas várias oficinas;

16 – a ausência de ligação mais estreita com a indústria e o comércio locais fazia que ambos ignorassem a formação que as escolas já podiam dar e, ao mesmo tempo, deixava os institutos de ensino desligados da situação e dos reclamos reais daquelas forças econômicas e das oportunidades de emprego por elas mesmas oferecidas aos alunos graduados;

17 – apesar de a direção das escolas técnicas secundárias ter sido entregue a educadores de excepcional dedicação, as administrações internas não se haviam ainda organizado segundo as bases da moderna sistematização das escolas secundárias, de modo que os diretores acabavam por fazer de tudo um pouco.

Como se pode ver facilmente, muitos dos problemas listados não resultavam da estrutura das escolas técnicas secundárias, mas, sim, da precariedade dos recursos materiais da prefeitura, assim como da improvisação do pessoal docente e administrativo disponível. No entanto, avulta, como solução, a classificação dos alunos de acordo com seu nível de inteligência, a orientação educacional e vocacional, assim como a diferenciação e a qualificação do pessoal docente e administrativo.

Desse elenco de problemas, destaco o de número 10, no qual se lê, pela primeira vez no Rio de Janeiro, a defesa das *séries metódicas de ofício*, que já estavam sendo empregadas em São Paulo há pelo menos uma década (como vimos no capítulo anterior), a mesma pedagogia do ensino profissional preconizada pelo "inquérito" de Fernando de Azevedo de 1926, mas não incorporada pela reforma que ele projetou e implementou no Distrito Federal em 1928.

Posto esse diagnóstico, Faria Góes inseriu em seu projeto as passagens do Manifesto dos Pioneiros, que concebiam os sistemas educacionais como organismos vivos, a quem repugnavam as mutações. Eles prefeririam a evolução mediante uma seqüência de adaptações. Era o que se impunha no momento: em vez de uma mudança total, o "reajustamento".

Vejamos, então, quais foram as sugestões apresentadas para as escolas técnicas secundárias do Distrito Federal.

Antes de tudo, a escola profissional deveria se organizar em razão do fato de que a maioria dos alunos não poderia permanecer nela durante seis anos, mas apenas três. Isso importava em dividir o curso em duas partes bem distintas, em planos sobrepostos que, além de finalidades preparatórias, tivessem algumas finalidades próprias.[28]

O primeiro ciclo do curso técnico secundário receberia o grosso dos alunos, que seriam agrupados segundo o nível de inteligência. Aos que estivessem no grupo superior, seria desenvolvido um programa mais ambicioso, que incluiria uma língua estrangeira. Os de nível mais baixo de inteligência teriam intensificados os trabalhos de oficina e mais tempo para o estudo das lições.

Nesse ciclo, as oficinas propiciariam o treinamento em certas técnicas elementares. Durante os dois primeiros anos, educação manual e orientação vocacional; e um ano de trabalho mais intenso num dos departamentos (madeira ou metal, por exemplo), para o que cada aluno revelasse maior aptidão.

Faria Góes chamou a atenção para um grupo de alunos que não teria recebido a devida atenção na reforma de 1932: os de 13 a 15 anos que, por circunstâncias várias, não concluíram o curso primário. Eles já não poderiam permanecer no primário por questão de idade nem o queriam por uma questão psicológica. Para eles, foi proposto um curso intensivo, aliás previsto na reforma anterior, mas que deveria ser ajustado ao seu nível e sem a seriação comum aos cursos regulares. A preocupação era a de lhes fornecer um instrumento de trabalho imediato, ainda que elementar.

O segundo ciclo do ensino técnico secundário seria destinado aos poucos alunos mais destacados que existissem em cada instituto profissional, os quais, já tendo completado 15 anos de idade, poderiam aprender as técnicas relativas à mecânica, à eletricidade, ao desenho projetivo, à construção civil, à confecção de móveis e outras, que demandavam mais tempo de aprendizagem específica e, sobretudo, melhores fundamentos de cultura e desenvolvimento mental. Esses alunos seriam reunidos em poucas escolas,[29] de modo que se pudesse obter economia de recursos e maior eficiência. Para resolver o problema do deslocamento e da manutenção dos alunos, o autor sugeriu que esses cursos funcionassem preferencialmente em regime de internato, sendo ofereci-

---

28 O autor das sugestões evocou o exemplo da escola belga de 4º grau – escola intermediária –, destinada a dar aos alunos que terminavam a escola primária um complemento de educação geral e, ao mesmo tempo, uma educação manual e técnica preparatória.

29 As escolas João Alfredo e Visconde de Mauá foram apontadas como as que teriam melhores condições de sediarem os cursos técnicos secundários de segundo ciclo.

O ensino de ofícios nos primórdios da industrialização

das bolsas de estudo para os externos mais bem dotados e mais pobres (passes de bonde, alimentação, vestuário etc.).

Finalmente, a solução indicada para ajustar as escolas técnicas secundárias ao meio foi a organização de um conselho de comerciantes, industriais e educadores para estabelecer mais estreita ligação entre a produção e o ensino profissional.

As recomendações de Faria Góes foram quase todas incorporadas ao Decreto n.5.922-A, de 27 de fevereiro de 1937, baixado pelo prefeito padre Olímpio de Mello, firmado também pelo secretário da Educação Francisco Campos.[30]

O elemento de mais destaque no decreto foi o abandono da orientação impressa por Anísio Teixeira em 1932, de que todos os estabelecimentos de ensino secundário se transformassem em escolas técnicas secundárias, nas quais o curso equiparado ao da legislação federal não fosse mais do que uma das opções possíveis para os alunos, depois de dois anos de estudos em comum. A partir de 1937, os cursos secundários desse tipo se apartaram dos cursos técnicos secundários, em termos curriculares, embora ambos pudessem ser oferecidos lado a lado, em certas escolas, que, aliás, continuaram a adotar a denominação escolas técnicas secundárias.[31]

Além da fragmentação horizontal (entre o ensino técnico-profissional e o ensino secundário), determinou-se a fragmentação vertical, no âmbito do próprio ensino profissional.

As escolas técnicas secundárias passaram a oferecer todas um *curso intensivo*, de três anos (sem a alternativa de dois anos), de nível elementar; e o *curso técnico secundário*, em dois ciclos: o primeiro, de três anos, e o segundo ciclo, de dois ou três anos, conforme a especialidade.

Os cursos intensivos seriam destinados aos alunos portadores, pelo menos, do diploma de terceiro ano da escola elementar, e maiores de 11 anos de

---

30 Como nos demais capítulos e itens, vou me restringir aos cursos para alunos do sexo masculino, por estarem mais ligados à produção industrial e manufatureira. Os cursos femininos guardavam forte conotação artesanal e doméstica.

31 A apartação entre esses cursos poderia chegar a se expressar até em prédios distintos. No caso da Escola João Alfredo, o decreto determinava que os alunos nela matriculados, em cursos equiparados aos federais, fossem transferidos para "prédio conveniente". Como reforço disso, estabelecia que as matrículas nos cursos equiparados seriam destinadas aos alunos "reconhecidamente pobres", de preferência os que tivessem concluído o curso elementar nas escolas da rede municipal. Numa espécie de concessão ao modelo que se desmontava, o decreto dizia, também, que para assegurar a "educação integral", seriam acrescentados ao currículo previsto na legislação federal os trabalhos manuais.

idade. Em tudo o que fosse possível, o ensino nesses cursos seguiria o regime, os horários e os programas das escolas elementares da rede municipal. Mas, diferentemente dessas, os alunos seriam reunidos em grupos homogêneos, em cada série, de acordo com seu quociente intelectual e grau de preparo. A cada um desses grupos seria ministrado o programa que fosse ajustado ao seu nível.

Para os alunos de 11 e 12 anos, matriculados no primeiro ano do *curso intensivo*, o curso de oficinas deveria ser organizado de modo a permitir a "educação integral" mediante o exercício de trabalhos manuais em madeira, massa plástica e metal.

Para os alunos do mesmo curso e série, com 13 anos de idade, o decreto previa uma característica adicional: a possibilidade de seguirem planos individuais diferenciados. Mas isso somente poderia ocorrer nos casos de "manifestas tendências individuais" e da possibilidade, apurada pela direção da escola, de abandono da instituição pelo aluno, antes do acesso ao curso técnico secundário.

Os *cursos técnicos secundários de primeiro ciclo*, que teriam três anos de duração, admitiam alunos mediante exames de ingresso. Os candidatos deveriam ter concluído todo o curso elementar de cinco anos ou, então, o curso intensivo das escolas técnicas secundárias.

As matérias ensinadas seriam as seguintes: língua brasileira, matemática, ciências sociais, desenho e introdução às ciências. Também aqui, os alunos seriam reunidos em três ou quatro grupos homogêneos de quarenta alunos cada, no máximo, de acordo com seu quociente intelectual e grau de preparo. A cada um desses grupos seria ministrado o programa mais ajustado à sua capacidade de aprendizagem. Apenas a turma de quociente intelectual mais alto teria o ensino de língua estrangeira (inglês).

Todos os *cursos técnicos secundários de primeiro ciclo* ofereceriam acesso a oficinas de trabalhos em metal, madeira e massa plástica. Os alunos de 11 e 12 anos não desenvolveriam nelas atividades que visassem à aprendizagem de um ofício, mas, sim, ao uso dos trabalhos manuais com o objetivo de permitir "educação integral", além da "verificação de tendências e qualidades" pelo Serviço de Orientação Vocacional.[32]

---

32 Para atender aos problemas de orientação vocacional e de educação dos adolescentes seria organizado em cada escola um Serviço de Orientação. Para o estudo de problemas de seleção e de orientação profissional, destinado à "verificação de qualidade física, psicológica dos adolescentes", e para o exame de casos especiais, seria criado um Laboratório de Psicotécnica e Orientação Profissional no Instituto de Pesquisas Educacionais da Secretaria de Educação, com atuação em toda a rede municipal.

Para os alunos de 13 anos ou mais, e que apresentassem desenvolvimento físico, mental e "vigorosas tendências para uma determinada técnica de trabalho", seria admitida a organização de planos individuais, a juízo do Serviço de Orientação.

A admissão aos *cursos técnicos de segundo ciclo* dependia da conclusão do primeiro ciclo correspondente. Cada uma das escolas técnicas secundárias teria uma composição distinta de cursos profissionais para oferecer aos alunos. Na Escola Visconde de Mauá, por exemplo, os cursos seriam os seguintes:

Trabalho em madeira (marcenaria, entalhação, tornearia em madeira e lustração);

Metal e mecânica (ferraria, tornearia em metal, ajustação, fundição e modelação);

Motores de combustão interna (tornearia em metal, ajustação em motores);

Eletrotécnica (galvanoplastia, eletromecânica e eletrotécnica);

Cerâmica (desenho e modelação);

Música (curso de músicos de banda).[33]

Esses cursos teriam uma parte básica comum e outra formada de disciplinas eletivas. As da parte comum seriam distribuídas da seguinte maneira:

1º ano: língua brasileira, inglês, matemática, ciências sociais, elementos de química, mineralogia, desenho;

2º ano: língua brasileira, inglês, desenho; *matérias eletivas*: física (mecânica, hidrostática, cinemática, acústica e ótica), química (aplicações industriais, tecnologia das matérias-primas);

3º ano: língua brasileira, inglês e desenho; *matérias eletivas*: física (elementos de máquinas, termodinâmica, motores térmicos, eletrotécnica, tecnologia de máquinas), construção civil (em pedra e tijolo, cimento armado, madeira e ferro), estilos e composições, história das artes.

No 2º e no 3º anos, cada aluno deveria escolher pelo menos duas e não mais de três disciplinas eletivas.

Sobre as atividades de oficina, o decreto quase nada dizia, além de que os recursos apurados com a venda dos trabalhos escolares caberia aos alunos. As quantias seriam pagas mensalmente aos próprios alunos ou, então, recolhidas à Caixa Econômica Escolar, a ser organizada.

---

33 Nesse caso, não havia correspondência com algum curso de primeiro ciclo, a não ser a disposição geral de que em todos os cursos das escolas técnicas secundárias fosse ensinado o canto orfeônico e organizados orfeões artísticos.

A endogenia seria a regra no provimento dos docentes. Nesse sentido, o decreto previa que os cargos de instrutores técnicos seriam preenchidos mediante concurso entre alunos diplomados pelas escolas técnicas secundárias.

Uma possibilidade adicional de ensino profissional noturno foi aberta para os operários já inseridos no mundo do trabalho. Para oferecer-lhes cursos de aperfeiçoamento, poderiam ser instaladas nas escolas técnicas secundárias *classes de ensino noturno*, tendo preferência para a matrícula os operários sindicalizados, os da União e os da municipalidade. Essas classes teriam organização especial de "ensino de oportunidades", sem seriação determinada. Os cursos funcionariam durante três horas diárias, além do ensino propriamente profissional. Nelas seriam ministradas as seguintes matérias: noções de língua brasileira, cálculo, desenho, geometria, corografia e história do Brasil, instrução cívica.

A mais importante das sugestões de Faria Góes, não incorporada ao decreto, foi a de criação de um conselho tripartite, reunindo comerciantes, industriais e educadores, para estreitar as ligações entre a escola profissional e a produção.[34]

Ao contrário das justificativas anteriormente apresentadas pelo superintendente, as mudanças operadas na rede de ensino do Distrito Federal foram atribuídas por Clarice Nunes a razões ditadas pelo mercado de trabalho:

> A nosso ver, a reorganização dos cursos técnicos do Distrito Federal obedeceu à intenção política bem definida de reajustar a preparação da mão-de-obra às necessidades imediatas do mercado de trabalho em expansão. É bastante provável que a evasão dos alunos e sua falta de interesse pela atividade escolar, argumentos justificativos, entre outros, da reestruturação desses cursos, não tenham sido os móveis mais importantes ocasionadores da sua reformulação, a partir de 1937. (Nunes, 1980, p.42-3).

Entre os outros fatores elencados pela autora, está a apropriação do discurso liberal dos renovadores pelo regime autoritário, às vésperas da proclamação do Estado Novo. Nessa apropriação, foi substancialmente alterado o significado de alguns de seus argumentos, como o da unificação do sistema de ensino, transmutado em uniformidade.

Assim, depois de cinco anos da primeira tentativa de eliminação da dualidade escolar no Brasil, pela criação das escolas técnicas secundárias, a discriminação socioeducacional retornou à estrutura da rede do Distrito Federal, em-

---

34 Cumpre chamar a atenção para a antecipação desse conselho com propostas semelhantes, feitas pelo próprio Faria Góes e outros dirigentes educacionais, que acabaram por se institucionalizar no Brasil, começando pelo Senai, cinco anos depois.

bora fosse mantida a denominação que a consagrou. Abria-se, com isso, o caminho para as "leis" orgânicas do ensino secundário e as dos ramos profissionais (inclusive e primeiramente, a do ensino industrial).

Com efeito, as "leis" orgânicas de 1942 moldaram a dualidade social no ensino médio de acordo com o formato impresso por Gustavo Capanema, o ministro da Educação do Estado Novo: o ensino secundário (o ginásio e o colégio) para as "individualidades condutoras" e as escolas profissionais para as "classes menos favorecidas". Aquele propiciando a candidatura irrestrita ao ensino superior e estes permitindo a inscrição nos exames vestibulares apenas dos cursos "compatíveis". Quanto à articulação horizontal, o primeiro ciclo do ensino secundário permitia a passagem ao segundo ciclo dos ramos profissionais, mas a recíproca não, situação que teve de esperar os anos 50 para ser alterada pelas "leis de equivalência".

5
Ensino profissional em nova pauta

Embora houvesse continuidade entre os procedimentos correntes no ensino profissional, quando se comparam as primeiras quatro décadas do regime republicano com o período imperial, verifica-se que houve, também e principalmente, mudanças significativas.

O conteúdo dos quatro capítulos precedentes foi suficiente para mostrar que, em matéria de ensino profissional, o legado imperial foi bastante ampliado e transformado pela República. Vejamos um extrato desses capítulos, apresentado segundo o caráter público ou privado das diversas iniciativas.

Cumpre começar por uma iniciativa privada e confessional, já que seus primórdios encontram-se ainda no período imperial. São os liceus de artes e ofícios dos padres salesianos. O primeiro deles foi criado em Niterói, em 1883, e o segundo em São Paulo, em 1886, os primeiros de uma série de catorze ao fim do primeiro qüinqüênio do século XX. Nesses estabelecimentos, os aprendizes, que deviam ter concluído a escola primária, freqüentavam cursos de cinco ou seis anos de duração, nos quais se ministrava alguma educação geral, na qual a preocupação religiosa era predominante. As escolas salesianas não se destinavam exclusivamente ao ensino profissional, mas ofereciam, também, o ensino secundário, em cursos que se mostraram cada vez mais importantes, até que o ensino de ofícios foi extinto.

Enquanto o Liceu de Artes e Ofícios do Rio de Janeiro definhava, o de São Paulo beneficiou-se de uma articulação sem precedentes com a Escola Politécnica da mesma cidade, pela presença de um grupo de professores em ambas as instituições, e até os mesmos dirigentes. O volume de doações de recursos privados e de subsídios públicos propiciou a montagem de oficinas nas quais os aprendizes, muitos deles filhos de imigrantes estrangeiros, que valorizavam positivamente os ofícios manufatureiros, aprendiam-nos trabalhando diretamente na produção. Por isso, o Liceu paulista foi chamado de *escola-oficina*, chegando a ter 1.200 alunos em um só ano, com um número sempre maior de candidatos do que o de vagas disponíveis. A articulação do ensino profissional desenvolvido pelo Liceu de Artes e Ofícios de São Paulo com as empresas de construção civil permitiu que a qualidade da formação nele ministrada fosse considerada como da mais alta qualidade pelos empregadores, o que, de um lado, facilitava a obtenção de recursos públicos e privados; e, de outro, aumentava a procura de seus cursos pelos candidatos à aprendizagem de ofícios industriais e manufatureiros.

O regime federativo da República possibilitou a realização de iniciativas por certos governos estaduais que, ao lado das iniciativas federais, desenharam um novo mapa para o ensino profissional no Brasil.

O Estado de São Paulo destacou-se nessa modalidade de ensino. Já em 1892 foi aprovada uma lei que mandava criar cursos noturnos para menores que trabalhavam. Em 1907 havia 22 desses cursos no estado, e dez anos depois, 139; em 1920, mais de 50 mil alunos freqüentavam esse tipo de curso. Embora não fossem cursos propriamente profissionais, eles visavam ministrar educação geral com ênfase na aplicação prática na produção. Em 1911 foi criada a Escola Profissional Masculina, na capital, primeiro estabelecimento de uma rede que, em 1935, compreendia dez estabelecimentos que ministravam o ensino de ofícios industriais e manufatureiros. Era uma rede complexa, que compreendia três tipos de estabelecimento: a escola profissional primária, que ministrava o curso vocacional, a escola profissional secundária e o instituto profissional, com uma hierarquia bem definida de competências. Para o aperfeiçoamento de mestres das oficinas das escolas profissionais, foram criados cursos de dois anos de duração, anexos a cada um dos institutos existentes na capital – o masculino e o feminino. Depois de dois anos nesse curso, os mestres-alunos faziam ainda um estágio de seis meses em oficina de sua especialidade, num esforço de formação de formadores de que se tem poucos exemplos em nosso país.

No Estado do Rio de Janeiro, o presidente (governador) Nilo Peçanha criou, em 1906, três escolas para o ensino de ofícios, orientadas para a formação, em termos técnicos e ideológicos, da força de trabalho industrial e manufatureira. Embora essas escolas não tivessem sucesso, por causa da vitória de seus opositores nas eleições seguintes, Nilo Peçanha, então presidente da República, criou uma rede de dezenove escolas de aprendizes artífices, dando início à rede federal que culminou nas escolas técnicas e nos Cefets. Destinadas explicitamente aos "desfavorecidos da fortuna", na linha do legado imperial-escravocrata, as escolas de aprendizes artífices não estavam sintonizadas, em sua localização, com a distribuição do parque industrial e manufatureiro, pois, incorporando, na maioria das vezes, as antigas escolas de educandos do século anterior, cujos prédios foram cedidos pelos governos estaduais, elas constituíram um eficiente mecanismo de "presença" do Governo Federal nos estados, o que, durante a República Populista, foi duplicado pelas universidades federais. Durante cerca de duas décadas, essa rede de escolas, que tinha regulamento próprio e instância ministerial a ela dedicada, dispôs de uma inédita Escola Normal de Artes e Ofícios, denominada "Venceslau Brás", situada no Rio de Janeiro, destinada a formar e aperfeiçoar mestres para o ensino prático dos diversos ofícios. Extinta em 1937, não encontrou sucedâneo na rede federal.

No Distrito Federal, a iniciativa republicana, no alvorecer do novo regime, levou a uma reforma de fundo no Asilo de Meninos Desvalidos. Retirando-lhe de pronto a destinação pejorativa, renomeando-o Instituto Profissional (depois Masculino), em 1892, a política educacional positivista procurou retardar a entrada dos menores na força de trabalho, para o que elevou para 14 anos a idade mínima de ingresso nessa instituição de aprendizagem de ofícios. Para evitar que os menores se especializassem precocemente, o regulamento daquele ano determinava que cada aprendiz percorresse "a série completa de ofícios", ainda que de forma elementar, de modo a prepará-lo para o uso dos diversos instrumentos de trabalho, após o que seria feita a escolha de um, para aprofundamento, conforme a inclinação individual. Embora o Instituto (em 1910 denominado "João Alfredo", em homenagem ao ministro do Império que o criara) tivesse perdido sua destinação exclusiva aos desvalidos, estes mantiveram a preferência de matrícula no caso de disputa de vaga. Em 1902, foram suprimidas as oficinas de alfaiataria e de sapataria, de caráter artesanal, predominando as manufatureiras.

O Instituto João Alfredo foi uma das peças-chave na implementação das reformas educacionais do Distrito Federal, tanto a de 1928, de Fernando de Azevedo, quanto a de 1932, de Anísio Teixeira. Pela primeira, especializou-se em "instituto profissional eletrotécnico e mecânico"; pela segunda, tornou-se uma das escolas técnicas secundárias, a primeira tentativa de superação da reprodução escolar da divisão entre o trabalho manual e o trabalho intelectual em nosso país. Nenhuma das duas, todavia, teve sucesso. A reforma de Fernando de Azevedo foi embargada pela de Anísio Teixeira, por razões sociais e pedagógicas, ao menos nesta matéria. E a reforma deste último acabou com a desmontagem perpetrada pela reação política que culminou no Estado Novo e nas "leis" orgânicas de Gustavo Capanema.

Ao lado das iniciativas privadas e das estatais, os anos 30 propiciaram iniciativas mistas, todas nascidas em São Paulo e ligadas às ferrovias. A primeira foi a Escola Profissional Mecânica, que funcionava no Liceu de Artes e Ofícios, mantida por companhias ferroviárias paulistas, com recursos do Ministério da Agricultura, Indústria e Comércio. Cada uma das empresas convenentes tinha o direito de enviar dois menores para o aprendizado de ofícios no Liceu e para estágio prático nas oficinas de uma delas. Em 1934, essa iniciativa, ampliada pela experiência obtida pela Estrada de Ferro Sorocabana, deu origem ao Centro Ferroviário de Ensino e Seleção Profissional (CFESP), numa complexa organização, na qual o governo estadual colaborava com o equipamento especializado existente na EF Sorocabana (que havia sido estatizada), com professores de educação geral. As empresas ferroviárias paulistas (depois, de todo o país), por sua vez, contribuíam financeiramente, de acordo com o número de empregados de cada uma, e participavam com representantes no conselho diretor da entidade. Esse padrão de financiamento e de gestão acabou sendo incorporado pelo Senai, em 1942, assim como o próprio CFESP – suas oficinas, seus docentes e seu pessoal dirigente.

Pelo exposto, vemos que o ensino profissional foi objeto de importantes iniciativas, das quais a maioria frutificou em instituições duradouras. Mudaram os quantitativos, os destinatários, os métodos de ensino e os produtos do ensino profissional no Brasil, especialmente no que diz respeito aos ofícios industriais e manufatureiros.

As poucas e acanhadas instituições dedicadas ao ensino compulsório de ofícios artesanais e manufatureiros cederam lugar a verdadeiras redes de escolas, por iniciativa de governos estaduais, do Governo Federal e até de particulares.

Os destinatários já não eram apenas os miseráveis (como os filhos de escravos abandonados nas "casas da roda"), aqueles que não tinham opção nem eram capazes de se livrar do destino que lhes era imposto, mas, sim, os escolhidos mediante testes psicotécnicos, de modo que os mais aptos dentre os candidatos que se multiplicavam fossem os beneficiados pelo ensino profissional.

Os métodos de ensino, antes exclusivamente empíricos, ou espontâneos, que consistiam na reprodução das práticas artesanais de aprendizagem, foram também objeto da racionalização que, de modo semelhante ao taylorismo, concorreu para a redução dos custos. As séries metódicas de ofício foram a resposta fabril ao problema da formação de um número crescente de operários, de um modo previsível na duração e nos resultados, de modo que se dispusesse de contingentes padronizados, formados segundo características homogêneas e previamente testadas, compostos de trabalhadores substituíveis, propiciando a extensão à força de trabalho dos mecanismos de produção de mercadorias inerentes ao regime fabril.

Foi nesse contexto que as concepções sobre o ensino profissional sofreram, também, mudanças significativas, tanto no seu conteúdo quanto na forma sob a qual este se manifestava.

Durante o período imperial, o discurso sobre o ensino profissional era episódico e individual. Figuras proeminentes manifestavam-se sobre essa matéria conforme sua motivação individual. Nas primeiras décadas do regime republicano, além desse tipo de manifestação, foi possível encontrar formas novas de veiculação de idéias sobre o ensino profissional, que serão objeto deste capítulo. Tais manifestações já não eram exclusivamente diletantes, mas representavam o resultado de uma elaboração coletiva, ainda que em graus diferentes, tendentes à profissionalização dos próprios educadores.

Assim é que este capítulo apresenta a discussão de projetos na Câmara dos Deputados, que tramitavam segundo rotas e sofrendo alterações que escapavam aos desígnios de seus elaboradores; o curioso "inquérito" realizado por Fernando de Azevedo para o jornal *O Estado de S. Paulo*, em 1926, no curso do qual as idéias preconcebidas de um dos expoentes da educação brasileira durante quase meio século foram em parte modificadas pelos informantes qualificados; e o Manifesto dos Pioneiros da Educação Nova, de 1932, que resultou de uma montagem de opiniões sobre as mais diversas questões, até mesmo a do ensino profissional, dentre as quais se destaca a concepção de Anísio Teixeira sobre a reprodução escolar da divisão entre o trabalho manual e o trabalho intelectual.

É nessa pauta, inédita na educação brasileira, que o ensino profissional veio a figurar.

Projetos parlamentares (1915-1927)

Foi somente em 1915, seis anos depois de o Governo Federal ter criado uma rede de escolas de aprendizes artífices nas capitais dos estados, que o Congresso Nacional tomou a iniciativa em matéria de ensino profissional, especialmente no industrial manufatureiro.[1]

Como vimos no capítulo 2, não se tratou de uma intervenção, já que a criação de tais escolas resultou de um bem-vindo "benefício", resultado de um processo de cooptação política e de colaboração financeira: os governos estaduais forneceram prédios à União e até transferiram para sua jurisdição estabelecimentos inteiros, que já funcionavam desde o tempo do Império; em contrapartida, as oligarquias passaram a dispor de um estoque de empregos a distribuir e de lugares para a escolarização dos indicados por suas clientelas

---

1 O capítulo 3 mostrou o protagonismo marcante dos deputados estaduais paulistas em matéria de ensino primário e profissional. O que chama a atenção, por contraste, é a inapetência de seus colegas dos demais estados em matéria de educação popular, profissional ou não.

político-partidárias. Onde esse processo de cooptação deixou de acontecer (no Estado do Rio de Janeiro), a escola de aprendizes artífices acabou sendo instalada em cidade do interior (Campos), mediante a participação da Câmara de Vereadores no lugar do governo estadual.

O ensino profissional entrou na pauta da Câmara dos Deputados, enquanto parte de um projeto de reforma profunda da educação pública no Distrito Federal. Desde então, por uma década e meia, esse segmento do ensino ocupou lugar de destaque nas discussões dos deputados, e foi objeto de vários projetos e substitutivos, alguns dos quais serão apresentados neste item.

Essa assunção do ensino profissional pelo Poder Legislativo, como questão nacional e relevante, só foi interrompida na era de Vargas, com o fechamento do Congresso em outubro de 1930. Embora reaberto no curto período 1933-1937, durante toda a década de 1930 e na primeira metade da década seguinte, foram do Poder Executivo todas as iniciativas em matéria de ensino profissional como, de resto, em todas as questões educacionais, com a notável exceção do Distrito Federal na breve e fecunda gestão de Anísio Teixeira (1932-1935).

A motivação da maioria dos projetos de iniciativa da União no ensino profissional, assim como a discussão em torno deles, esteve fortemente motivada pelo positivismo, tanto em sua primitiva versão saint-simoniana quanto em sua mais elaborada versão comteana.

Os parlamentares proponentes e os seus interlocutores mostravam ter incorporado muito da idéia de Saint-Simon a respeito do advento do industrialismo, cuja plena realização exigia o desaparecimento dos ociosos, com o triunfo dos *industriais*,[2] vindo o trabalho a ser o princípio organizativo de toda a sociedade, razão pela qual a educação deveria ser profundamente reformada.

Para mostrar a indispensabilidade dos *industriais*, Saint-Simon convidava o leitor de uma de suas cartas ao rei, incluída em *Du système industriel*, a fazer uma suposição. Se a França perdesse de repente 3 mil cidadãos pertencentes aos diversos ramos das ciências, das belas-artes e da agricultura, da manufatura e do comércio, ela se tornaria "um corpo sem alma", em situação de inferioridade diante da nação rival. Se, ao contrário, ela conservasse seus "homens de gênio" e perdesse 30 mil personagens consideradas as mais importantes dentre os funcionários públicos, os militares, os legisladores, os clérigos, os proprietários ociosos, não resultaria disso nenhum mal político para o Estado, e a nação conservaria sua posição elevada entre os povos civilizados (Cunha, 1996, p.61).

---

2 Em acepção lata, o termo industrial abrangia tanto os trabalhadores diretamente empenhados na produção quanto os dirigentes e os empresários.

Juntando as pontas do saint-simonismo e do comtismo, os positivistas brasileiros pretendiam fazer da difusão do ensino profissional um meio de combater o bacharelismo reproduzido pelas instituições de nível superior.

A versão do positivismo de Comte, que encontrava sólido respaldo no Brasil da Primeira República, incidia sua crítica principalmente contra os privilégios ocupacionais dos títulos acadêmicos, isto é, a possibilidade de exercício de certas profissões exclusivamente por quem havia concluído certos cursos superiores. Diziam eles que isso estava criando uma nova classe privilegiada, os "bacharéis", razão pela qual eram contrários à criação de universidades no Brasil, por serem elas instituições essencialmente comprometidas com a sociedade arcaica, como o "Estado Metafísico". Em conseqüência, a política educacional que preconizavam era a desoficialização do ensino secundário e superior, de modo que da liberdade de ensino, ministrada apenas por particulares, resultasse a ciência positiva e a prevalência das capacidades sobre os títulos acadêmicos.

Nesse sentido, uma passagem de Monteiro Lobato, evocada pelo deputado Eurico Valle (PA) ao propor um projeto afim com nosso tema, pode ilustrar bem o pensamento corrente nos projetos parlamentares sobre o ensino profissional:

> Um volver de olhos sobre o país revela uma estrutura *sui-generis*. Em baixo, a massa imensa dos Jecas, meros puxadores de enxada; em cima, na cúspide, um bacharelismo furiosamente apetrechado de diplomas e anéis com pedras de todas as cores, verde, amarelo, azul, o arco-da-velha inteirinho. E no meio? A classe fecunda, a classe obreira do progresso industrial, o pedreiro, o entalhador, o mecânico, o eletricista, etc., etc., as formigas enfim do trabalho técnico, faltam-nos. E como são indispensáveis, importamo-las. Entre o Jeca de pé no chão, que carpe a roça, e o bacharel que requer *habeas corpus* e faz discursos, ambos nacionais, temos que admitir uma cunha estrangeira de técnicos imigrados. O nosso problema é abrir à classe de baixo o caminho à imediata, fazendo descascar-se o Jeca na escola primária, ensinando-lhe na profissional a utilizar-se da leitura.[3]

A essa convocação do escritor paulista, o deputado paraense acrescentou sua orientação:

> Precisamos combater nas cidades o parasitismo entibiante, organizando o ensino profissional, preparando os nossos profissionais, para valorizarmos a nossa mocidade, que só assim deixará de ser o inútil e passivo rebanho de pretendentes à burocracia e voltará as suas energias para o nosso comércio, para a nossa indústria e a nossa agricultura.[4]

---

3 *Documentos Parlamentares – Instrução Pública*, v.13, p.53.
4 Idem, p.54.

Passemos, agora, aos projetos apresentados à Câmara dos Deputados, dos quais selecionei quatro, além de alguns substitutivos, por sua importância no conjunto: o de Azevedo Sodré (1915); o de Camillo Prates e Ephigenio de Salles (1920); o de Fidelis Reis (1922); e o de Graccho Cardoso (1927).

Em 1915, no ano seguinte ao do início da Primeira Guerra Mundial, quando já se fazia sentir o esforço de substituição de produtos manufaturados importados por similares nacionais, Antônio Augusto de Azevedo Sodré, médico que ocupava a Diretoria de Instrução Pública do Distrito Federal[5] concebeu o mais ambicioso projeto educacional de toda a Primeira República.[6]

O projeto de lei de Azevedo Sodré previa, entre outras coisas, a constituição de um fundo escolar, providência que daria autonomia financeira à administração educacional. Em vez de lutar para que a cada ano as dotações aumentassem, quando não se mantivessem, o dirigente da rede escolar da capital da República contaria com recursos provenientes de impostos especialmente criados para seu suprimento, além de outras fontes.

Além de prever a constituição desse fundo, o anteprojeto proibia o trabalho de menores de 12 anos, de modo que eles pudessem ter condições de freqüentar escolas. Para ambas as providências – a proibição do trabalho e a obrigatoriedade escolar – seria criado um corpo de "guardas escolares", dotado de competência de caráter policial.

Os diretores ou gerentes de fábricas, os donos ou patrões de oficinas, os chefes das casas comerciais, os encarregados das habitações coletivas e os inquilinos de casas particulares são obrigados a fornecer ao guarda escolar as informações por este solicitadas sobre o número dos menores que trabalham ou residem no local por ele visitado, sobre se freqüentam ou não uma escola e qual o grau de instrução dos mesmos.

Os que se recusassem estariam sujeitos a multas pecuniárias, sumariamente aplicadas, prevendo-se a duplicação em caso de reincidência.

---

5 Ele foi, em seguida, prefeito do Distrito Federal e, depois, deputado federal.

6 *Documentos Parlamentares – Instrução Pública*, v.1. Este não foi um projeto apresentado à Câmara dos Deputados, mas, sim, ao prefeito do Distrito Federal. Como ele foi inserido nos Documentos Parlamentares, a pedido de um deputado, considerei-o em igualdade de condições aos demais, para efeito de análise das concepções em disputa no âmbito parlamentar, embora em termos jurídico-políticos ele não produzisse os mesmos resultados, pois não poderia tramitar nem ser transformado em lei, a não ser que fosse assumido como seu por um deputado.

Essas informações seriam indispensáveis para fazer cumprir outra determinação do anteprojeto, talvez a primeira versão do que viriam a ser os sistemas Senai e Senac da década de 1940:

> Os diretores ou gerentes de fábricas, os donos ou patrões de oficinas particulares e de estabelecimentos comerciais são obrigados a consentir que os seus aprendizes, operários ou caixeiros, menores de 18 anos, freqüentem, sem redução do respectivo salário, a escola profissional ou comercial, desde que funcionem a uma distância menor de 600 metros da fábrica, oficina ou casa comercial.

Se empregassem menores de 18 anos que não tivessem freqüentado ou não freqüentassem escolas profissionais, os patrões ficariam sujeitos a pesadas multas, cobradas sumariamente. A isenção somente seria admitida para os estabelecimentos situados a mais de 600 metros de uma escola desse tipo.

O tempo de aulas dessas escolas seria estabelecido pela Diretoria-Geral de Instrução Pública, mas o anteprojeto dizia que ele não excederia de uma hora, diariamente, ou de duas horas, três vezes por semana.

Pelo que depreendi da justificativa que o então deputado federal Azevedo Sodré apresentou a um projeto de criação de escolas profissionais por iniciativa do Governo Federal, em 1920,[7] o projeto de reforma do ensino no Distrito Federal, em especial as escolas de aperfeiçoamento industrial e a obrigatoriedade de os empregadores mandarem seus operários menores para freqüentarem esses cursos, sem prejuízo dos salários, foi inspirado no Código Industrial do Império Alemão.[8]

Para fazer frente à demanda gerada pela lei, o anteprojeto autorizava o prefeito a criar escolas profissionais para menores de ambos os sexos, com idade entre 13 e 18 anos. Ademais, ele ficava autorizado a entabular negociações com o Governo Federal com intuito de este custear a metade das despesas de instalação e manutenção de uma escola normal de artes e ofícios, destinada a formar mestres e contramestres, assim como docentes para as disciplinas de desenho e de tecnologia dos diversos ofícios, tanto para a rede de escolas profissionais do Distrito Federal, quanto das demais unidades da federação. Para a instalação dessa instituição de "formação de formadores", sem precedentes no país, o prefeito poderia contratar professores estrangeiros por um período não superior a seis anos.

Em julho de 1920 os deputados Camillo Prates (MG) e Ephigenio de Salles (AM) apresentaram um projeto que autorizava o Governo Federal a criar nos

---

7 Mais adiante vou focalizar esse projeto, assim como o substitutivo de Azevedo Sodré.
8 Cf. *Documentos Parlamentares – Instrução Pública*, v.13, p.30-1.

estados tantas escolas de ensino profissional e de ensino primário[9] quantos fossem os grupos de 500 mil habitantes neles existentes.[10] Para isso, cada estado seria dividido em circunscrições com essa população, cabendo a cada qual uma dessas escolas, que funcionariam conforme as existentes na capital da República. Embora coubesse à União a iniciativa de criação das escolas, de sua montagem e instalação, metade das despesas ficaria a cargo dos governos estaduais. Depois de criadas, as escolas dessa rede passariam a ser modelares para as existentes nos estados.

A discussão travada em torno do projeto Prates-Salles não negou-lhe o mérito de pretender desenvolver o ensino profissional, embora houvesse recusa no que dizia respeito ao ensino primário, por ser este segmento de responsabilidade estadual, não federal.

Em vez das circunscrições previstas no projeto original, o deputado José Augusto (RN) propôs, em substitutivo, que as escolas profissionais, em número indeterminado, fossem criadas nos locais "reputados convenientes".

Fundamentado em uma longa e erudita justificativa, o deputado Azevedo Sodré (RJ), o mesmo que havia proposto o projeto de reforma educacional no Distrito Federal em 1915, apresentou seu substitutivo tanto ao projeto original quanto à ressalva de José Augusto.

Para Azevedo Sodré, ambos estavam equivocados, pois o projeto seria inexeqüível. Sua argumentação pode ser resumida em dois pontos: as escolas ficariam sem alunos e não conseguiriam combater o bacharelismo, como se pretendia. Nas suas palavras:

> No Brasil, como ninguém ignora, constituiu-se com o tempo uma verdadeira aristocracia representada pelos diplomados, pelo alto funcionalismo público e pelos grandes proprietários rurais. Ao contrário do que sucede em outros países, onde as camadas sociais são definidas, limitadas e imiscíveis, a nossa aristocracia é acessível a todos, seja qual for a procedência, e todos desejam ardentemente alcançá-la, podendo-se mesmo assegurar que é esta a grande aspiração nacional. Em nossa terra, os pais sujeitam-se às maiores privações e por vezes a verdadeiras humilhações para fazer do filho um bacharel ou doutor. Daí o pouco caso, o desdém e o desprezo com que são ainda vistos os indivíduos que exercem profissões manuais e, até bem pouco tempo mesmo, os que se empregavam no comércio. Filhos da

---

9 Ambos os ensinos seriam ministrados em todos os estabelecimentos.

10 Seriam aproximadamente cinqüenta escolas profissionais em todo o país. Cumpre chamar a atenção que sua distribuição no território nacional seria bem diferente da rede então existente de escolas de aprendizes artífices. Enquanto estas se localizavam nas capitais dos estados, independentemente da população de cada um, o projeto Prates-Salles fazia que as novas escolas profissionais acompanhassem a distribuição da população pelo espaço. Em conseqüência, haveria mais escolas nas regiões de maior densidade populacional.

nossa aristocracia e da nossa burguesia, representada esta pelos comerciantes, pequenos lavradores e empregados públicos, não se matriculariam nas escolas profissionais ... Restam os filhos de operários e trabalhadores rurais. Mas, via de regra, seus pais desconhecem as vantagens do ensino técnico, e têm para si que os filhos podem perfeitamente ser bons operários ou bons lavradores, como eles, sem a necessidade de freqüentar a escola primária e dois ou três anos de uma escola especial de artes.[11]

Não bastasse isso, as cinqüenta escolas profissionais, pela versão Prates-Salles, ou o número provavelmente ainda maior pelo substitutivo José Augusto, não disporiam de docentes suficientemente qualificados, o que tornaria seu ensino impróprio. Posto isso, Azevedo Sodré apresentou outro substitutivo, baseado em sua experiência no Distrito Federal, como diretor-geral de Instrução Pública e como prefeito.[12]

O Governo Federal ficaria autorizado a criar quatro escolas normais de artes e ofícios, destinadas ao preparo de professores e mestres para o ensino profissional, laico e gratuito, de 1º grau ou elementar. Essas escolas não seriam instaladas todas de uma vez, mas *sucessivamente*, em Belo Horizonte, Salvador, São Paulo e Recife. Quando as condições financeiras permitissem, escolas idênticas seriam criadas nas capitais dos demais estados.

Para ingressar nas escolas normais de artes e ofícios, os candidatos deveriam ter pelo menos 16 anos de idade e comprovar a conclusão do "curso anexo", de dois anos de duração, que compreenderia a instrução primária (média e complementar) e as cadeiras de desenho, modelagem e trabalhos manuais.

O curso normal de artes e ofícios, com três anos de duração, abrangendo disciplinas de caráter geral e profissional, outorgaria diplomas de professor de desenho profissional e primário, bem como de mestre em trabalhos técnicos relativos aos vários grupos de ofícios industriais e manufatureiros. Os professores para o ensino do desenho, da modelagem, dos trabalhos manuais e da tecnologia relativa aos ofícios, o governo deveria contratar nos Estados Unidos ou na Europa, pelo menos até que houvesse pessoas habilitadas no país.

A Escola Normal de Artes e Ofícios "Venceslau Brás" seria transferida do âmbito do Ministério da Agricultura, Indústria e Comércio para o do Ministério da Justiça e Negócios Interiores, passando a funcionar de acordo com as determinações constantes do projeto de lei.

---

11 *Documentos Parlamentares – Instrução Pública*, v.13, p.28-9.
12 Neste último cargo, ele havia criado a Escola Normal de Artes e Ofícios, depois transferida para a União e denominada "Venceslau Brás". No capítulo 2 esta escola foi focalizada no âmbito da rede federal de escolas de aprendizes artífices.

A Comissão de Instrução Pública refutou os argumentos de Azevedo Sodré e endossou a versão inicial do projeto Prates-Salles, mas não pôde contestar sua argumentação a respeito da indispensabilidade da formação de docentes especializados nas matérias do ensino profissional, nem da necessidade de se contratar no estrangeiro professores habilitados para pôr em funcionamento as escolas normais de artes e ofícios. Em conseqüência, a Comissão fundiu o projeto Prates-Salles com o substitutivo Azevedo Sodré, incorporando, também, os reparos que haviam sido feitos a respeito do caráter oneroso de tal empreendimento.

O substitutivo resultante autorizava a União a entrar em acordo com os governos estaduais para fundar, em cada um deles, escolas de ensino profissional, agrícola, industrial ou de normal de artes e ofícios, proporcionalmente a grupos populacionais a serem estabelecidos, dependentes, ainda, das disponibilidades financeiras.

O Governo Federal ficava autorizado, também, a criar *pares* de escolas normais de artes e ofícios, situadas em locais mais ou menos eqüidistantes, de modo que fossem favorecidos, igualmente, o Norte e o Sul do país.

O substitutivo resultante não teve sucesso, e terminou arquivado por razões que não consegui apurar. Posso presumir, no entanto, que dois obstáculos devem ter surgido em sua tramitação: a disponibilidade de recursos orçamentários e a inconstitucionalidade da criação de escolas primárias nos estados por iniciativa do Governo Federal.

O projeto de lei que suscitou maior polêmica e polarizou as discussões parlamentares durante quase toda a década de 1920 foi o do deputado mineiro Fidelis Reis.[13]

Em outubro de 1922, ele apresentou ao plenário da Câmara dos Deputados um projeto que rompeu com a seqüência dos projetos anteriores e instituía a obrigatoriedade do ensino profissional no Brasil. Para incentivar a procura pelos cursos profissionais, o projeto determinava que seu certificado fosse condi-

---

13 Fidelis Reis nasceu em Uberaba (MG), em 1880, e morreu no Rio de Janeiro em 1962. Agrônomo e fazendeiro, dirigiu a Sociedade Mineira de Agricultura e fundou a poderosa Sociedade Rural do Triângulo Mineiro, da qual foi o primeiro presidente. Atuou na administração pública estadual e federal, especialmente em questões de imigração e povoamento. Em 1921 foi eleito deputado federal por Minas Gerais (circunscrição do Triângulo Mineiro), e foi reeleito sucessivamente, até que seu mandato foi suprimido com o fechamento do Congresso em outubro de 1930. Foi um dos fundadores da Escola de Engenharia de Belo Horizonte, onde lecionou durante cinco anos. Tentou criar, sem sucesso, um liceu de artes e ofícios em sua cidade natal (Soares, 1995). De seus cinco livros, três abordam questões relativas ao ensino profissional (Reis, 1923, 1931 e 1962).

ção (ao lado das então existentes) de ingresso nos cursos superiores civis e militares, tanto nos oficiais quanto nos equiparados. Além disso, em igualdade de condições, teriam preferência na nomeação para os cargos públicos os candidatos que tivessem concluído cursos profissionais.

Para fazer frente à demanda desses cursos, que o projeto supunha fosse crescer, o Governo Federal ficava autorizado a aumentar o número das escolas de aprendizes artífices, dos aprendizados agrícolas e das escolas de artes e ofícios. No caso em que um candidato a curso superior ou a cargo público não tivesse concluído um curso profissional, mas tivesse aprendido um ofício por outros meios, ele poderia submeter-se a provas de habilitação perante bancas especialmente constituídas para esse fim, que funcionariam durante três meses por ano.

Como os demais parlamentares que apresentaram propostas de valorização do ensino profissional, Fidelis Reis foi buscar no passado escravista do país as razões da situação atual – tanto a ojeriza ao trabalho manual quanto a "degradação da raça" pelos negros.

> No Brasil não se ensina o homem a trabalhar. Degradando-se o que há de mais nobre na vida humana, que é o trabalho, que se relegava ao braço escravizado, e com uma vesga concepção do destino social dos povos – não puderam compreender os fundadores da nacionalidade a missão que nos estava reservada e a tarefa que nos cabia realizar na civilização do continente. Aos males e inconvenientes desse fato decorrentes, adicionem-se os de caráter étnico, resultantes do caldeamento a todos os títulos precário que se operava com a raça africana inferior, trazida para os trabalhos ásperos das indústrias extrativas iniciais.[14]

Em vez de uma mentalidade voltada para a "concepção positiva das realidades concretas", como o deputado supunha existir nos Estados Unidos, o padre e o legista trouxeram para o Brasil o "retoricismo de Coimbra" e a filosofia contemplativa dos mosteiros medievais. O resultado foi que

> Ao invés do homem apto pelo preparo científico para operar a transformação das nossas riquezas incalculáveis – com a fundação das indústrias ao meio adequadas, o desenvolvimento do comércio, em amplos moldes, a exploração racional das lavouras e das criações – preparávamos nas academias e nos seminários, o surto dessas gerações de sonhadores utopistas e declamadores platônicos da nossa Natureza exuberante, que, por não a conhecerem, não a sabiam explorar.[15]

---

14 *Documentos Parlamentares – Instrução Pública*, v.13, p.69-70.
15 Idem, p.70.

Recorrendo a Augusto Comte – o "mestre excelso", que se admirava por existirem estadistas que não sabiam matemática –, Fidelis Reis mostrava seu horror pela incompetência científica de nossos governantes. Como poderia ser diferente em nosso país, perguntava-se, se na própria criação da Universidade do Rio de Janeiro[16] os cursos técnicos foram dela apartados?

Para o deputado, o mundo estava passando por uma profunda transformação, e era difícil distinguir onde terminavam os problemas políticos e começavam os problemas econômicos, de tão entrelaçados que estavam. Nesse momento, as nações que se destacavam eram as que melhor se aparelhavam para vencer no campo da produção e da exportação. Enquanto isso, no Brasil, tratávamos da criação de instituições de ensino superior e da fundação de "universidades anódinas", cujos diplomados iriam "engrossar anualmente a caudal já de si irresistível dos parasitas e candidatos a funções públicas".

Com o ensino profissional obrigatório, o que ele esperava era fazer de cada brasileiro "um fator de efetivo valor social e econômico", pela via da preparação de trabalhadores intermediários entre "o sábio que faz livros", de cuja utilidade não duvidava, e "o operário rude", que entrava na produção com a força muscular.

Na tramitação pela Câmara e pelo Senado, o projeto recebeu o mais entusiástico apoio. A crítica ao bacharelismo e a fórmula da educação profissional como instrumento para mudar a mentalidade contrária ao trabalho manual e, em conseqüência, a própria sociedade brasileira, foram argumentos de apoio proclamados recorrentemente nas duas casas do Congresso Nacional.

No entanto, dois deputados manifestaram-se contrários, e foram alvo dos ataques veementes de Fidelis Reis e de seus partidários. Os principais críticos foram Gilberto Amado (SE) e José Maria Bello (PE).

Gilberto Amado contestou Fidelis Reis em sua crítica aos cursos superiores como "teóricos", mostrando que, ao contrário, eles eram todos profissionais, formando médicos, advogados e engenheiros. Aduzia que, para eles desempenharem melhor as respectivas profissões, não teria cabimento que soubessem ofícios diferentes daqueles para os quais se preparavam na faculdade, tais como os de carpinteiro, sapateiro etc. Se, ao contrário, o projeto defendesse o trabalho manual enquanto "processo psicológico de educação", como Rousseau no *Emílio*, o deputado sergipano nada teria a objetar. Mas não era com esse intuito que a profissionalização aparecia no projeto, senão na perspectiva propriamente produtiva. Argumentou ele, também, que, ao contrário do que supunha Fidelis Reis, faltava teoria no ensino superior brasileiro.

---

16 Criada por decreto do presidente da República no mês anterior ao da apresentação do projeto de Fidelis Reis.

O ensino de ofícios nos primórdios da industrialização

Gilberto Amado apontou, ainda, a contradição existente no projeto ao se exigir para o acesso aos cursos superiores e aos cargos públicos o certificado de ensino profissional, mas sem dizer qual. Se o que vale é o certificado de ensino profissional, o projeto acabaria por valorizar o título pelo título, justamente o que pretendia combater.

> Querendo desenvolver o ensino profissional, nós o fundaríamos justamente para aqueles que se destinam às profissões liberais, à burocracia inferior, não ligada às tarefas práticas necessárias mais diretamente ao aparelhamento econômico do país pelo aproveitamento da mocidade no estudo da mecânica e dos ofícios diversos.[17]

Para que se desenvolvesse o ensino profissional no Brasil, seria preciso, antes de tudo, saber quais eram as indústrias que mais floresciam, as que requeriam maior número de contramestres, de operários e das outras categorias ocupacionais, para, de acordo com esses dados, ser ministrado o ensino técnico correspondente.

Em suma, o que se deveria fazer era a incorporação dos princípios de Frederick Taylor, cujo livro *Scientific Management* foi mostrado ao plenário. O taylorismo teria, nessa matéria, plena aceitação nos países mais avançados.[18] Para a maioria da população, era o ensino primário que se impunha, por razões que diziam respeito mais à política do que à economia.

Solidário com Gilberto Amado, o deputado José Maria Bello considerou absurdo o projeto de Fidelis Reis pois, além de a obrigatoriedade do ensino profissional violar, no seu entender, a Constituição do país, *não teria cabimento tal compulsoriedade enquanto o ensino primário fosse facultativo!*

Ele não aceitava, também, "a apologia incondicional e exclusivista do ensino técnico", como se fosse um "*fiat* milagroso". Se era indiscutível a necessidade do ensino profissional para o desenvolvimento do país, não era menos verdadeiro que a complexidade da sociedade moderna ampliou muito as funções das elites de todas as espécies.

> O Brasil necessita tanto de uma elite de técnicos que saibam valorizar as suas riquezas latentes, como de uma elite universitária, literária, filosófica e científica, cuja alta e nobre função é ver justo, e cujo papel, de alcance moral, que melhor se sente do que se define, é o da orientação suprema das idéias que a prática realiza.[19]

---

17 *Documentos Parlamentares – Instrução Pública*, v.13, p.82.

18 O deputado sergipano não esclareceu como entendia que os princípios tayloristas fossem aplicados ao ensino profissional. Todavia, vale lembrar que eles apontavam para o aprendizado mais rápido e barato possível, para o trabalho cada vez mais fragmentado – no limite, o "gorila treinado" para desempenhar tarefas específicas, aprendidas na própria fábrica.

19 *Documentos Parlamentares – Instrução Pública*, v.13, p.115.

O deputado pernambucano tampouco aceitava que o ensino profissional fosse ministrado na escola primária. Esta deveria oferecer um ensino de caráter geral, após o que haveria uma necessária bifurcação: de um lado, a escola profissional; de outro, a cultura de humanidades e a universitária.

> Levar a obrigatoriedade do ensino técnico-profissional para o curso de humanidades é uma exigência insólita, e, ousaria dizer, absurda, quando, por toda a parte, no ensino profissional, mais do que alhures, a especialização de funções e de aptidões é uma idéia vencedora. O homem das profissões liberais, o homem de ciências ou de letras nada tem a fazer com um ofício mal aprendido. Ele precisa ter, como todo o mundo, as mãos e os olhos capazes. Mas é na escola primária, no estudo obrigatório do desenho e da modelagem artística, que se devem ter educado o seu tato e a sua vista. Decerto, não teria sido o conhecimento de algum ofício mecânico que deu a Einstein, ao que parece, de tão íntimo comércio espiritual com o autor do projeto, a incomparável superioridade de sua visão sobre os eternos problemas do conhecimento e da vida...[20]

A pretensão de fazer dos certificados de cursos profissionais antídoto contra o "mandarinato oficial dos bacharéis" foi ridicularizada por José Maria Bello, para quem o resultado seria o surgimento de novas modalidades de "doutores em artes e ofícios", que viriam a povoar os ministérios.

O que competia ao Estado fazer era fomentar o desenvolvimento econômico. No dia em que o desenvolvimento material do país exigisse maior número de técnicos, eles surgiriam naturalmente.

Menos confiante na solução espontânea do mercado, o deputado Luiz Rollemberg (SE) repôs na pauta de discussão os destinatários das escolas de aprendizes artífices existentes, cujo modelo estaria correto e deveria ser seguido:

> O que temos, portanto, de mais sensatamente a fazer é difundir o ensino técnico e profissional, não entre os candidatos à burocracia e às escolas superiores, mas, sim, entre os que precisam realmente aprender ofícios. E estes são os desprotegidos da sorte, os filhos daqueles que não tenham meios de fazê-los seguir qualquer carreira liberal; estes é que devem aplicar-se a estudos técnicos profissionais, pois irão viver do ofício que aprenderem, irão aplicar as suas atividades útil e proveitosamente, irão colaborar para o progresso da nação; para estes é que se devem abrir

---

20 Idem, p.116. A referência a Einstein resulta da evocação de entrevista do físico, publicada no Rio de Janeiro, na qual ele defendia a obrigatoriedade do ensino de ofícios para todos. Gilberto Amado também se referiu a tal entrevista, contestando a incorporação literal que Fidelis Reis fez dela. No entender de Amado e Bello, a proposta de Einstein teria de ser traduzida pelo pensamento de Rousseau, no qual o aprendizado de um ofício não se destinava a fazer de Emílio um artesão ou um operário, mas, sim, um homem sem preconceitos e capaz de entender o ponto de vista de pessoas de outras condições sociais.

em todo o território nacional novas escolas de aprendizes artífices, novos patronatos agrícolas.[21]

O projeto de Fidelis Reis foi aprovado na Comissão de Instrução Pública, depois de emendas acolhidas pelo proponente, assim como foi aprovado quase por unanimidade pelo plenário da Câmara. Enviado ao Senado, foi aí também emendado na comissão análoga e aprovado. Por causa da emenda do Senado, retornou à Câmara, onde foi mais uma vez aprovado com ampla margem.

Como a reforma constitucional de 1926 determinava que toda lei previsse os recursos para sua execução, o Senado reservou-lhe a dotação orçamentária inicial de 5 mil contos de réis.

Cinco anos após sua apresentação, o projeto de Fidelis Reis foi convertido em lei pelo Congresso Nacional e sancionado pelo presidente da República Washington Luiz, do que resultou o Decreto n.5.241, de 22 de agosto de 1927.

Diferentemente do projeto inicial, o decreto já não dizia ser obrigatório o ensino profissional em todo o país. Determinava, no lugar daquela imprecisa e ambiciosa determinação, que, em todas as escolas primárias subvencionadas ou mantidas pela União, fariam parte dos programas, *obrigatoriamente,* as seguintes matérias: desenho, trabalhos manuais e rudimentos de artes e ofícios ou indústrias agrárias, *conforme as conveniências e as necessidades da população escolar.* Com essas ressalvas, a intensidade das matérias que caracterizariam a profissionalização ficava na dependência da demanda local, bastante variável.

No Colégio Pedro II e nos demais estabelecimentos de ensino secundário mantidos pela União, como também nos equiparados, deveriam ser instaladas "aulas" de artes e ofícios, e o aluno era livre para escolher uma especialidade. O certificado de conclusão do curso secundário somente seria conferido aos que obtivessem uma especialização em artes e ofícios. Quem quisesse obter um certificado de habilitação profissional, sem ter cursado uma escola de instrução secundária oficial nem equiparada, poderia prestar exame de conhecimentos de uma arte ou um ofício nesses estabelecimentos.

As escolas profissionais existentes, como as de aprendizes artífices, continuariam a funcionar conforme legislação específica.

A obrigatoriedade do curso profissional para o ingresso nos cursos superiores ficou mantida, embora dissimulada. Como o certificado de curso secundário, oficial ou equiparado, era condição para inscrição nos exames vestibulares, os novos certificados de conclusão teriam necessariamente de incluir a parte

---

21 *Documentos Parlamentares – Instrução Pública*, v.13, p.134.

profissional do currículo, quando não, a habilitação certificada pelas bancas examinadoras especiais. Assim a menção ao ensino profissional deixou de ser *requisito explícito de entrada* no curso superior para se transformar em *requisito implícito de saída* do curso secundário. Como este era propedêutico àquele, a condição do projeto inicial permaneceu no decreto.

Em contrapartida, o decreto manteve o dispositivo do projeto original que assegurava a nomeação, para funções públicas federais, do candidato que, em igualdade de condições, possuísse certificado de habilitação profissional.

Um elemento oriundo de projetos de lei apresentados à Câmara antes do de Fidelis Reis foi inserido neste durante sua tramitação, prevendo que os gastos decorrentes de sua implantação fossem compartilhados com os estados: quando se tratasse da fundação de escolas federais em território estadual, o governo respectivo entraria com metade das despesas necessárias para custeio e aparelhamento. Independentemente disso, o Governo Federal deveria elevar "ao número que julgasse conveniente" as escolas de aprendizes artífices, os aprendizados agrícolas e as escolas de artes e ofícios existentes, assim como fundaria os estabelecimentos técnicos "que entendesse necessários".

Mesmo com a concessão do crédito de 5 mil contos de réis, o decreto não foi posto em prática. O próprio deputado Fidelis Reis declarou, na tribuna da Câmara, que aquela verba era insuficiente – o presidente Washington Luiz lhe teria dito necessitar, para aplicá-la, de 400 mil contos, 80 vezes a quantia disponível.[22]

Nos dois anos seguintes, o deputado mineiro suscitou apoio de numerosas entidades[23] e personalidades,[24] que dirigiram moções ao Congresso Nacional e ao presidente da República, elogiando a lei e reivindicando sua aplicação.

Em outubro de 1930, Washington Luiz foi deposto e Fidelis Reis perdeu o mandato parlamentar, por força da revolução que levou Getúlio Vargas ao poder, inaugurando um novo período na História do Brasil, no qual o protagonismo do Estado no campo educacional foi muito fortalecido.

Como efeito de uma centralização política sem precedentes, do Governo Provisório ao Estado Novo, a educação brasileira foi marcada pela progressiva interferência do poder central nos estados e até nos municípios, assim como

---

22 Não é descabido supor que o presidente tivesse sancionado o decreto legislativo por conveniência política, mas tinha razões para não implementá-la, além das orçamentárias. Afinal, no Distrito Federal, o diretor-geral de Instrução Pública Fernando de Azevedo, indicado por seus correligionários paulistas, estava desenvolvendo um projeto de reforma educacional que contrariava a essência do projeto Fidelis Reis (cf. capítulo 4).

23 Entre elas a Associação Brasileira de Educação, que aprovou moção de apoio na II Conferência Nacional de Educação, realizada em Belo Horizonte, em 1928.

24 Sua carta a Albert Einstein foi respondida, o que não aconteceu com a enviada a Lenin.

O ensino de ofícios nos primórdios da industrialização

pelo surgimento de uma política de formação profissional da força de trabalho industrial que não incorporou elemento algum de toda a "porfiada campanha" de Fidelis Reis.

Cumpriu-se, assim, a profecia (maldição?) de José Maria Bello:

> curvo-me ante o voto do Poder Legislativo, esperando apenas que ele fique na coleção das *leis natimortas*, para que, um dia, possamos renovar as idéias tão dignas de aplausos que ele contém, dando-lhe uma forma mais perfeita e que possa corresponder realmente às necessidades do problema educacional brasileiro.[25]

O projeto de lei Fidelis Reis já havia sido aprovado em todas as instâncias do Congresso Nacional, quando, em agosto de 1927, uma semana antes de sua sanção pelo presidente da República, o deputado Graccho Cardoso (SE) apresentou novo projeto sobre a matéria.

Ele não ignorava o projeto do deputado mineiro, mas considerava-o "de antemão condenado", por sua evidente inadaptação às condições do país e "flagrante inocuidade", pelas razões seguintes:

> Não basta estabelecer como condição à matrícula nos institutos superiores da União, quer civis quer militares, e as a eles equiparados, nos estados, a habilitação profissional; porque *estabelecer* e não poder executar, é o mesmo que legislar sobre coisa alguma. Se a União não dispõe de escolas profissionais em número suficiente para que por elas passe a legião de dois a três mil alunos que anualmente se destina aos cursos mais elevados, como coagi-los à obtenção de um certificado que os meios atuais e um futuro ainda distante lhes não poderão facultar? Depois, quanto tempo não seria preciso e de que somas vultuosas não haveria mister, o Governo, para aparelhar escolas profissionais em número bastante para conter toda a juventude encaminhada a outras ambições e a outros pendores, que não os puramente industriais? Onde encontrar oficinas, ferramentas, professores, mestres, para esse sem número de estabelecimentos? Ademais, por que incluir na obrigatoriedade as escolas militares, verdadeiros institutos profissionais pelos fins que realizam?[26]

Fazendo coro às críticas de José Maria Bello, o deputado sergipano perguntou-se, irônico:

---

25 *Documentos Parlamentares – Instrução Pública*, v.13, p.192, grifo meu. O leitor interessado em outro ponto de vista a respeito das vicissitudes e do fracasso do projeto de Fidelis Reis deverá consultar Fonseca (1961, v.1, cap.VII).

26 *Documentos Parlamentares – Instrução Pública*, v.13, p.240.

Somos mesmo uma terra de portentos. Então um país que não chegou ainda a compreender a importância da compulsoriedade escolar primária, em que o Governo decreta preparatórios[27] e os pais se inimizam com os examinadores que lhes não aprovam os filhos inaplicados, pensar-se-á, porventura, a sério, em uma obrigatoriedade para a instrução profissional, com tão absurda latitude?[28]

Com essa justificativa, Graccho Cardoso recusou-se a esperar pela sanção presidencial ao projeto Fidelis Reis e apresentou, pela primeira vez no Brasil, um projeto de lei que dava organização abrangente ao ensino industrial, uma espécie de sistema paralelo ao do ensino comum – o secundário humanístico e o superior.[29]

Esse parassistema de ensino industrial foi denominado "técnico-profissional". Ele seria ministrado gratuitamente, por instituições públicas e privadas. Estavam previstas nele três instituições: as escolas industriais primárias, os institutos médios industriais e as escolas normais profissionais. Apesar da denominação abrangente (ensino técnico-profissional), o parassistema que o projeto propôs estava orientado exclusivamente para a formação da força de trabalho industrial e manufatureira, com a exceção parcial das escolas femininas, a que voltarei a me referir mais adiante.

As *escolas industriais primárias* seriam destinadas a:

- ministrar o ensino profissional e geral aos aprendizes de artes e ofícios, de modo a selecionar o pessoal operário das várias indústrias;
- formar os operários especializados de cada arte ou indústria e respectivos contramestres, mediante instrução técnica adequada; e
- promover ou completar a instrução dos aprendizes e operários empregados nas diversas indústrias.

Em cada escola haveria três seções: a pré-profissional, a industrial e a especial. As duas primeiras seções formariam artífices ou operários, enquanto a terceira formaria os contramestres. A primeira e a segunda seção durariam no mínimo dois anos cada uma e o curso especial, um ano.

O curso pré-profissional compreenderia as primeiras letras, as "lições intuitivas", o desenho, a geometria prática, a cultura física e os trabalhos manuais. Os cursos industrial e especial abrangeriam as seguintes matérias: português, matemáticas aplicadas, noções de física e química, geografia industrial, ele-

---

27 Referência aos exames de estudos preparatórios para ingresso nos cursos superiores. Na realidade, esses exames foram extintos em 1911, substituídos pelos exames vestibulares.

28 *Documentos Parlamentares – Instrução Pública*, v.13, p.240.

29 Em uma passagem de sua exposição de motivos, o deputado fez referência às "escolas industriais superiores", que formariam os engenheiros, mas não levou adiante a articulação das instituições de formação de operários, mestres e técnicos com as escolas politécnicas existentes.

mentos de resistência dos materiais e de história natural, desenho ornamental e industrial, contabilidade industrial, educação cívica e moral, higiene das oficinas e do operário, tecnologia correspondente a cada uma das artes e ofícios.

As profissões ensinadas nas escolas industriais primárias seriam:

trabalhos de madeira
construções metálicas
construções mecânicas
eletroquímica e eletrotécnica
condução de mecanismos
artes gráficas
artes têxteis
trabalhos em couro e fabrico de calçados
artes decorativas
corte e feitura de vestuários
lavores femininos
contabilidade industrial, organização e administração de oficinas.

Além de corte e costura, dos "lavores femininos" e, talvez, das artes decorativas, a exposição de motivos do projeto sugeria que as escolas femininas pudessem oferecer cursos de relojoaria e de joalheria, sem dúvida um avanço na incorporação da mulher a um setor da força de trabalho que, até então, era exclusivamente masculina.

Os artigos produzidos nas oficinas das escolas industriais primárias deveriam ser postos à venda, e sua renda revertida em benefício do ensino, depois de subtraída uma parte a ser distribuída aos alunos, conforme a participação e o aproveitamento de cada um. Essa parte seria fixada pelo Conselho Superior do Ensino Técnico-Industrial, de que falarei mais adiante. De todo modo, a parte dos alunos não poderia tomar a forma de diárias, prática esta em uso no Liceu de Artes e Ofícios de São Paulo.

Anexos às escolas industriais primárias, funcionariam, à noite, cursos destinados aos menores e aos adultos empregados nas fábricas e nas oficinas. O dispositivo de maior alcance nessa matéria determinava que os diretores de fábricas, explorações ou empregos industriais ficavam obrigados a encaminhar às escolas industriais primárias os trabalhadores, maiores e menores de idade, que não tivessem feito ou não tivessem concluído um curso profissional. Assim foram justificados esses cursos e a obrigação dos empregadores:

> Não é nova a idéia de confiar à indústria o encargo da instrução profissional dos artífices e mestres de que ela necessita. Pedindo às indústrias do país uma contribuição quase limitada ao mínimo, o projeto entende prestar menos um benefício à coletividade que a elas próprias, mais do que a sociedade e o governo interessadas no aumento da capacidade produtora das várias unidades do trabalho profissional.

O exemplo de patriotismo que nesse sentido nos vem de todos os países adiantados é digno de assimilação.[30]

Os *institutos médios industriais*, uma novidade no âmbito do campo educacional brasileiro, teriam a seu cargo formar mestres e técnicos especializados em cada uma das profissões.

Com dois anos de duração, no máximo, após a escola industrial primária, os cursos teriam como matérias comuns: português, uma língua estrangeira, desenho industrial, matemáticas aplicadas, física e química aplicadas, história da arte referente às indústrias, mecânica aplicada, higiene industrial e do operário.

A profissões ensinadas nas escolas médias industriais seriam as seguintes:

construções civis
metalurgia e mineração
construção e condução de máquinas
física e química industriais aplicadas
ajustagem, montagem e eletricidade
manufaturas têxteis e montagem de fábricas de fiação, de tecidos e de papel
curtume, manufatura e fabrico de calçados
fabricação de açúcar e montagem de usinas
fábrica de artefatos de borracha.

O projeto previa, ainda, um curso de especialização, que constaria apenas do ensino de tecnologia e de contabilidade industrial.

O curso das *escolas normais profissionais* teria a finalidade de formar os docentes, os dirigentes e os inspetores de todo o ensino técnico-industrial. Com três anos, no mínimo, esse curso abrangeria:

- a revisão e o desenvolvimento das matérias constantes do programa do ensino industrial médio, acrescido de mais uma língua estrangeira;
- as ciências aplicadas ao ramo industrial do ensino cuja docência se tenha em vista;
- a técnica oficial de laboratório e de construção;
- a teoria e a prática pedagógica, os métodos do ensino técnico e os deveres do professor.

No ápice desse parassistema estaria o Conselho Superior do Ensino Técnico-Industrial, composto pelo superintendente do Departamento de Educação (do Ministério da Agricultura, Indústria e Comércio), de inspetores de ensino, de industriais, de engenheiros e de médicos, a juízo do governo. Dentre as atribui-

---

30 *Documentos Parlamentares – Instrução Pública*, v.13, p.247.

ções desse órgão colegiado, sobressaía a de organizar e rever os programas das instituições de ensino profissional abrangidas no parassistema.

Para o custeio e a manutenção dos estabelecimentos federais integrantes desse inédito aparato de ensino, o projeto Graccho Cardoso previa a criação do Fundo Escolar Industrial, constituído das seguintes fontes de recursos:

0,2% sobre a produção industrial global de todos os estabelecimentos do país;

10% de aumento sobre as licenças ou patentes industriais;

10% de aumento sobre o registro de propriedade industrial.

O projeto não foi aprovado pela Câmara dos Deputados. A sanção presidencial ao de Fidelis Reis provocou um retardamento no processo parlamentar no que dizia respeito ao ensino profissional.

Numa apreciação geral do projeto de Graccho Cardoso, cumpre mencionar o quanto ele se adiantou aos de seus colegas deputados, especialmente por conceber três tipos de instituições de ensino profissional, voltadas para a manufatura e a indústria, distintas em seus propósitos e em sua organização dos patronatos agrícolas e das escolas comerciais. Aquelas instituições estariam articuladas entre si e até mesmo ensaiava-se uma articulação com o ensino superior, ao menos na hierarquização da força de trabalho formada nos diversos níveis e modalidades de ensino.

Vale destacar, também, a incorporação de três elementos do projeto elaborado por Azevedo Sodré, quando ele ainda era diretor-geral da Instrução Pública do Distrito Federal, doze anos antes. Primeiro, a obrigação dos empregadores de enviarem os trabalhadores para os cursos profissionais. Quando comparado o projeto do deputado sergipano com o de Azevedo Sodré, aquele se mostra insuficiente, pois não obrigava o empregador a manter o salário do aprendiz para que este fizesse o curso diurno, e penalizava o operário com um curso noturno, depois da jornada de trabalho. Segundo, o projeto Graccho Cardoso previu a existência de uma instituição destinada à formação de técnicos, no sentido estrito, categoria que já se diferenciava no processo de divisão do trabalho, mesmo na ainda incipiente produção industrial brasileira. Terceiro, a constituição de um fundo, com previsão automática de recursos oriundos da contribuição compulsória dos industriais, destinado ao financiamento das instituições federais de ensino profissional, de modo a livrá-las das oscilações do orçamento da União, o que, aliás, era reclamado pelo Manifesto dos Pioneiros da Educação Nova ainda em 1932.

Por tudo isso, tem razão Celso Suckow da Fonseca (1961, v.1, p.201) ao reconhecer no projeto Graccho Cardoso uma possível fonte de inspiração da "lei" orgânica do ensino industrial, promulgada em 1942, como parte da arquitetura educacional do Estado Novo.

O "inquérito" de Fernando de Azevedo (1926)

Mais do que uma pesquisa (chamada pelo galicismo "inquérito"), Fernando de Azevedo elaborou o que parece ter sido o primeiro projeto educacional completo do país, comprendendo o ensino primário e o normal, o ensino técnico-profissional, o ensino secundário e o superior, abrangidos todos por uma concepção geral a respeito da administração pública nesse campo. Não se tratava de um mero empreendimento especulativo, pois esse projeto foi suscitado por questões práticas imediatas.

Como mostrou Carmen Sylvia Vidigal de Moraes (1990), no período 1925-1930 os "liberais-reformadores" foram alijados do poder no Estado de São Paulo pela primeira vez no século XX, em virtude de disputas internas na oligarquia paulista. Se a criação da Liga Nacionalista e do Partido Democrático foi reação, no plano propriamente político-partidário, o "inquérito" de 1926 foi resposta a essa destituição no plano propriamente educacional.

Para tanto, os educadores integrantes do grupo dos "liberais-reformadores" tinham uma referência objetiva para sua atuação oposicionista: a legislação estadual referente ao ensino primário, de 1925 (Decreto, SP, n.3.858, de 11 de junho), que modificou importantes elementos que eles procuravam imprimir na administração educacional. Certos dispositivos da reforma Sampaio Dória, de 1920,[31] foram refeitos, retornando-se à escola primária de quatro anos e reduzindo-se o conteúdo do ensino noturno para a população dos bairros operários.

Para Fernando de Azevedo, a reforma paulista de 1925 foi retrógrada, adjetivo que não cansou de repetir no "inquérito". Para ele, o retrocesso decorreu da preferência por estender o ensino primário para uma parte da população, ao invés de garanti-lo para todos, nos limites das possibilidades governamentais, além de submeter a administração educacional às práticas do controle político-partidário.

---

31 A reforma Sampaio Dória visava especificar a responsabilidade do Poder Público para com a educação popular. Em vez de estabelecer alvos inatingíveis a curto prazo, o Decreto (SP) n.1.750, de 8 de dezembro de 1920, estabeleceu a obrigatoriedade escolar para todas as crianças de 9 e 10 anos de idade, no "ensino primário básico", gratuito para todos nas escolas públicas paulistas, com programas de ensino condensados; em seguida, o "ensino primário médio", com igual duração de dois anos, e o "ensino primário complementar", de três. Estes últimos, anexos às escolas normais, não seriam gratuitos nem obrigatórios. O prolongamento do ensino primário para sete anos, com os cinco finais cobrando taxas dos alunos, representava, indiscutivelmente, um obstáculo prático ao prosseguimento dos estudos das camadas mais pobres da população, embora a contrapartida disso fosse a extensão a um número maior de crianças dos dois anos da escolaridade obrigatória (Nagle, 1974, p.209).

O ensino de ofícios nos primórdios da industrialização

Toda a energia mobilizada pela destituição do poder foi, então, canalizada para a elaboração de um projeto educacional, que acabou por ultrapassar a mera crítica do retrocesso denunciado.

> Pode-se mesmo afirmar que o Inquérito de 26 significa a sistematização da proposta educacional defendida por esse setor liberal, traduzida pela primeira vez num plano perfeitamente articulado de ensino voltado para a reconstrução social, segundo um modelo determinado de sociedade de classes a ser construída, onde o exercício da dominação, a seleção das elites e a ordenação da classe operária se fariam basicamente através do esforço pedagógico. (Moraes, 1990, p.120)

Para Soares (1978, p.98 ss.), o resultado do "inquérito" representou um esforço de recuperar, pela educação modernizada, a hegemonia das oligarquias rurais, ameaçada pelas insurreições populares ou pelas convulsões sociais, de que se tinham muitos exemplos na década de 1920. Com o fito de dar conta do enfrentamento dessas ameaças, Azevedo enfatizou a preparação de "elites condutoras",[32] especialmente pelo ensino superior de caráter universitário, em cursos não voltados para aplicações imediatas. A preocupação com a formação das elites não era vista como independente nem contraditória com o imperativo democrático da educação popular, pois elas não seriam mais do que duas faces do mesmo problema: a formação da cultura nacional. Nas suas palavras:

> Antes de tudo, num regime democrático, é francamente acessível e aberta a classe das elites, que se renova e se recruta em todas as camadas sociais. À medida que a educação for estendendo a sua influência, despertadora de vocações, vai penetrando até as camadas mais obscuras, para aí, entre os próprios operários, descobrir "o grande homem, o cidadão útil", que o Estado tem o dever de atrair, submetendo a uma prova constante as idéias e os homens, para os elevar e selecionar, segundo o seu valor ou a sua capacidade. (Azevedo, 1960, p.269)

Enquanto as universidades teriam o papel de formadoras das elites, ao ensino secundário caberia o preparo das classes médias, propiciando-lhes a aquisição das idéias gerais irradiadas daquelas, e condensadas numa cultura geral e desinteressada.

O "inquérito" de Fernando de Azevedo durou quatro meses e constou da elaboração de um diagnóstico/projeto sobre os problemas do ensino, em todos os níveis e modalidades, após o que enviou a personalidades do estado, de algu-

---

32 Expressão semelhante ("individualidades condutoras") foi empregada pelo ministro da Educação do Estado Novo, Gustavo Capanema, na exposição de motivos à "lei" orgânica do ensino secundário, de 1941.

ma forma ligadas ao problema do ensino, questionários indagando suas opiniões. Finalmente, Azevedo concluiu a série apresentando diretrizes para a solução do problema educacional paulista, quiçá brasileiro. Depois de publicado em *O Estado de S. Paulo*,[33] o "inquérito" deu origem ao livro *A educação na encruzilhada*, texto que será comentado, no tocante ao ensino técnico e profissional, especialmente no que diz respeito ao ensino de ofícios industriais e manufatureiros.

O diagnóstico da situação do ensino em São Paulo, estendido para todo o país, não era lisonjeiro. Fernando de Azevedo apontou dois grandes vícios que presidiriam a elaboração das leis relativas à educação escolar. Primeiro, as leis seriam elaboradas "de afogadilho" por um processo "quase clandestino", sem consulta preliminar às congregações das escolas, sem pedido de sugestões aos conhecedores da matéria, sem debate na imprensa. Segundo, essas leis deixariam de seguir uma política de educação "norteada não por homens, mas por princípios" e, em conseqüência, não haveria continuidade das medidas tomadas ao longo do tempo nem entre os graus de ensino.[34] Com esses vícios,

> O aparelho de ensino tinha de forçosamente crescer, como cresceu, não por via de "evolução orgânica", mas por meio de enxertos, retoques e achegas, variáveis segundo a fantasia e os caprichos individuais e tendências as mais das vezes criadas não por convicções de uma elite orientadora, mas por circunstâncias políticas na composição precária dos governos. Toda a organização do ensino que assim se impeliu aos arrancos, em vez de seguir um desenvolvimento lógico e dedutivo, no seu conjunto, deve pois trazer o caráter de obras fragmentárias, resultantes de remendos acessórios ou de alterações substanciais, mas parceladas e contraditórias. (Azevedo, 1960, p.32-3)

O resultado disso foi a imposição de um padrão único e rígido para o ensino primário, sem se levar em consideração as diferentes realidades regionais, sem conseguir superar nosso "desamor pelos trabalhos corporais", nem desenvolver em "escolas-oficinas" e "escolas de trabalho" o "espírito de cooperação social". Os ginásios, mesmo fiscalizados pelo Governo Federal, não estavam aptos ao fim a que se propunham, de dar suficiente cultura geral. E, finalmente, no ensino superior, o que se via era a existência de escolas profissionais,

---

33 O primeiro texto, com a introdução ao tema do ensino primário e normal, foi publicado nesse jornal, em 11 de junho de 1926. O último, com as conclusões, saiu em 15 de dezembro do mesmo ano. No intervalo foram publicadas as respostas a cada um dos questionários, separadamente por tema e informante (Soares, 1978, p.2).

34 Diagnóstico semelhante consta do Manifesto dos Pioneiros da Educação Nova, de 1932, do qual Fernando de Azevedo foi relator. Veja o próximo item.

tão-somente, inexistindo instituições dedicadas à "alta cultura", que realizassem pesquisa "livre e desinteressada".

Mas, se Azevedo identificava no processo de elaboração da legislação educacional a fonte dos erros apontados, reconhecia que esses erros não deveriam ser atribuídos somente ao Estado. Parte da culpa cabia à iniciativa privada, por omissão. Citando Poinsard, dizia que a nação, para assegurar seu futuro, não podia depender da "tutela das repartições", nem das "combinações legislativas dos políticos".

A solução apontada consistia na redução, ao mínimo possível, das intervenções políticas nos departamentos técnicos que tratavam da educação, paralelamente ao incentivo governamental à iniciativa privada. Só assim seria possível superar o dilema formulado por Francisco Venâncio Filho e assumido por Azevedo: "Ou nós educamos o povo para que dele surjam as elites, ou formamos elites para compreenderem a necessidade de educar o povo".

A pesquisa propriamente dita consistiu na aplicação de três questionários a vinte personalidades do estado. Um questionário dizia respeito ao ensino primário; outro, ao ensino técnico e profissional; e o último, ao ensino secundário e superior. O questionário sobre o ensino técnico e profissional foi respondido por seis pessoas, das quais apenas uma estava em condições de dar um depoimento sobre a questão do ensino industrial e manufatureiro.[35]

Os questionários (aliás, formulários) enviados aos informantes são exemplos de como *não se elaborar* instrumentos desse tipo: eram três conjuntos de perguntas que induziam respostas na direção desejada pelo pesquisador. Senão, vejamos as perguntas apresentadas aos informantes, constantes do questionário sobre o ensino técnico e profissional:

1) Qual a sua opinião sobre o nosso ensino técnico e profissional? Tanto na sua organização, nos seus fins e na formação científica do seu pessoal docente, como no seu acanhado desenvolvimento, não está ele longe de corresponder às nossas necessidades técnicas, industriais, agrícolas e sociais?

2) Que têm feito e que podem fazer as nossas escolas profissionais para desempenhar a função que lhes cabe, de aparelhar o "elemento nacional" para as atividades técnicas e de exercer ação social e econômica, incentivando e protegendo o trabalho agrícola e as indústrias locais?

---

35 Além de Roberto Mange, foram enviados questionários a Paulo Pestana, Navarro de Andrade, J. Melo Morais, Teodoro Braga e Paim Vieira. Destes, três tinham atividades ligadas à agricultura e dois, à pintura e ao desenho. Como amostra intencional, a do "inquérito" era, portanto, bastante viesada. Apenas Roberto Mange tinha qualificação e experiência para ser informante qualificado em matéria de ensino profissional na área industrial e manufatureira.

3) Não acha que as nossas escolas profissionais, vivendo parasitariamente do erário público, deveriam ser organizadas sob o duplo princípio do *self-supporting* (a produção industrial pelas escolas) e de adaptação às necessidades do trabalho agrícola ou industrial das regiões onde se instalaram?

4) Qual a verdadeira finalidade do ensino profissional para mulheres e do ensino profissional para homens, e qual o melhor plano especialmente adequado à finalidade procurada em escolas profissionais, masculina e feminina?

5) Não é necessário, para lhe dar finalidade moderna, dentro dos novos ideais sociais, renovar o sistema de educação profissional, baseando-o sobre o "exercício normal do trabalho em cooperação" e dos trabalhos de caráter social, segundo o método Dewey?

6) Na importação de sistemas educativos, como *slöjd* sueco, com suas variantes e seus derivados, e de sistemas técnicos e artísticos, como o Tadd, Della Vos, com seu derivado Eddy, tem-se procurado, em nossas escolas profissionais, adaptá-los, com modificações originais, às condições particulares do meio para que se transportaram?

7) Que se tem feito de eficaz para disseminar intensamente desde a escola primária e adaptar à índole e aos costumes do povo e aos materiais particulares do meio, o trabalho manual e o desenho, como elementos básicos de educação profissional?

8) Já não é tempo, – para se lançar em bases sólidas o ensino técnico e profissional, – de se tentar uma reforma radical do desenho em todas nossas escolas, segundo a sugestão de Rui Barbosa: "a) semeando o desenho imperativamente em todas as escolas primárias; b) abrindo-lhe escolas especiais; c) fundando para os operários escolas noturnas deste gênero; d) assegurando-lhe vasto espaço no programa das escolas normais; e) reconhecendo ao seu professorado a dignidade que lhe pertence no mais alto grau de escala docente; f) e reunindo toda essa organização num plano coeso, mediante a instalação de uma escola superior de arte aplicada"?

9) Não lhe parece que se deve estender a obrigatoriedade do ensino técnico elementar e se deve impor, para os que não recebem uma educação superior "uma educação técnica pós-escolar, obrigatória", profissional para os homens (de 14 a 18 anos) e doméstica para mulheres (de 13 a 16) em escolas gratuitas de aperfeiçoamento (as *continuation schools*, na técnica inglesa)?

10) Temos procurado de alguma forma valorizar o "elemento nacional" por meio de cursos e escolas técnicas especializadas (química industrial e agrícola, metalurgia, eletricidade, mecânica, etc.), que lhe abram novos horizontes econômicos, em concorrência com o estrangeiro e lhe dêem o gosto e a tendência das atividades técnicas?

11) Não acha que se devem instalar, na praia e à margem dos rios nas zonas mais próprias, escolas profissionais de pesca, aparelhadas de modernos instru-

mentos, para a instrução adequada de nossos pescadores e como elemento à solução do problema da pesca marítima ou fluvial inteiramente descurado entre nós?

12) Não reconhece que para a defesa e orientação científica da agricultura e transformação da indústria agrícola temos de: "a) atacar o problema da educação da população rural por meio de 'escolas especiais' (escolas práticas; fazendas-escolas); b) instituir 'escolas regionais', secundárias, destinadas às necessidades específicas de cada região; c) estimular a iniciativa privada no ensino agrícola, como já existe quanto ao ensino comercial; d) criar e organizar 'em sistema' estações agronômicas e laboratórios de pesquisas agrícolas; e) criar escolas de agricultura para o ensino técnico; f) e reorganizar, para lhe acentuar o caráter de instituto superior, a Escola Agrícola 'Luís de Queirós'"?

13) Sendo problema básico a formação de pessoal docente de escolas técnicas, tratando-se sobretudo de matérias especiais, não é falha gravíssima não termos ainda uma "escola tecnológica de mestres", em que possam os candidatos a esse magistério adquirir os conhecimentos técnicos em artes industriais par a par com a orientação pedagógica indispensável ao exercício de suas funções?

14) Já se pensou porventura entre nós em adotar nas escolas profissionais as "provas psicotécnicas" e em organizar-se, como é necessário, um "Instituto de Psicotécnica e de Orientação Profissional", para encaminhar à solução o problema de orientação e seleção profissional?

15) Como constituir em São Paulo um grande foco diretor e irradiador de expansão de arte aplicada, servido de um laboratório de tecnologia e de um museu de documentação de arte industrial?

16) Que pensa da organização de centros populares, noturnos, agrícolas e industriais para ministrar: a) rápido ensino técnico elementar; b) instrução prática em pequenas indústrias domésticas e locais; c) cultura geral por meio de projeções, demonstrações práticas e conferências; d) e para fomentar o "espírito cooperativo" entre alunos, por meio de associações produtoras, para a exploração de indústrias aprendidas na escola?

17) Enfim, para se completar o sistema de educação profissional não julga necessário manterem-se institutos especiais, prepostos à educação de anormais, atrasados e refratários à instrução, e semelhantes às colônias de trabalho (*Arbeitkolonie*), do tipo alemão, e às colônias escolares profissionais (*Arbeitslehrkolonie*)?

Antes de ouvir as opiniões dos informantes, Fernando de Azevedo já tinha uma idéia formada sobre os problemas e as soluções do ensino técnico e profissional em São Paulo, apresentado em seu texto introdutório. Dispunha, até mesmo, de uma definição, onde incorporava a idéia básica do taylorismo, então em voga nas elites educacionais paulistas:

O ensino técnico moderno tem por fim elevar o nível moral e intelectual do operário, despertar e desenvolver-lhe a consciência de suas responsabilidades, como a consciência das bases científicas e da significação social de sua arte, alargar-lhe a visão e aperfeiçoar-lhe a técnica, no ensino de maior "rendimento do trabalho", transformando-o por esta maneira num elemento de progresso técnico nas oficinas e nas indústrias nacionais. (Azevedo, 1960, p.128)

As críticas desfechadas contra o decreto estadual paulista de 1925, no que concerne ao ensino primário ("um retrocesso"), continuavam na questão do ensino profissional. Para começar, a omissão na organização da lista de ofícios dentre os quais cada escola escolheria os que iria ensinar. Ficava, assim, ao arbítrio de cada direção escolar uma decisão de tamanha importância.

Mas, se faltava o elenco geral dos ofícios, o decreto mencionava alguns que não mereceriam ser ensinados nas escolas profissionais de São Paulo, como "alfaiataria em geral" e "manicura e pedicura". Perguntava-se Azevedo (respondendo implicitamente pela negativa) se valeria a pena ensinar esse tipo de ofício de pequeno alcance social ou técnico, que dispensava o respaldo da ciência.

Embora o Estado de São Paulo mantivesse escolas profissionais, não se havia cogitado de um algum meio de prover à formação científica de seu pessoal docente, "sobretudo de matérias técnicas que requerem sólida e conscienciosa preparação". Os professores e mestres eram normalistas, com orientação pedagógica e preparo secundário (na melhor hipótese), mas sem conhecimento de qualquer arte industrial; ou, então, eram especialistas em qualquer ofício ou arte industrial, mas sem o necessário domínio pedagógico para transmitir seu conhecimento e suas habilidades.[36]

Como dispor de critérios para a escolha dos ofícios a ensinar se o governo estadual dispunha de escolas profissionais, mas não de um *sistema* de ensino profissional? Não bastasse a falta de coerência e a inexistência de uma finalidade comum às escolas profissionais, esse tipo de ensino encontrava-se inteiramente isolado dos demais segmentos que deveriam integrar o sistema geral do ensino. Faltava-lhe um "jogo de articulação", em especial com as escolas pri-

---

36 A formação de pessoal docente para as redes de ensino profissional sempre foi um problema de difícil equacionamento no Brasil. Como mostrei nos capítulos 2 e 3, a rede federal de escolas de aprendizes artífices dispôs da Escola Normal de Artes e Ofícios "Venceslau Brás", criada em 1917 e extinta duas décadas depois, sem apresentar resultados satisfatórios. Em 1936, começaram a funcionar, na rede estadual paulista de ensino profissional, os cursos de aperfeiçoamento, com objetivo semelhante. Embora a área abrangida facilitasse o atingimento dos objetivos formadores, seus resultados foram igualmente insatisfatórios.

O ensino de ofícios nos primórdios da industrialização

márias, que não estavam organizadas para oferecer uma base de conhecimentos nem para a orientação profissional dos alunos, nem para encaminhá-los a um curso técnico elementar.

A importância de Roberto Mange no conjunto dos informantes do "inquérito" me levou a focalizar seu depoimento em separado. Tal exceção encontra eco na própria apresentação que Fernando de Azevedo fez do parecer do engenheiro suíço e da instituição que ele dirigia:

> Embora de iniciativa privada e fundação recente, a Escola Profissional Mecânica *tende, de fato, a transformar-se em paradigma das escolas desse gênero.* Não é obra de improvisação impelida, sem objetivo claro, ao capricho das circunstâncias. É empreendimento que obedece, nos menores detalhes, a um plano de idéias seguras e precisas. Tudo o que ali se realiza atinge, por isto, resultados certos como os que coroaram a execução, pela primeira vez entre nós, dos métodos de seleção profissional baseados na psicologia e fisiologia aplicadas ao trabalho. O parecer de hoje é do diretor dessa escola, engenheiro mecânico, que transporta para as suas opiniões, vivas e cortantes, essa precisão de que se adquire o gosto e o hábito no convívio das máquinas. (Azevedo, 1960, p.149, grifos meus)

Palavras proféticas, proferidas em 1926! De fato, a Escola Profissional Mecânica foi o germe de iniciativas que acabaram por deter a hegemonia no âmbito do ensino profissional no Brasil. Primeiramente, o Centro Ferroviário de Ensino e Seleção Profissional (CFESP), depois o Serviço Nacional de Aprendizagem Industrial (Senai), sendo o próprio Roberto Mange o inspirador de suas metodologias de trabalho e um de seus dirigentes mais importantes de ambas as instituições.

O depoimento de Mange ficou limitado ao ensino profissional mecânico, embora as opiniões solicitadas abrangessem um leque mais amplo. E o fez por entender que, por meio dele atingiria os demais, porque as profissões a ele afetas estavam presentes desde as "funções caseiras" até nos "vultosos empreendimentos industriais e os do tráfego e da viação".

A estimativa feita pelo depoente a respeito das exigências de formação profissional de mecânicos dava a medida da insuficiência da capacidade existente de ensino nessa especialidade. Foi estimado em 10 mil o número de oficiais mecânicos atuando na indústria e nas ferrovias paulistas. Considerando como de trinta anos o tempo médio de trabalho de cada oficial, seria necessário formar anualmente 330 novos oficiais, apenas para "conservar a classe, sem preocupações de expansão futura". Levando em conta a expansão da indústria e as perdas por razões diversas, Mange estimou em 5% o "indispensável reforço anual da classe".

Supondo um curso de quatro anos para a aprendizagem do ofício, concluiu que seriam necessárias escolas profissionais para mais 2 mil alunos, para formar 500 a cada ano. No entanto, não havia escolas em número suficiente para isso; assim, a reposição das perdas de oficiais e a expansão dos mesmos se fazia de modo apenas prático, nas próprias oficinas das empresas mecânicas, "sem preparo básico teórico e sem método racional".

Nas profissões ligadas à mecânica, a deficiência de conhecimentos técnicos, a falta de cuidado e exatidão no desempenho do ofício poderiam ter conseqüências desastrosas para a segurança individual e coletiva. Por isso,

> necessário é, para defesa da sociedade, que a escola profissional mecânica se esmere na educação do caráter do aprendiz. Talvez mais que qualquer outra essa escola tem o dever de orientar a individualidade do aluno para o trabalho disciplinado e consciencioso, habituando-o a assumir cabal responsabilidade de suas funções. O operário de hoje não se restringindo mais à produção material, tem de ser também cidadão esclarecido, consciente de seus deveres, tem de possuir os predicados ao quinhão de encargos que lhe toca na vida da sociedade. (Mange, apud Azevedo, 1960, p.151)

Os testes psicotécnicos foram considerados essenciais para revelar a existência ou a deficiência de aptidões, para evitar, tanto quanto possível, perda de tempo e desperdício de energia na aprendizagem inadequada ou na escolha errônea de um ofício.

A "industrialização" das escolas profissionais foi qualificada por Mange de indispensável para que os aprendizes executassem trabalhos realmente úteis, que incitassem o seu interesse. Além disso, permitiria à escola auferir recursos para sua manutenção. Mas o ensino precisaria ser o mais rápido e metódico possível para atingir sua plena eficiência, "não podendo ser abafado no seu desenvolvimento pela função industrial". A completa "industrialização" da escola profissional viria a prejudicar o desenvolvimento das aptidões e das capacidades dos aprendizes, "seria manietar o princípio da sucessão metódica dos trabalhos". Portanto, mesmo dispondo de recursos provenientes da venda de sua produção, as escolas profissionais não poderiam dispensar um fundo pecuniário destinado à sua manutenção.

Com esse incisivo depoimento, Mange dissolveu o preconceito mercadológico de Azevedo, que atribuiu às escolas profissionais mantidas pelo governo paulista uma situação parasitária. Mange sabia que nem mesmo o Liceu de Artes e Ofícios de São Paulo, a *escola-oficina*, conseguia recursos suficientes para sua manutenção, apenas com a venda das mercadorias aí produzidas. Dependia da contribuição dos sócios da Sociedade Propagadora da Instrução

Popular e de subsídios governamentais. Menos ainda conseguiria se adotasse a aprendizagem racional, mediante o emprego das "séries metódicas de ofício", conforme o modelo de Victor Della Vos, o que a Escola Profissional Mecânica já empregava. Embora as peças confeccionadas nas oficinas fossem o mais possível próximas da produção fabril, a seqüência lógica das tarefas, em razão da otimização do aprendizado e da minimização do tempo, dificultava sobremaneira a aceitação de encomendas externas.

Sobre essa questão vale uma pequena digressão. No mesmo ano em que o "inquérito" foi realizado, uma nova legislação passou a vigorar para a rede federal de escolas de aprendizes artífices, tornando obrigatória a "industrialização" de cada um desses estabelecimentos de ensino profissional, sem, no entanto, supor a automanutenção de cada um. É possível que o autor do "inquérito" não tivesse conhecimento do relatório de João Luderitz, publicado em 1925, que sugeriu aquela medida, depois de avaliar essa modalidade de ensino em todo o país. O autor do "inquérito" poderia ler, nesse relatório, as críticas à "aprendizagem espontânea" desenvolvida pelo Liceu de Artes e Ofícios de São Paulo, propiciada pela prioridade das encomendas externas, e seus prejuízos para o ensino profissional.

Voltemos ao depoimento de Roberto Mange.

Ele concordou com Azevedo sobre a grande importância da "cultura intensa" do trabalho manual e do desenho, desde a escola primária, para o desenvolvimento do ensino profissional. Além de incentivo à atividade dos jovens, o trabalho manual estimularia o gosto profissional e revelaria aptidões, facilitando assim a escolha da profissão. A falta do ensino do desenho na escola primária era uma falha grave, "que todo dia verificamos", pois exigia que a escola profissional se incumbisse do ensino de uma disciplina que ela deveria contar de antemão.

Infelizmente, para Mange, o "elemento nacional" não estava suficientemente valorizado, em razão da preferência generalizada pelo operário estrangeiro. Os nacionais dispunham de "apreciáveis qualidades fundamentais de caráter e indiscutíveis aptidões para o trabalho", faltando-lhes apenas uma orientação segura, perseverante e metódica na formação profissional. A mudança dessa situação dependia do esforço sobretudo dos empresários.

> Fazendo abstração do ensino primário, cabe aos industriais, aos engenheiros, aos agricultores a tarefa, talvez um tanto árdua no início, de atrair de preferência o brasileiro e antes guiá-lo com paciência do que afastá-lo, sujeitando o país à dependência do estrangeiro. Será pelo máximo aproveitamento do elemento nacional que ele poderá entrar em concorrência com o estrangeiro. (Mange, apud Azevedo, 1960, p.153)

Ao contrário do que Azevedo esperava, Mange não considerava apropriada a instalação de uma "escola tecnológica para professores", no atual estado da indústria paulista. O objetivo de tal escola poderia ser preenchido pelos cursos anexos aos estabelecimentos de ensino técnico-industrial de grau médio, como existiam em outros países. Tão logo o desenvolvimento de certos segmentos industriais o justificasse, poderiam ser criados cursos desse tipo, especializados na formação de professores para a indústria têxtil, a mecânica, a cerâmica etc.

Enquanto isso não fosse possível, seria preciso que se escolhessem docentes dotados de conhecimento prático, ainda mais importante do que os conhecimentos teóricos. No caso do ensino da mecânica, o depoente defendia que eles fossem escolhidos entre os empregados das indústrias.

Na linha do que o questionário de Azevedo induzia, Mange defendeu a criação de uma instituição que divulgasse as noções de arte aplicada e incentivasse o seu desenvolvimento, fundando museus, centros de aperfeiçoamento profissional, promovendo conferências, visitas a escolas e fábricas etc. Essa instituição deveria ser necessariamente oficial, podendo ser dirigida por um conselho composto de representantes do governo, de membros do ensino profissional e de representantes da indústria. Ela poderia dedicar-se a uniformizar os métodos de ensino profissional, nas suas diversas modalidades, e oferecê-los às indústrias.[37]

Para o engenheiro suíço, o Liceu de Artes e Ofícios de São Paulo já cumpria com as funções sugeridas por Azevedo para os "centros populares noturnos" destinados a ministrar ensino elementar e "rápido ensino técnico elementar". Nesse sentido, a Escola Profissional Mecânica teria conseguido que alguns industriais mantivessem ali um curso de aperfeiçoamento especializado para seus aprendizes. Para Mange, seria desejável que iniciativas desse tipo se multiplicassem, para o que seria de grande ajuda a atuação de um "centro diretor de arte aplicada" como o esboçado acima.

Após transcrever as opiniões fornecidas pelas seis pessoas que responderam a seu questionário sobre o ensino técnico e profissional, Fernando de Azevedo apresentou suas próprias conclusões, onde reforçou muito do que já sabia ou pressupunha – idéias implícitas nas perguntas que lhes endereçou ou no próprio texto introdutório. Segue abaixo um extrato dessas conclusões, na-

---

37 Função similar a essa veio a ter o CFESP, criado em 1934, dirigido, aliás, por Roberto Mange, instituição de que tratei no capítulo 3.

quilo que diz respeito ao ensino de ofícios industriais e manufatureiros, deixando de lado, portanto, o referente ao ensino agrícola, comercial e doméstico.

O problema do ensino técnico elementar deveria ser enfrentado paralelamente à luta contra o analfabetismo. Estes não eram vistos como dois problemas que se sucedem, mas duas questões encadeadas. Embora a escola primária não devesse ser propriamente profissional, ela deveria dar uma direção mais prática ao ensino, com o objetivo de preparar o aluno para seu papel social e fornecer os fundamentos do ensino profissional. É essa necessidade que explicaria a tendência de se tornar obrigatório o ensino técnico elementar, em continuação à escola primária, assim como a preocupação de se introduzir esse tipo de ensino nas escolas primárias, conferindo-se maior importância ao desenho e aos trabalhos manuais.[38] É a transformação da escola primária na *escola de trabalho*.[39]

> a solução do problema da educação popular é, pois, na aprendizagem para a vida, procurada nas escolas de trabalho em que ao lado do ensino da escrita, da leitura e da aritmética, se ministre o ensino técnico elementar, agrícola ou fabril, conforme a variedade das condições locais. (Azevedo, 1960, p.172)

Assim entendidas, as escolas primárias seriam um meio de iniciação e de treino do trabalho produtivo, além de um instrumento de preparação para as escolas profissionais. Não se tratava de ministrar nas escolas primárias a aprendizagem de um ofício, o que só deveria ser feito nos próprios cursos técnicos. Tratava-se, isto sim,

> de desenvolver desde a escola primária e nos cursos técnicos elementares, o espírito de iniciativa e de esforço, o gosto da observação e da experiência pessoais e todo esse conjunto de qualidades ativas que constituem a medula de habilitação técnica. (Azevedo, 1960, p.173)

O ensino profissional da mecânica figuraria no primeiro plano das nossas necessidades, não só por suas múltiplas aplicações na indústria moderna, como, também, por sua importância na agricultura, em especial na manutenção das máquinas agrícolas, especialmente dos tratores.

Na mecânica, como nos demais ofícios industriais, a seleção profissional deveria ser feita de acordo com as aptidões dos aprendizes, identificadas pelos métodos psicotécnicos. Esses métodos, mais a educação moral dos aprendizes,

---

38 É possível que Azevedo se referisse ao projeto do deputado federal Fidelis Reis, apresentado à Câmara em 1922.

39 Este conceito foi retomado por Fernando de Azevedo na reforma que ele empreendeu no Distrito Federal em 1928, como vimos no capítulo 4.

evitariam a adoção errônea do ofício e serviriam para incutir, no espírito dos operários, a consciência de suas responsabilidades.

Finalmente, a questão da "industrialização das escolas". Todos os informantes foram favoráveis à "função industrial" das escolas profissionais, mas rejeitaram sua completa dependência das encomendas externas para o financiamento das instituições, de modo que não fosse "abafado o ensino na sua eficiência e no seu desenvolvimento". Incorporando suas opiniões, Fernando de Azevedo não renovou a pecha de parasitárias que havia lançado às escolas profissionais da rede estadual paulista.

O Manifesto dos Pioneiros (1932)

"A Reconstrução Educacional no Brasil – ao Povo e ao Governo", manifesto firmado por 26 autoproclamados *pioneiros da educação nova*,[40] foi esboçado em São Paulo por Fernando de Azevedo e redigido em forma final no Rio de Janeiro.

Os signatários do "Manifesto" foram os seguintes, pela ordem das assinaturas: Fernando de Azevedo, Afrânio Peixoto, A. de Sampaio Dória, Anísio Spínola Teixeira, M. Bergstrom Lourenço Filho, Roquette Pinto, J. G. Frota Pessôa, Júlio de Mesquita Filho, Raul Briquet, Mario Casasanta, C. Delgado de Carvalho, A. Ferreira de Almeida Jr., J. P. Fontenelle, Roldão Lopes de Barros, Noemy M. da Silveira, Hermes Lima, Attilio Vivacqua, Francisco Venâncio Filho, Paulo Maranhão, Cecília Meirelles, Edgar Sussekind de Mendonça, Armanda Alvaro Alberto, Garcia de Rezende, Nóbrega da Cunha, Paschoal Lemme, Raul Gomes. Dentre estes, sobressaíam os colaboradores de Anísio Teixeira no Departamento de Educação do Distrito Federal: Lourenço Filho, Afrânio Peixoto, Paschoal Lemme, Roquette Pinto, Cecília Meirelles, Venâncio Filho, Delgado de Carvalho, J. P. Fontenelle e Paulo Maranhão.

Ao longo de suas obras, Fernando de Azevedo se apresenta, repetidamente, como o redator do "Manifesto", apesar da presença nele de temas e posições não expressas por esse autor, nem antes nem depois. Por isso, sou levado a crer na produção coletiva do texto ou, então, na inclusão, pelo próprio Azevedo, de passagens não defendidas por si, mas por outros signatários, defensores de posições que faziam parte da tradição socialista (Cunha, 1994). Além disso, é sintomático que o jornal *O Estado de S. Paulo* (porta-voz do grupo político

---

40 Marta Carvalho (1998) sugere a existência de uma influência direta da Liga Internacional pela Educação Nova sobre o *Manifesto*, até mesmo o termo "pioneiros" e a expressão "reconstrução educacional", que veio a ser o tema central do congresso dessa entidade européia em Nice, no mesmo ano de 1932.

ao qual Azevedo estava ligado), de 22 de março de 1932, dissesse em "Notas e informações" que não concordava com *todas* as afirmativas do "Manifesto", nem concordava com *todos* os pontos de vista defendidos por ele, apesar de endossar as teses gerais de laicidade, gratuidade, obrigatoriedade e coeducação (Cunha, 1981).

Na época do "Manifesto", o campo educacional se dividia numa formação autoritária, que reunia os católicos, os fascistas e os simplesmente defensores da ordem estabelecida; e noutra formação, onde estavam os liberais, que lutavam por uma "educação nova". Estes últimos se dividiam, por sua vez, numa tendência elitista e noutra igualitarista. A esta última se aliavam raros educadores socialistas, entre "utópicos" e "científicos".

Inspirado em grande parte em John Dewey, o liberalismo igualitarista, que tinha em Anísio Teixeira seu maior expoente, apontava a tendência "espontânea" da sociedade capitalista na perpetuação das iniqüidades, dos privilégios e das injustiças sociais, ao utilizar a educação escolar justamente para reforçar o *status quo*. Para combater essas iniqüidades, propunha-se uma *pedagogia da escola nova*, materializada na escola como microcosmo da sociedade, capaz de produzir indivíduos orientados para a democracia, e não para a dominação/subordinação; para a cooperação, em vez da competição; para a igualdade, e não para a diferença. Para isso, seria necessário mudar completamente o caráter da educação profissional, de modo a evitar que ela continuasse sendo um "instrumento para encarnação do dogma feudal da predestinação", ou seja, para a perpetuação da divisão da sociedade em classes. Toda educação profissional precoce (para crianças e adolescentes) deveria, portanto, ser eliminada, deixando-se que a preparação para as ocupações se fizesse fora da escola, por meio das próprias ocupações.

Já o liberalismo elitista não via os males sociais como resultado do capitalismo. Eles seriam produto da falta de direção adequada dos negócios públicos e privados, resultado, por sua vez, da inexistência de elites preparadas. O papel que se esperava da "escola nova" era justamente o de recrutar, selecionar e preparar as elites para as mais diversas esferas de atuação social. Não se tratava de reproduzir as elites existentes de forma endogênica, mas, sim, de buscar em todas as camadas sociais os indivíduos mais talentosos para receberem uma formação especial. Desse modo, a educação das massas seria o complemento da educação das elites. Ou seja: educação das massas para que delas saíssem elites preparadas e educação das elites para que educassem as massas.

Ainda em dezembro de 1931 (oito meses depois das medidas de Getúlio Vargas e Francisco Campos, reformulando importantes segmentos da educação escolar) a Associação Brasileira de Educação (ABE) promoveu, no Rio de Janeiro, a IV Conferência Nacional de Educação, evento que veio a ter um significado inédito no processo de autonomização do campo educacional, embora ela contasse com decisivo apoio governamental.

Com efeito, Libânia Nacif Xavier (1993) mostrou que numerosos e importantes dirigentes da ABE participavam do Governo Provisório. O próprio presidente da entidade, Belisário Penna, foi ministro interino da Educação, em 1931, substituindo Francisco Campos que, por sua vez, foi eleito "sócio mantenedor" da ABE. Enquanto ministro, Campos convocou pessoalmente as delegações estaduais à IV Conferência. Houve, portanto, um indisfarçado patrocínio do governo Vargas ao evento.

Os educadores congregados na ABE estavam divididos no que dizia respeito ao ensino religioso nas escolas públicas. *Grosso modo*, os católicos, os autoritários e os simplesmente conservadores receberam com entusiasmo o decreto presidencial, enquanto os liberais e os socialistas o repudiaram. No entanto, esse conflito permaneceu latente até que o próprio Vargas, em discurso na abertura da Conferência, conclamou os educadores presentes a definirem as bases para uma política educacional para o Brasil:

> Estais agora aqui congregados, sois todos profissionais e técnicos. Pois bem: estudai com dedicação; analisai com interesse todos os problemas da educação; procurai encontrar a fórmula mais feliz da colaboração do Governo Federal com os dos estados – que tereis na atual administração todo o amparo ao vosso esforço. Buscai por todos os meios a fórmula mais feliz que venha estabelecer em todo o nosso grande território a unidade da educação nacional, porque tereis, assim, contribuído com esforço maior do que se poderia avaliar para tornar mais fortes, mais vivos e mais duradouros os vínculos da solidariedade nacional. (Getúlio Vargas, apud Cunha, 1932, p.20-1)

Parece que esse apelo teve o propósito de explicitar e aprofundar a divisão dos educadores, questão que o ministro da Educação Francisco Campos conhecia há muito, como diretor de Instrução Pública de Minas Gerais no governo de Antônio Carlos de Andrada (1926-1930).

Feito o apelo de Vargas, o conflito se explicitou. Sucessivos oradores defendiam posições pró e contra a laicidade do ensino nas escolas públicas, evidenciando a impossibilidade de os educadores oferecerem uma contribuição consensual. O único resultado imediato da Conferência foi a proposta de Teixeira Mendes, titular da Diretoria-Geral de Estatística do Ministério da Educação, para a padronização da coleta e elaboração de dados, em nível estadual, aclamada pelos presentes, que forneceu a base para o Convênio Interestadual de Estatísticas Educacionais (Cunha, 1981).

A julgar pelo depoimento de Nóbrega da Cunha (1932), ele havia sido encarregado pelo presidente da IV Conferência Nacional de Educação, Fernando de Magalhães, reitor da Universidade do Rio de Janeiro, de redigir um texto

O ensino de ofícios nos primórdios da industrialização

contendo um esboço das bases de uma política educacional para o Brasil, a ser debatido na V Conferência.[41] Aquele, por sua vez, teria transferido o encargo a Fernando de Azevedo, em nome da corrente de opinião que defendia a laicidade da escola pública. Trata-se de uma delegação surpreendente, pois o próprio Nóbrega da Cunha transcreveu os discursos de Fernando de Magalhães, defendendo ardorosamente o ensino religioso nas escolas públicas.

As diferenças entre os "pioneiros" e os católicos não se resumiam ao ensino religioso nas escolas públicas. Enquanto estes interpretavam a questão social como uma questão espiritual, que só poderia ser resolvida mediante uma reforma moral, inspirada na "religião verdadeira", os "pioneiros" propunham a intervenção racional no sistema educacional, mediante o emprego da ciência e não da religião.

Em vez de esperar pela V Conferência, as vicissitudes do debate fizeram que uma proposta não consensual de bases e diretrizes acabasse sendo divulgada, em março de 1932, três meses após o término do evento.

Elaborando as hipóteses de Marta Carvalho (1986), Libânia Nacif Xavier assim entendeu o alcance político do "Manifesto", até mesmo seu lançamento antecipado:

> o Manifesto deveria lançar, em nível nacional, o projeto de um grupo que reivindicava para si a liderança na condução do processo de modernização do país. Podemos considerá-lo, portanto, como uma estratégia de poder, um documento que visava reafirmar princípios e, em torno destes, selar as alianças necessárias ao enfrentamento das disputas políticas do momento. (Xavier, 1993, p.27)

A estratégia de publicação do "Manifesto" em várias cidades, simultaneamente, nos jornais mais diversos, garantiu uma grande repercussão das idéias nele contidas, propiciando críticas favoráveis, assim como rejeições. Como os "pioneiros" alcançaram a hegemonia no âmbito da ABE, a direção dos trabalhos preparatórios à V Conferência Nacional de Educação foi retirada de Fernando de Magalhães, ligado aos católicos, e transferida a Lourenço Filho, um dos signatários do "Manifesto". Em 1933, os católicos se retiraram da ABE e criaram sua própria entidade, a Confederação Católica de Educação, visando à luta em torno da nova Constituição do país.

Passemos ao texto do "Manifesto".

Num discurso composto com idéias contraditórias – o que seria de esperar num documento escrito por mais de um autor –, a educação vinha definida se-

---

41 Nóbrega da Cunha teria demonstrado para o plenário da Conferência a impossibilidade de se atender ao apelo de Vargas, pois o evento tinha sido organizado para debater "as grandes diretrizes da educação popular", entendida no sentido estrito de escola primária.

gundo as concepções funcionalistas dos durkheimianos Georges Davy e Celestin Bouglé, e, ao mesmo tempo, conforme a tradição socialista na versão marxista. É esta última que aponta o efeito da diferenciação das classes sociais nas concepções educacionais e a existência de uma filosofia (pre)dominante, resultante da estrutura de classes.

O "Manifesto" fazia uma forte crítica ao caráter inorgânico da educação pública no Brasil. Não se tinha criado, ainda, um sistema de organização escolar à altura das exigências do mundo atual e das necessidades específicas do país. A legislação educacional era fragmentada e desarticulada, resultado de reformas parciais e arbitrárias, sem uma visão global do problema. Depois de 43 anos de regime republicano, as reformas econômicas estavam dissociadas das reformas educacionais.

Para a explicação desse problema, o "Manifesto" apontava a falta, em quase todos os planos e iniciativas governamentais, da determinação dos fins da educação (nos seus aspectos filosófico e social), assim como a ausência da aplicação dos métodos científicos aos problemas educacionais. No lugar do espírito filosófico e científico na resolução dos problemas da educação, prevalecia um empirismo grosseiro, consistente com a ausência total de uma cultura universitária, completado por uma formação meramente literária em nossa cultura.

Ora, os educadores não poderiam prescindir de conhecimentos filosóficos e científicos. Senão, como ter clareza na determinação dos fins da educação e dos meios adequados para atingi-los? O próprio texto do "Manifesto" responde a essa questão, de uma perspectiva positivista bastante radical:

> o educador, como o sociólogo, tem necessidade de uma cultura múltipla e bem diversa; as alturas e as profundidades da vida humana e da vida social não devem estender-se além do seu raio visual; ele deve ter o conhecimento dos homens e da sociedade em cada uma de suas fases, para perceber, além do aparente e do efêmero, o jogo poderoso das grandes leis que dominam a evolução social, e a posição que tem a escola, e a função que representa, na diversidade e pluralidade das forças sociais que cooperam na obra da civilização. Se tem essa cultura geral, que lhe permite organizar uma doutrina da vida e ampliar o seu horizonte mental, poderá ver o problema educacional em conjunto, de um ponto de vista mais largo, para subordinar o problema pedagógico ou dos métodos ao problema filosófico ou dos fins da educação; se tem um espírito científico, empregará os métodos comuns a todo gênero de investigação científica, podendo recorrer a técnicas mais ou menos elaboradas e dominar a situação, realizando experiências e medindo os resultados de toda e qualquer modificação nos processos e nas técnicas, que se desenvolveram sob o impulso dos trabalho científicos na administração dos serviços escolares.

Assim procedendo, seria possível atuar de modo tão científico no estudo e na resolução dos problemas educativos quanto nos problemas da engenharia ou das finanças!

O ensino de ofícios nos primórdios da industrialização

Essa posição epistemológica teria inspirado o movimento de reconstrução educacional desde o início dos anos 20 que, reagindo contra o empirismo dominante, fez que um grupo de educadores buscasse transferir a solução dos problemas educacionais do plano puramente administrativo para o plano político-social. No Distrito Federal e em mais alguns estados, esse movimento renovador teria desencadeado uma série fecunda de combate de idéias, agitando o ambiente para as primeiras reformas, embora sem diretrizes definidas.

O contraponto do empirismo tão condenado era a ampla autonomia técnica, administrativa e econômica reivindicada para os que assumissem a responsabilidade pela direção e pela administração educacional. A autonomia econômica recebeu especial atenção, já que não se poderia contar com os meios indispensáveis para a realização da obra educacional dependendo apenas da boa vontade dos governos. Impunha-se a instituição de fundos especiais, compostos por patrimônio, rendas e impostos próprios, aplicados exclusivamente na educação, pelos próprios órgãos do ensino, incumbidos de sua direção.

Eram essas diretrizes que o "Manifesto" propunha oferecer "ao povo e ao governo", especialmente naquele momento, quando o movimento renovador já ultrapassava o nível das unidades da Federação para assumir uma dimensão nacional. Para tanto, lançou mão da oposição entre a "escola tradicional", que se propunha combater, e a "escola socializada", que deveria ser implantada.

A "escola tradicional", orientada por uma concepção burguesa, mantinha o indivíduo numa autonomia isolada e estéril, resultante da "doutrina do liberalismo libertário", que teria tido um papel histórico na formação das democracias, mas que já não cumpria essa função social. A "escola socializada", por sua vez, constituída sobre a base da atividade e da produção, considerava o trabalho como "a melhor maneira de estudar a realidade em geral e a melhor maneira de estudar o trabalho em si mesmo, como fundamento da sociedade humana". Ela deveria buscar o restabelecimento do espírito de disciplina, de solidariedade e de cooperação, "que ultrapassa largamente o quadro estreito dos interesses de classes".

Nesse sentido, a educação nova deveria assumir um "caráter biológico", voltado para a coletividade, reconhecendo que todo indivíduo tem o direito de ser educado até onde o permitam suas aptidões naturais, independentemente de razões de ordem econômica e social. Como resultado, a educação deveria assumir a função social de preparar a "hierarquia democrática" mediante a "hierarquia das capacidades", recrutadas em todos os grupos sociais, aos quais deveriam estar abertas as mesmas oportunidades educacionais.

Essa concepção biologista da sociedade, provavelmente inspirada em Émile Durkheim,[42] está bastante desenvolvida na abertura do "Manifesto", tanto no item "finalidades da educação", quanto no concernente aos "valores mutáveis e permanentes". No primeiro item, a educação é definida como refletindo a filosofia predominante em cada época, determinada, por sua vez, pela estrutura da sociedade. Mesmo admitindo que cada camada social e cada grupo social possa ter opiniões distintas sobre a concepção do mundo, a educação nova deve ultrapassar essas particularidades para assumir o caráter "biológico", mediante o qual se organiza para a coletividade em geral. Embora o "Manifesto" reconheça os valores mutáveis da educação, conforme as diferentes épocas, afirma que a consciência social nos faz perceber como valores permanentes as necessidades do indivíduo por meio da comunidade, assim como o espírito de justiça, de renúncia e de disciplina. A escola nova não poderia deixar de levá-los em conta.

Do direito de cada indivíduo à sua educação integral, decorria, logicamente, a concepção da educação como uma função social e eminentemente pública. Essa função seria incumbência do Estado, com a cooperação de todas as instituições sociais.

A essa crescente incumbência do Estado, corresponderia o "despojamento" da função educativa da família. Para a escola nova, longe de prescindir da família, o Estado deveria assentar o trabalho educativo no apoio que ela dá à escola, na colaboração efetiva entre pais e professores. Na escola tradicional, ao contrário, essas instituições eram indiferentes uma a outra, quando não atuavam em direções opostas.

Esse lugar estratégico do Estado em matéria de educação levou o "Manifesto" a desdobrar sua reflexão em questões como a laicidade, a escola única, a obrigatoriedade e a coeducação. Vou abordar as duas primeiras.

O texto reconhecia que o princípio da escola única sofria restrições das circunstâncias sociais. Mas haveria circunstâncias que poderiam favorecê-lo. Numa indisfarçada alusão à União Soviética, elas existiriam "em países em que as reformas pedagógicas estão inteiramente ligadas com a reconstrução fundamental das relações sociais".

Mas, no regime político vigente no Brasil, haveria circunstâncias negativas adicionais para a efetivação do princípio da escola única. O Estado não teria condições de impedir que as classes mais privilegiadas assegurassem a seus filhos uma educação de classe determinada, nas escolas privadas. Mas, dentro do sistema escolar do Estado, esse tipo de privilégio não teria cabimento. Não

---

42 Fernando de Azevedo tinha no sociólogo francês uma referência constante, expressa mais tarde, com muita clareza, em seu livro *Sociologia educacional*, de 1940.

O ensino de ofícios nos primórdios da industrialização

bastasse o fato de o Estado não dispor de recursos financeiros para assumir o monopólio do ensino, ele se encontraria obrigado a incentivar as instituições privadas idôneas. Assim, no Brasil, o princípio da escola única ficaria reduzido à escola oficial comum a todas as crianças e jovens, de 7 a 15 anos, que fossem confiados pelos pais à escola pública.

A unidade da educação era um princípio consistente com o da laicidade nas escolas públicas, o que contrariava a política educacional varguista. O apelo laicista do "Manifesto" era sobretudo pedagógico:

> A laicidade, que coloca o ambiente escolar acima de crenças e disputas religiosas, alheio a todo o dogmatismo sectário, subtrai o educando, respeitando-lhe a integridade da personalidade em formação, à pressão perturbadora da escola quando utilizada como instrumento de propaganda de seitas e doutrinas.

Apresentados os pontos mais importantes da abertura do "Manifesto", vou focalizar, a partir de agora, a questão que interessa mais de perto a este texto, ou seja, a do lugar do ensino profissional na política educacional que se propunha para o país.

Ao invés de *um* sistema educacional, haveria, no Brasil, *dois* sistemas paralelos e divorciados, como se estivessem fechados em compartimentos estanques e incomunicáveis, idéia que, aliás, "já teria sido expressa por um dos signatários", o qual não era identificado. O sistema de ensino primário e profissional e o sistema de ensino secundário e superior teriam diferentes objetivos culturais e sociais, constituindo-se, por isso mesmo, instrumentos de estratificação social. A escola primária e a profissional serviriam à classe popular, enquanto a escola secundária e a superior, à burguesia. Foi aí que o "Manifesto" localizou a controvérsia sobre o sentido de cultura geral, assim como o momento em que o sistema de ensino deveria diversificar-se em ramos iniciais de especialização.

No plano de reconstrução educacional apresentado pelo "Manifesto", a escola secundária era o "ponto nevrálgico" da questão da dualidade de sistemas escolares, organizados em razão das classes sociais. Retomando a inspiração socialista, defendia-se aí que a escola secundária deveria ser unificada para evitar o divórcio entre os *trabalhadores manuais e intelectuais*, o que seria conseguido mediante mudanças curriculares.

A concepção da escola do trabalho, "cujo embrião já se disse ter-se gerado no seio das usinas", seria central na escola nova:

> A escola nova ... deve ser reorganizada de maneira que o trabalho seja seu elemento formador, favorecendo a expansão das energias criadoras do educando, procurando estimular-lhe o próprio esforço como o elemento mais eficiente em sua educação, e preparando-o, com o trabalho em grupos e todas as atividades peda-

gógicas e sociais, para fazê-lo penetrar na corrente do progresso material e espiritual da sociedade de que proveio e em que vai viver e lutar.

Em termos práticos, toda essa concepção da escola do trabalho e do sistema unificado de educação conduzia à projeção da escola secundária unificada. Os alunos deveriam adquirir, primeiramente, uma sólida base comum de cultura geral, ministrada em três anos. Depois disso, para os jovens de 15 a 18 anos de idade, o curso secundário se bifurcaria: a) numa seção de preponderância intelectual (com os três ciclos das humanidades modernas; das ciências físicas e matemáticas; e das ciências químicas e biológicas); e b) numa seção de preponderância manual, ramificada, por sua vez, em ciclos, escolas ou cursos destinados à preparação para as atividades profissionais decorrentes da extração de matérias-primas (escolas agrícolas, de mineração e de pesca), da elaboração das matérias-primas (industriais e profissionais) e da distribuição dos produtos elaborados (transportes, comunicações e comércio).

Pelo menos em propósitos explícitos, havia uma perfeita sintonia entre a doutrina do "Manifesto", no que dizia respeito à crítica da dualidade da educação brasileira, e a administração do ensino público no Distrito Federal. Não bastasse essa convergência entre o teor do "Manifesto" e a legislação carioca, a exposição de motivos do Decreto (DF) n.3.763, de 1º de fevereiro de 1932, defendeu as escolas técnicas secundárias como as instituições que evitariam o "divórcio" entre o ensino primário e profissional, de um lado, e, de outro, o ensino secundário e superior. Esse "divórcio", instrumento de estratificação social, constituiria um perigo para a democracia.

A notável coincidência entre o conteúdo e até os termos usados no "Manifesto" e a exposição de motivos que lhe antecedeu autoriza a conclusão de que Anísio Teixeira foi o signatário (não identificado no documento) que teria feito semelhante análise do caráter discriminatório e antidemocrático do ensino secundário brasileiro.

Esse posicionamento levou Anísio Teixeira a ser eleito para a presidência da ABE na IV Conferência Brasileira de Educação, antes mesmo que aqueles decretos fossem baixados. Em conseqüência, ele se envolveu de modo direto na articulação das propostas dos educadores progressistas para a Assembléia Nacional Constituinte instalada em 1933. O confronto com os católicos e conservadores, que tinham abandonado a ABE, não tardou. Sem contar com aparato comparável ao da bem-sucedida Liga Eleitoral Católica, os educadores liderados por Anísio Teixeira foram severamente batidos na Constituinte. Salvo a vinculação à receita de impostos dos recursos destinados à educação, as posições do "Manifesto" foram rejeitadas, particularmente a eliminação da dualidade, a predominância do ensino público e a laicidade na escola pública.

Fernando de Azevedo destacou-se como o autor do "inquérito" de 1926, que o credenciou como intelectual no campo educacional, propiciando-lhe as condições para conceber e implementar (parcialmente) uma importante reforma do ensino no Distrito Federal (1928-1930). Destituído do cargo por efeito do movimento revolucionário de 1930, junto com o prefeito da capital da República e o próprio presidente, voltou ao primeiro plano do campo educacional, em âmbito nacional, com o "Manifesto dos Pioneiros da Educação Nova" (1932), do qual foi o principal redator, documento esse que traçou uma orientação de política educacional tendente à eliminação da expressão escolar da divisão entre o trabalho manual e o trabalho intelectual, ao lado de outras orientações, como a que priorizava o papel dos sistemas educacionais na formação das elites dirigentes.

Para Fernando de Azevedo, a formação das elites era a mais urgente tarefa da educação, embora sua atuação como diretor da Instrução Pública no Rio de Janeiro tenha se restringido, principalmente, ao ensino primário, em razão da divisão de atribuições entre as instâncias do Poder Público em matéria educacional. Essa preocupação com a formação de elites propiciou certa afinidade com a orientação parafascista do governo Vargas, tanto assim que ele foi convidado a escrever uma obra para servir de introdução ao censo demográfico de 1940, do que resultou a monumental *A cultura brasileira*, na qual teceu elogios à política educacional do Estado Novo, cuja Constituição outorgada teria acentuado as tendências democráticas do capítulo de educação da carta de 1934.

Findo o Estado Novo e iniciado novo período constitucional, a atuação de Fernando de Azevedo não retomou a amplitude de antes, limitando-se ao Estado de São Paulo, onde ele foi secretário da Educação. O "Manifesto dos Pioneiros" havia marcado o ponto mais alto de sua trajetória como intelectual no campo educacional.

Em ponto tão elevado quanto aquele encontrava-se Anísio Teixeira em 1932, não só enquanto diretor da Instrução Pública do Distrito Federal, cuja política serviu de inspiração para importantes passagens do "Manifesto", como, também, pela presidência da ABE, justamente quando ela se tornou mais coesa e combativa pela escola pública e laica.

Enquanto Fernando de Azevedo e Lourenço Filho (também este "pioneiro" e signatário do "Manifesto") aderiram, se não ao Estado Novo, pelo menos à sua política educacional, Anísio Teixeira amargou um exílio de dez anos no interior do país. Com a redemocratização, em 1945, Anísio Teixeira assumiu o lugar de mais importante intelectual no campo da educação brasileira, lugar esse que ocupou até o golpe de Estado de 1964. Nessas duas décadas, ele influiu, decisivamente, nas políticas educacionais, tanto pela atuação pessoal quanto por intermédio do Instituto Nacional de Estudos Pedagógicos, órgão do Ministério da Educação que dirigiu por muitos anos.

Ainda que ele não pudesse retomar, no plano nacional, as políticas ensaiadas no Distrito Federal, ao menos três de seus elementos foram incorporados na legislação e nas políticas educacionais dos anos 50 e 60: a retirada dos conteúdos profissionais do ensino primário, transferindo-os todos para o ensino médio (orientação, aliás, assumida pelas "leis" orgânicas de Gustavo Capanema); a inclusão de práticas vocacionais no ensino secundário; e a equivalência entre os ramos do ensino médio, ampliando as possibilidades de mudança das trajetórias educacionais dos alunos.

Nesse processo de tão profunda mudança na educação brasileira, a pauta de discussão do ensino profissional veio a mudar significativamente, no seu âmbito, no seu conteúdo e nos seus protagonistas. Ela já não ocupava apenas parte do espaço dedicado a temas gerais, mas ganhou identidade própria. Em contrapartida, a progressiva complexificação do campo educacional e da burocracia estatal concernente, no plano nacional e no estadual paulista, deu origem a instâncias especializadas, de que são expressões notáveis a Superintendência (no Ministério da Educação) e o Departamento (na Secretaria de Educação do Estado de São Paulo) do Ensino Profissional. A complexificação e a especialização geraram condições para o surgimento de um novo tipo de intelectual – o especialista em ensino profissional, em substituição aos diletantes –, o que foi bastante acentuado com a criação dos serviços nacionais de aprendizagem, o industrial e o comercial.

Um diletante que se tornou especialista foi Joaquim Faria Góes Filho, colaborador de Anísio Teixeira no Distrito Federal. Depois da destituição de seu patrono, Faria Góes adaptou o projeto daquele à renitente dualidade da estrutura educacional, o que o qualificou para orientar o processo de institucionalização da aprendizagem industrial sistemática, do que resultou a criação do Senai, instituição que ele veio a dirigir por duas décadas.

O surgimento dessa instituição no campo educacional encerrou um tempo em que o ensino profissional era mais manufatureiro do que industrial, para abrir um tempo em que prevaleceram os padrões da fábrica, coetâneos do avanço do processo de substituição de importações na produção de bens duráveis e bens de capital.

Referências bibliográficas

ABRANCHES, J. D. *Atas e atos do Governo Provisório*. Rio de Janeiro: Imprensa Nacional, 1907.

AUFFRAY, A. *Dom Bosco*. São Paulo: Editorial Dom Bosco, 1969.

AZEVEDO, F. de. *Novos caminhos e novos fins* – A nova política de educação no Brasil, subsídio para uma história de quatro anos. São Paulo: Melhoramentos, 1958.

_____. *A educação na encruzilhada*. São Paulo: Melhoramentos, 1960.

BASTOS, P. A. B. *A Escola de Aprendizes Artífices do Pará, 1909/1942 – um estudo histórico*. Rio de Janeiro, 1980. Dissertação (Mestrado em Educação) – FGV/IESAE.

BASTOS, H. *O pensamento industrial no Brasil*. São Paulo: Martins, 1952.

BAZÍLIO, L. C. Trabalho do adolescente: história, política e legislação. In: BAZÍLIO, L. C. et al. *Infância tutelada e educação:* história, política e legislação. Rio de Janeiro: Ravil, 1998.

BERNARDO, F. S. C. *Vida de São João Batista de La Salle*. Porto Alegre: Liv. Sto Antônio, 1950.

BRAGA, T. *Subsídios para a memória histórica do Instituto Profissional João Alfredo – desde a sua fundação até o presente (1875-14 de março de 1925)*. Rio de Janeiro: Estabelecimento Gráfico Santa Cruz, 1925.

BUFFA, E., NOSELLA, P. *A Escola Profissional de São Carlos*. São Paulo: CEETEPS, São Carlos: EDUFSCar, 1998.

BULCÃO, A. L. E. *Meninos maiores. O conflito da menoridade e maioridade no Rio de Janeiro entre 1890 e 1927*. Rio de Janeiro, 1992. Dissertação (Mestrado em História) – Universidade Federal do Rio de Janeiro.

CAMINO, R. da. *Introdução à Maçonaria*. Rio de Janeiro: Aurora, v.2, 1972.

CARONE, E. *A Primeira República (1889-1930):* texto e contexto. São Paulo: Difusão Européia do Livro, 1969.

_____. *O pensamento industrial no Brasil (1880-1945)*. São Paulo: Difel, 1977.

_____. *O movimento operário no Brasil (1877-1944)*. São Paulo: Difel, 1979.

CARVALHO, J. M. de *A Escola de Minas de Ouro Preto:* o peso da glória. São Paulo: Nacional, 1978.

CARVALHO, M. M. C. *Moral nacional e fôrma cívica – higiene, moral e trabalho no projeto da Associação Brasileira de Educação (1924-1931).* São Paulo, 1986. Tese (Doutorado em Educação) – Faculdade de Educação, Universidade de São Paulo.

_____. A configuração da historiografia educacional brasileira. In: FREITAS, M. C. (Org.) *Historiografia brasileira em perspectiva.* São Paulo: Contexto/USF, 1998.

CENTRO INDUSTRIAL DO BRASIL *O Brasil, suas riquezas naturais, suas indústrias.* Rio de Janeiro: Oficinas Gráficas M. Orosco e C., 1909. v.III (Indústria de Transportes, Indústria Fabril).

COSTA, J. C. *Contribuição à história das idéias no Brasil.* Rio de Janeiro: Civilização Brasileira, 1967.

COSTA, A. M. C. I. da. A educação para trabalhadores no Estado de São Paulo. *Revista do Instituto de Estudos Brasileiros (São Paulo),* n.24, 1982.

CUNHA, L. A. A organização do campo educacional: as conferências de educação. *Educação e Sociedade (Campinas),* n.9, maio, 1981.

_____. As escolas de aprendizes artífices e a produção manufatureira. *Revista da Faculdade de Educação da UFF (Niterói),* ano 10, n.1 e 2, jan.-dez. 1983.

_____. Antecedentes das escolas de aprendizes artífices: o legado imperial-escravocrata. *Revista da Faculdade de Educação da UFF (Niterói),* ano 11, n.2, jul.-dez. 1984.

_____. Educação e classes sociais no Manifesto de 32: perguntas sem resposta. *Revista da Faculdade de Educação da USP (São Paulo),* v.20, n.1 e 2, jan.-dez. 1994.

_____. Sociedade, Estado e Educação: notas sobre Rousseau, Bonald e Saint-Simon. *Revista Brasileira de Educação (São Paulo),* n.1, mar.-abr. 1996.

CUNHA, N. da. *A educação e a revolução.* Rio de Janeiro: Oficinas Gráficas do "Diário de Notícias", 1932.

CURY, C. R. J. *Ideologia e educação brasileira – católicos e liberais.* São Paulo: Cortez, 1988.

_____. Ensino religioso e escola pública: o curso histórico de uma polêmica entre Igreja e Estado no Brasil. *Educação em Revista (Belo Horizonte),* n.17, jun. 1993.

_____. A educação na revisão constitucional de 1926. In: FÁVERO, O. (Org.) *A educação nas constituições brasileiras, 1823-1988.* Campinas: Autores Associados, 1996.

D'ALESSANDRO, A. *A Escola Politécnica de São Paulo.* São Paulo: Gráfica "Revista dos Tribunais", v.1, 1943.

D'AVILA, A. A pedagogia de D. Bosco. In: VVAA. *Grandes educadores.* Porto Alegre: Ed. Globo, 1949.

DEAN, W. *A industrialização de São Paulo.* São Paulo: Difusão Européia do Livro, 1971.

DULLES, J. W. F. *Anarquistas e comunistas no Brasil (1900-1935).* Rio de Janeiro: Nova Fronteira, 1977.

EARP, M. de L. de S. A política de atendimento do século XX: a infância pobre sob a tutela do Estado. In: BAZÍLIO, L. C. et al. *Infância tutelada e educação:* história, política e legislação. Rio de Janeiro: Ravil, 1998.

ESAÚ, M. *O ensino profissional nos estabelecimentos de educação dos salesianos.* Rio de Janeiro, 1976. Dissertação (Mestrado em Educação) – Pontifícia Universidade Católica do Rio de Janeiro.

FAUSTO, B. *Trabalho urbano e conflito social.* São Paulo: Difel, 1977.

FAUSTO, B. *História do Brasil*. São Paulo: EDUSP, 1998.

FERREIRA, F. *Do ensino profissional – Liceu de Artes e Ofícios*. Rio de Janeiro: Imprensa Nacional, 1876.

FONSECA, C. S. da. *História do ensino industrial no Brasil*. Rio de Janeiro: Escola Técnica Nacional, 2v., 1961.

FREITAS, Z. R. de. *História do ensino profissional no Brasil*. São Paulo: s.n., 1954.

GÓES, M. C. P. de. *A formação da classe trabalhadora (movimento anarquista no Rio de Janeiro, 1888-1911)*. Rio de Janeiro: Jorge Zahar/Fundação José Bonifácio, 1988.

GÓES FILHO, J. F. *Problemas do ensino secundário:* situação do ensino técnico e secundário da Prefeitura do Distrito Federal em 1936 e sugestões para o seu reajustamento. Rio de Janeiro: Secretaria Geral de Educação e Cultura, 1937.

HILSDORF, M. L. S. *Francisco Rangel Pestana:* jornalista, político, educador. São Paulo, 1986. Tese (Doutorado em Educação) – Faculdade de Educação, Universidade de São Paulo.

LEMME, P. *Memórias*. São Paulo: Cortez, Brasília: MEC-INEP, 1988.

LIMA, A. de F. *Livro proibido:* a Maçonaria, a Igreja e o Espiritismo. Rio de Janeiro: Fiat-Lux, 1958.

LINHART, R. *Lenine, les paysans, Taylor*. Paris: Seuil, 1976.

LUDERITZ, J. *Relatório apresentado a Miguel Calmon Du Pin e Almeida, Ministro da Agricultura e Comércio*. Rio de Janeiro: Ministério da Agricultura, Indústria e Comércio/Serviço de Remodelação do Ensino Profissional Técnico, 1925.

LUZ, N. V. *A luta pela industrialização do Brasil*. São Paulo: Alfa-Omega, 1975.

LOBO, F. *Relatório do Ministério da Instrução Pública, Correios e Telégrafos – 1892*. Rio de Janeiro: Imprensa Nacional, 1893.

MANGE, R. Ensino profissional racional do curso de ferroviários da Escola Profissional de Sorocaba e EF Sorocabana. *Idort (São Paulo)*, v.1, n.1, jan. 1932.

Manifesto dos Pioneiros da Educação Nova. *Revista Brasileira de Estudos Pedagógicos (Brasília)*, n.150, maio-ago. 1984.

MARAN, A. L. *Anarquistas, imigrantes e o movimento operário brasileiro, 1890-1920*. Rio de Janeiro: Paz e Terra, 1979.

MARCIGAGLIA, L. *Os salesianos no Brasil*. São Paulo: Liv. Ed. Salesiana, 1955. 2v.

MARQUES, J. de S. *Os desvalidos: o caso do Instituto Profissional Masculino (1894-1910)* – uma contribuição à história das instituições educacionais na cidade do Rio de Janeiro. Rio de Janeiro, 1996. Dissertação (Mestrado em Educação) – Faculdade de Educação, Universidade Federal do Rio de Janeiro.

MEDEIROS, M. de. *Expansão capitalista e ensino industrial*. Rio de Janeiro: Senai/DN/DPEA, 1987.

MENDES, R. T. *A incorporação do proletariado na sociedade moderna*. Rio de Janeiro: Igreja e Apostolado Positivista no Brasil, 1908.

MENDONÇA, A. W. P. C. *Universidade e formação de professores:* uma perspectiva integradora. A "Universidade de Educação" de Anísio Teixeira. Rio de Janeiro, 1993. Tese (Doutorado em Educação) – Pontifícia Universidade Católica do Rio de Janeiro.

MONTOJOS, F. Inspetoria do Ensino Profissional Técnico. *Boletim do Ministério da Educação e Saúde Pública*, ano I, n.1 e 2, jan.-jun. 1931.

_____. *Ensino Industrial*. Rio de Janeiro: MES/Comissão Brasileiro-Americana do Ensino Industrial, 1949. Série B, v.5.

MORAES, C. S. V. *A socialização da força de trabalho:* instrução popular e qualificação profissional no Estado de São Paulo (1873-1934). Bragança Paulista: EDUSF, 2003.

_____. A sistematização da política educacional dos "liberais reformadores": o inquérito de 1926. *Revista da Faculdade de Educação da USP (São Paulo)*, v.20, n.1-2, jan.-dez. 1994.

MOREL, E. *A Revolta da Chibata.* Rio de Janeiro: Graal, 1979.

MOTA FILHO, C. Tratamento de menores delinqüentes e abandonados. Edição facsimilar do relatório apresentado pelo diretor do Serviço de Reeducação do Estado de São Paulo e diretor do Reformatório Modelo ao Secretário da Justiça, em 1935. In: *Boletim do Centro de Documentação e Apoio à Pesquisa em História da Educação (Bragança Paulista)*, v.1, n.2, jul.-dez. 1998.

NAGLE, J. *Educação e Sociedade na Primeira República.* São Paulo: EPU/EDUSP, 1974.

NUNES, C. A iniciação profissional do adolescente nas escolas técnicas secundárias na década de 30. *Forum Educacional (Rio de Janeiro)*, ano 4, n.3, jul.-set. 1980.

_____. *Anísio Teixeira:* a poesia da ação. Rio de Janeiro, 1991. Tese (Doutorado em Educação) – Pontifícia Universidade Católica do Rio de Janeiro.

PEÇANHA, N. *Impressões da Europa.* Nice (França): N. Chini & Cie Editeurs, 1912.

PEIXOTO, A. C. C. *Educação no Brasil, anos vinte.* São Paulo: Loyola, 1983.

PENNA, M. L. *Fernando de Azevedo:* educação e transformação. São Paulo: Perspectiva, 1987.

PEREIRA, L. Nota crítica sobre o pensamento pedagógico brasileiro. In: _____. *A escola numa área metropolitana.* São Paulo: Pioneira, 1967.

PERNAMBUCO, B. *Comemoração do 1º de Maio – A Maçonaria e o Proletariado.* Rio de Janeiro: Tipografia e Papelaria Ribeiro, 1902.

PILETTI, N. *A reforma Fernando de Azevedo no Distrito Federal, 1927-1930.* São Paulo: Faculdade de Educação da USP, 1982.

_____. A reforma da educação pública no Distrito Federal – 1927/1930: algumas considerações críticas. *Revista da Faculdade de Educação da USP (São Paulo)*, v.20, n.1-2, jan.-dez. 1994.

PINHEIRO, P. S., HALL, M. M. (Org.) *A classe operária no Brasil, 1889-1930 – documentos*, v.1, São Paulo: Alfa-Omega, 1979.

REIS, F. *O ensino profissional:* em torno de um projeto. Rio de Janeiro: Revista dos Tribunais, 1923.

_____. *País a organizar.* Rio de Janeiro: A. Coelho Branco Filho, 1931.

_____. *Homens e problemas do Brasil.* Rio de Janeiro: José Olympio, 1962.

RIZZINI, I. *Assistência à infância no Brasil – uma análise de sua construção.* Rio de Janeiro: USU, 1993.

SÃO PAULO (ESTADO). Secretaria da Educação e Saúde Pública/Superintendência do Ensino Profissional do Estado de São Paulo. *O ensino profissional no Brasil*, Publicação n.23, 1940?.

SEVERO, R. *O Liceu de Artes e Ofícios de São Paulo.* São Paulo: Liceu de Artes e Ofícios, 1934.

SILVA, G. B. *A educação secundária (perspectiva histórica e teoria).* São Paulo: Nacional, 1969.

SILVA, O. A. *O ensino popular no Distrito Federal.* Rio de Janeiro: Oficina Gráfica da Secretaria Geral de Educação e Cultura, 1936.

SILVEIRA, H. A. *O ensino técnico-profissional e doméstico em São Paulo.* São Paulo: Secretaria da Educação/Superintendência da Educação Profissional e Doméstica, 1935.

SIMONSEN, R. *Evolução industrial do Brasil e outros estudos.* São Paulo: EDUSP, 1973.

SINGER, P. *Desenvolvimento econômico e evolução urbana.* São Paulo: Nacional, 1974.

SOARES, M. de J. A. *A educação corretiva – Fernando de Azevedo e o inquérito sobre instrução pública em São Paulo, 1926.* Rio de Janeiro, 1978. Dissertação (Mestrado em Educação) – FGV/IESAE.

_____. As escolas de aprendizes artífices e suas fontes inspiradoras. *Forum Educacional (Rio de Janeiro),* v.5, n.4, out.-dez. 1981.

_____. As escolas de aprendizes artífices – estrutura e evolução. *Forum educacional (Rio de Janeiro),* v.6, n.2, jul.-set. 1982.

_____. Uma nova ética do trabalho nos anos 20 – projeto Fidelis Reis. *Relatos de Pesquisa/INEP (Brasília),* n.33, 1995.

STEIN, S. *Origens e evolução da indústria têxtil no Brasil – 1850/1950.* Rio de Janeiro: Campus, 1979.

TEIXEIRA, A. *Educação pública – administração e desenvolvimento – relatório do Diretor Geral do Departamento de Educação do Distrito Federal, dezembro 1934.* Rio de Janeiro: Oficinas Gráficas do Departamento de Educação, 1935.

_____. *Educação para a democracia:* introdução à administração educacional. Rio de Janeiro: Editora UFRJ, 1998.

VIANNA, A. C. *Educação Técnica.* Rio de Janeiro: MEC, 1970.

VILLELA, A. V., SUZIGAN, W. *Política do governo e crescimento da economia brasileira, 1889-1945.* Rio de Janeiro: IPEA/INPES, 1973.

XAVIER, L. N. *Para além do campo educacional:* um estudo sobre o Manifesto dos Pioneiros da Educação Nova (1932). Bragança Paulista: EDUSF, 2002.

SOBRE O LIVRO

Formato: 16 x 23 cm
Mancha: 28 x 50 paicas
Tipologia: Gatineau 10/13
Papel: Offset 75 g/m² (miolo)
Cartão Supremo 250 g/m² (capa)
1ª edição: 2000

EQUIPE DE REALIZAÇÃO

Produção Gráfica
Edson Francisco dos Santos (Assistente)

Edição de Texto
Fábio Gonçalves (Assistente Editorial)
Ana Paula Castellani (Preparação de Original)
Armando Olivetti Ferreira e
Solange Scattolini Felix (Revisão)

Editoração Eletrônica
Lourdes Guacira da Silva Simonelli (Supervisão)
Duclera Gerolla (Diagramação)

Impressão e acabamento
psi7 | book7
psi7.com.br   book7.com.br